Rupert Riedl

KEIN ENDE DER GENESIS

Wir und unsere Staaten

GEGRÜNDET
1999

Rupert Riedl

KEIN ENDE DER GENESIS

Wir und unsere Staaten

Unter Mitarbeit von Werner Patzelt

Czernin Verlag, Wien

Gefördert vom Bundeskanzleramtes / Sektion Kunst, dem Bundesministerium f. Wiss. und Kunst und der Stadt Wien-MA 7, Wissenschafts- und Forschungsförderung

.KUNST bm:bwk WIEN KULTUR club of vienna

Bibliografische Information Der Deutschen Bibliothek
Riedl, Rupert: Kein Ende der Genesis – Wir und unsere Staaten / Riedl Rupert
Wien: Czernin Verlag 2004
ISBN 3-7076-0183-8

© by Czernin Verlags GmbH, Wien
Umschlag: Ulrich Schueler
Lektorat: Christina Kleiser
Herstellung: Die Druckdenker GmbH, Wien
Druck: Druckerei Theiss GmbH, St. Stefan
ISBN 3-7076-0183-8

Inhaltsverzeichnis

5

6

Vorwort

Jede Zeit hat ihre Verrücktheiten. In der unseren ist vieles an Unverständlichem dank einer neuen Biologie und Erkenntnislehre durchschaubar geworden: unsere menschliche Ausstattung ebenso wie die Spiele der Gesellschaft, Politik und Macht.

Meine Aufzeichnungen zu diesem Thema beginnen im Jahr 1996. Inzwischen habe ich viel publiziert, aus Rezensionen gelernt, die Notwendigkeit einer „Abklärung" verstanden und meine Gedanken mit Hilfe der Expertise von Freunden geordnet.

Es geht um die Verhandlung eines neuen Gesellschaftsvertrags mit unseren Staaten. Wer aber sollte da mit wem verhandeln? Gibt es eine Instanz, die eine solche Verhandlung legitimieren und den Vertrag beglaubigen könnte? Wer könnten Kläger, Beklagter und Richter sein? Der Bürger, der Staat oder die Vernunft? Und sitzt Vernunft so verlässlich in uns Menschen?

Gegenstand der Verhandlung ist eine bessere Welt. Aber verstehen wir darunter alle dasselbe? Ist es mit der Forderung nach mehr Humanität und Sicherheit getan? Und warum, wenn immer danach getrachtet wurde, ist diese Forderung nicht erfüllt? Wissen wir, was wir wollen, und wollen wir auch, was wir tun?

Warum stehen gerade Staaten im Mittelpunkt unserer Betrachtung?

Mit dem Rom der Kaiserzeit war schlecht zu verhandeln, mit Karl IV. war es auch nicht leicht. Frei-, Burg- und Landgrafschaften, Herzog- und Bistümer standen zur Wahl. Heute gibt es die Nationalstaaten. Vielleicht ist mit parlamentarischen Demokratien noch am ehesten zu verhandeln. Aber werden sie nicht auch von waffenstarrenden Hegemonien, Konzernen und Kapitalströmen regiert?

Wer ist konkret anzusprechen, wenn im Untertitel dieses Buches von „Wir und unsere Staaten" die Rede ist? Offenbar sind wir Kreaturen gemeint, egal ob Bergpapua oder Freaks in Börsezentren. Doch wer ist zum Verhandeln aufgerufen? Sind es einige Intellektu-

7

elle? Oder gibt es Bewegungen, die sich selbst dazu aufgerufen haben – von den Walschützern bis zu den Globalisierungsgegnern? Haben wir diese Staaten nicht selbst gemacht, haben Massen an Menschen hierarchisch gegliedert, weil uns nichts anderes glückte? Sind folglich wir Bürger aufgerufen zu verhandeln?

Und was heißt „Vernunft"? Rousseaus Klagen reichten nicht aus, doch genügen Kants Kategorischer Imperativ und sein moralisches Zureden? Sollen wir noch weiter aufklären, wo uns die Spätfolgen der Aufklärung jene Überheblichkeit einbrachten, die ganze Welt zu unserem Unheil zu manipulieren? Haben wir denn in den vergangenen zwei Jahrhunderten nichts dazugelernt? Kann man, frage ich, Rousseaus Berufung auf Gott (wessen Gott?) sowie Kants „Apriori" und seine Kritik an der Vernunft (wessen Vernunft?) nicht schon längst durch Erfahrung ersetzen, durch Einsichten beispielsweise in die Ausstattung der menschlichen Kreatur?

Schließlich stellt sich die Frage: Wer legitimiert? Ist das nur die Zeit – jenes Zusammenwirken aus wachsender Kenntnis, Lebensgefühl und durchschauter Indoktrination gegenüber Possessivität, Abhängigkeit und Falschspiel? Die Verflechtung eines jeden Einzelnen mit den Machern unserer Geschichte ist deutlicher geworden. Verstehen wir uns selbst und die fatalen Zugzwänge internationaler Wirtschaft und Politik deshalb besser? Legitimieren wir Bürger unsere Zeit?

Freilich bedarf es zur Beantwortung all dieser Fragen einiger Kultur. Haben wir Mitteleuropa vor Augen? Wenn ich bedenke, wo mein Appell zur Vernunft verstanden werden kann, so sind Grenzen zu erwarten. In einer Welt militanter Sekten werde ich wohl ebenso wenig gehört wie von „führenden" Nationen mit ihren anmaßenden Herrschaftsansprüchen. Was folgt, wirkt angesichts der wüsten Übergriffe in aller Welt, namentlich von den USA, möglicherweise wie ein Plausch auf der Insel der Seligen. Aber irgendwo ist zu beginnen.

Wenn einer so formuliert, scheint er die Lösung in der Tasche zu haben. Teils mag das so sein – dank der jüngsten Evolutionstheorien der Systeme und der Erkenntnis. Doch kann dieser neue Ansatz verstanden werden? Er muss seiner Zeit voraus sein, aber nicht zu weit, um den Zeitgeist, mit dem er sprechen will, noch einzufangen. Man wird sehen.

8

Ich bat meinen Freund Werner Patzelt, meine ambitiösen Gedankengänge auf ein fachlich zulässiges Maß hin zu mildern und seine Sachkunde in politologischen Fragen einzubringen. Seine hinzugefügten Texte wird man an deren liebenswürdigeren Art erkennen. Ein Abenteuer zweier verwandter Geister liegt vor. Wie weit mag es gelungen sein?

Rupert Riedl
Wien, im Sommer 2004

EINFÜHRUNG

Haben wir Ansprüche zu stellen und, wenn ja, gegenüber wem? Gegenüber dem Schöpfer, der Evolution, der Natur oder der Gesellschaft?

Gegenüber dem Schöpfer haben wir uns, gottlob, bescheiden gezeigt. Seit das Bewusstsein der Menschen hell und das, was wir Schicksal nennen, jenes unvorhersehbare Glück und Unheil, zum Rätsel geworden waren, versuchte man mit dem Schöpfer über Opfergaben zu verhandeln. Heute verfügen wir über ein dem Schöpfer zugedachtes jenseitiges Ethos oder bitten mit Gebeten.

Mit der Evolution verhält es sich schon anders. Wer viel über sie weiß, darf Klage führen über das Herumtappen eines perspektivelosen Opportunismus. Dieser hat uns als Haifisch in einer Torpedokonstruktion entworfen, ließ sie dann als Landtier auf vier Brückenpfeilern traben, um die Brücke zuletzt auf zwei der Pfeiler zu einem Torpedo-Brücken-Turm aufzustellen. Mag der Schöpfer noch so sehr die Hände um diesen Turm gehalten haben, schließlich hat er sie weggezogen, um zu sehen, ob der Turm steht. Von da an schwankt er.

Noch einmal anders verhält es sich mit unseren Ansprüchen an die Natur. Von Anfang an machten wir uns die Natur untertan. Wir holzen Wälder ab, verbrennen fossile Energien, kumulieren diese zu todbringenden Dosen, toben mit alledem herum und fragen uns, wie verdreckte Ozeane zu säubern und das Ozonloch wieder zuzunähen wären.

Schließlich bleibt der Anspruch an die Gesellschaft. Was soll da an Klage geführt werden? Es ist doch offensichtlich, dass niemand anderer als wir selbst für diese Gesellschaft zuständig sind. Dennoch klagen wir über Betrug, Sklaverei, Terror und Verwüstung. Zu bedauern, dass der Schöpfer nicht aufgepasst hätte, ist sinnlos. Unser Umgang mit der Natur vermag uns schon eher eine Lehre zu sein. Aber Einsichten darüber, was an Anlagen in uns steckt und was in unserer Massenkultur aus diesen individuellen Anlagen geworden ist, machen einiges verständlich und können zu Korrekturen führen.

Das ist mein Thema. Es kann nicht um Lamenti gehen, sondern vielmehr dreht es sich darum, wie der Kopf füglich aus der Schlinge zu ziehen sei, und was wir von dieser Gesellschaft, nicht minder füglich, zu verlangen, der Natur jedoch zu geben haben.

Uns interessiert die Frage, auf welchen Standpunkt Verlass ist. Es gilt zu klären, was Menschen und Gesellschaften wechselweise voneinander beanspruchen können. Unsere gesamte Kulturgeschichte hindurch haben sich Seher, Herrscher und Philosophen mit dieser Frage auseinandergesetzt, haben Bekenntnisse und Revolutionen diese Frage begleitet.

1. Die von der Aufklärung bestimmte Moderne

Unsere Moderne ist vom Weltbild der Aufklärung bestimmt. Wo immer man diese in der Renaissance beginnen lassen will, in Florenz als Zentrum und mit Machiavelli als Vorläufer, mit Bacon und Grotius in London und Delft oder mit Giovanni Battista Vico in Neapel: Die Aufklärung begann als europäische Bewegung, die in Frankreich ihre Ausformung erfuhr. Ihr Gedankengut reicht von den Schriften Montesquieus über die Eckpfeiler Voltaire und Rousseau, die Enzyklopädisten und Physiokraten in Paris bis hin zu Condorcet, dem es übel ergangen ist. Der Bürger, auch der einfachste, sollte seine Rechte kennen lernen, seine Ansprüche an die Gesellschaft stellen und sich von der Bevormundung durch Kirche und Aristokratie befreien. Von Gewaltenteilung und Religionsfreiheit war die Rede. Das ist wohlbekannt.

Es wird einem dazu auch Rousseaus „Sozialkontrakt" einfallen und dessen Erziehungsroman „Emile". Darin findet man die Ansicht, dass uns die Gesellschaft selbst von der Natürlichkeit einer gottgegebenen Menschlichkeit entfremdet hat. Diese Auffassung scheint mir plausibel, vorausgesetzt, es gelingt uns, aufgrund unserer empirischen Erfahrung und ohne metaphysische Annahmen aufzuklären, welche menschlichen Anlagen berücksichtigt werden können und wie den Widersprüchen von Rousseaus Freiheitskonzept zu entkommen ist.

Rousseau appelliert an etwas, das unserem Lebensgefühl gleichkommt. Das ist eine schwache aber eindeutige Position. Schließlich haben Leibniz und sein Zeitgenosse Voltaire mit Berufung auf die Vernunft unsere Welt in gleicher Weise als die beste und die schlechteste aller denkbaren Welten bestimmt.

Lebensdaten: Nicolò Machiavelli 1449-1527, Francis Bacon 1561-1626, Hugo Grotius 1583-1655, Giovanni Bapttista Vico 1668-1744, Charles de Secondat, Baron de la Brède et de Montesquieu 1689-1755, François Marie Voltaire 1694-1778, Jean Jacques Rousseau 1712-1778, Marie-Jean-Antoine-Nicolas Caritat, Marquis de Condorcet 1743-1794.

Für eine erste Übersicht siehe Schmidt (1991). Rousseaus „Gesellschaftsvertrag" wird 1762 in Amsterdam, „Emile" zeitgleich in Paris aufgelegt. Beide Werke sollen verbrannt werden. Leibniz' „Theodicee", die beste aller Welten, erscheint 1710, Voltaires „Candide", die schlechteste aller Welten, wird 1759 publiziert; kurze Biografien zu Voltaire und Rousseau verfasste Holmsten (1971 und 1972).

Die Schlüsselarbeiten sind weiterhin in dieser Form dem Fließtext beigefügt. Ein ausführliches Literaturverzeichnis befindet sich am Ende des Buches.

2. Die Idee der Abklärung

Heute geht es um eine „Abklärung", um die Einsicht in unsere geistigen und materiellen Grenzen: Wir haben uns übernommen und übernehmen uns noch immer.

Natürlich, die Aufklärung brachte Segnungen mit sich. Sie eröffnete vielen Menschen Freiheiten und zeigte ihnen ihre überraschend weiten Möglichkeiten. Leibeigenschaft und Sklaverei im alten Sinne verschwanden, verschiedene Formen der Demokratie entstanden, die technische Revolution vermehrte Güter, Wohlstand und Bequemlichkeit und wob ein immer dichteres soziales Netz.

Wo neue Ideen Giordano Bruno noch auf den Scheiterhaufen brachten, wurden nur mehr die Bücher von Voltaire und Rousseau verbrannt, sie selbst ließ man fliehen. Heute ist das Verbrennen von Büchern gänzlich aus der Mode gekommen. Lauter Fortschritte.

13

Dieselben Fortschritte haben aber auch in unserer Zivilisation das Industrieproletariat und die Slums entstehen lassen. Sie verursachten ein neues Zerfallen in Arm und Reich, eine neue Versklavung durch Kapital und Wachstumszwänge sowie eine Zunahme gesellschaftlicher Ansprüche, die zu Umweltproblemen führten. Eine Selbstüberschätzung, die die Bedrohung von Ressourcen, Nahrung, Wasser und der Atmosphäre bis in die Stratosphäre des Planeten mit sich brachte. Dieselbe Selbstüberschätzung ließ uns Energieformen erschließen und Waffen bauen, mit denen wir in der Lage sind, alles auf einmal zu zerstören.

So notwendig für unsere Gesellschaft die Aufklärung war, sie ermöglichte es uns nicht, unsere Grenzen wahrzunehmen: weder die Grenzen des psychischen, intellektuellen und sozialen Vermögens noch jene Grenzen legitimer Ansprüche gegenüber unserer Gesellschaft und unserer Welt.

Im Wahrnehmen dieser Grenzen besteht der entscheidende Unterschied eines Gesellschaftsvertrags der Abklärung im Gegensatz zu dem der Aufklärung. Es geht nicht mehr darum, dem Menschen das Grenzenlose seiner Möglichkeiten zu suggerieren. Vielmehr geht es darum, ihm und der Gesellschaft die Vernunft der Selbsterhaltung zu predigen.

3. Zugänge zur zentralen Problemstellung

Zugänge zu den eingangs aufgeworfenen Fragen im Kontext der zentralen Problemstellung, der Formulierung eines Gesellschaftsvertrags der Abklärung, bietet heute die biologische Wissenschaft. Diese entwickelte sich von einer sich festigenden Evolutionstheorie über die schrittweise Entschlüsselung unseres Erbguts, unserer Fossilgeschichte und des Werdens unseres „Weltbildapparats" weiter bis hin zu Theorien über unsere Sozialisierung, unseren Verstand und unsere Vernunft.

Die heutige Zeit hat zur Biologie Vertrauen gefasst. Man hat den Begriff „Biosphäre" verstanden und den Menschen als einen Teil derselben erkannt. Man kauft in Bioläden ein und weiß über Emissionen, Nachhaltigkeit und biologische Landwirtschaft Bescheid.

14

Die Disziplin der Ökologie trug viel zu diesem biologischen Verständnis bei. Nicht von ungefähr entwarf Konrad Lorenz zur gleichen Zeit seine biologische Verhaltenslehre und Evolutionäre Erkenntnistheorie, sodass man heute sagen kann, die moderne Erkenntnistheorie sei dabei, eine nicht metaphysische, sondern vielmehr aus der Erfahrung begründbare „naturalistische Wende" zu vollziehen. Auf diese Feststellung komme ich noch mehrfach zurück.

Einsichten in die Ökologie und Evolution unserer kenntnisgewinnenden Prozesse führten zur Wahrnehmung der Verhältnisse zwischen unseren Verantwortungen und geistigen Möglichkeiten. Bei Konrad Lorenz kann man in diesem Kontext über „Das sogenannte Böse", die „Acht Todsünden der zivilisierten Menschheit" und den „Abbau des Menschlichen" nachlesen, bei mir über Hoffnungen auf einen „Wiederaufbau des Menschlichen".

Für die Komplexität, jene Verschränktheit der Wechselzusammenhänge in dieser Welt, kam, von der Biologie angeleitet, in den Wissenschaften schlechthin ein neues Verständnis auf. Da ist zunächst die Systemtheorie zu nennen, die von meinem Lehrer Ludwig von Bertalanffy und dem väterlichen Freund Paul Weis bereits in den Zwanzigerjahren des vorigen Jahrhunderts entworfen wurde. Heute redet alle Welt von Systemen, wenn auch der tiefere Sinn dieser Lehre, der besagt, die Wechselkausalität der Teile wahrzunehmen, noch der Verbreitung bedarf.

Der systemische Ansatz wird uns besonders dann beschäftigen, wenn es darum gehen muss, den Wechselzusammenhang zwischen Individuum und Gesellschaft zu verstehen. Denn noch immer leben wir mit zwei parallel existierenden Gesellschaftstheorien, dem Sozialismus und dem Liberalismus. Die eine Theorie will das Glück der Individuen mit dem Glück der Gesellschaft begründen, die andere bestimmt das Glück der Gesellschaft durch jenes der Individuen.

Auch eine Katastrophentheorie ist entstanden, die so genannte Synergetik. Sie lehrt uns, wie der echte physikalische Zufall aus der Welt der Quantenphysik in unsere Lebenswelt hineinwirkt und wie auf diese Weise – das wird für unser Thema eine Rolle spielen – neue Systeme unvorhersehbar neue Eigenschaften entfalten. Folglich muss Geschichtlichkeit, also unwiederholbare Individualität, entstehen.

15

Die genannten Zugänge bieten ein Rüstzeug, mit dem sich getrost über die Komplexität von Mensch und Gesellschaft urteilen lässt.

Die erste einschlägige Publikation von Lorenz, „Kants Lehre vom Apriorischen im Lichte gegenwärtiger Biologie", ist 1941 erschienen; es folgten die Bände „Das sogenannte Böse" (1973), „Die Rückseite des Spiegels" (1974), „Der Abbau des Menschlichen" (1983). „Naturwissenschaft vom Menschen" (1992) wurde posthum von seiner Tochter Agnes von Cranach herausgegeben. Siehe ferner Riedls erste Publikation zum Thema (1980, weiters 1985, 1987, 1988 und 1992).

4. Die Ausstattung des Menschen

Die Ausstattung des Menschen, soweit wir sie heute verstehen, ist das Maß, um jene Grundlage zu bilden, von der wir mit Blick auf unsere Problemstellung prüfend ausgehen können. Dank den Ergebnissen einer Reihe von Disziplinen, die uns von verschiedenen Perspektiven aus dasselbe sagen, wissen wir über die menschliche Ausstattung Bescheid. Mit Hilfe der Kenntnisse der Genetik und der Artbildungsprozesse, der Entwicklungs- und Denkpsychologie, der Völkerkunde, Frühgeschichte, Archäologie, Sprach- und Kulturgeschichte sowie der Erkenntnistheorie lässt sich auch für das Geistige eine „fixe" Anlage für alle Menschen erweisen.

Fix ist in diesem Kosmos freilich gar nichts. Auch Sonnen haben ihre Schicksale, nur zählt man diese nach Jahrmilliarden. Die Stabilität von komplexen Organismen, etwa von Säugetieren, wird innerhalb einer Zeitspanne von Jahrmillionen bestimmt, Einzelmerkmale ihrer Ausstattung etwa innerhalb einer Jahrmillion. Verglichen mit unserer Kulturgeschichte, die wir in Jahrtausende und Jahrhunderte einteilen, beträgt diese Zeitspanne das Hundert- bis Tausendfache. Sollte sich unsere genetische Ausstattung wandeln, und wir wissen noch nicht auf welche Weise, so können wir die dem Menschen eingebaute Ausstattung, gemessen in den Zeitspannen unserer Kulturgeschichte, getrost als fixiert betrachten.

Zweierlei Formen und Folgen unserer Ausstattung sind sogleich zu unterscheiden. Einerseits treffen *Universalien,* also jene Merkmale, die allen menschlichen Kreaturen in gleicher Weise gegeben

16

sind, auf *Unterschiede* in unseren genetischen Anlagen. Andererseits ist zu prüfen, was unsere Gesellschaft unter Berücksichtigung ihres vergleichsweise hektischen Wandels aus den universellen und unterschiedlichen menschlichen Ausstattungen gemacht hat, wie sie diese überlagerte, aber auch pervertierte. Mit den Ausstattungen ist zu beginnen.

Universalien haben mit universellen Ansprüchen zu tun. Diese müssen allen Menschen, ob Bergpapua oder Industriemanager, von der Gesellschaft eingeräumt und erfüllt werden. Universalien liegen dem menschlichen Verhalten und Erwarten zugrunde – unabhängig davon, ob man dieses Faktum akzeptiert, oder nicht. Wir alle haben Erwartungen. Es geht dem Menschen, zunächst verkürzt gesprochen, darum, zu verstehen und verstanden zu werden, unverwechselbar zu sein und doch in der Gesellschaft gesichert, lieben zu können und geliebt zu werden, zu besitzen und Besitz weitergeben zu können, ja, selbst eine Ahnung dafür zu gewinnen, wozu er oder sie da ist. In alldem unterscheiden sich Papua und Manager nicht, und sie dürften auch keine sehr unterschiedlichen Ansprüche stellen.

Aufschlussreich ist die Untersuchung der Frage, was unsere Gesellschaften aus ihren Erwartungen und Ansprüchen gemacht haben. Zum einen sind Kulturen und im Besonderen Hochkulturen entstanden. Zum anderen können alle Kulturen „Fremde" zu „Untermenschen" verteufeln. Dieses Verhalten hat gruppenfestigende Funktionen. Und gerade die hochtechnisierten Kulturen unserer Gegenwart sind aufgrund ihrer militärischen und wirtschaftlichen Macht imstande, jegliche Kultur und Humanität zu zerstören und schlimmstenfalls Völker sogar auszurotten.

Die Unterschiede unserer menschlichen Ausstattungen führen dagegen zum individuellen Problem der Gerechtigkeit. Zu fragen, ob es in der Pflanzen- und Tierwelt gerecht zugehe, in der es parasitierende Gewächse gibt oder einen genetisch festgelegten Unterschied zwischen Bienenkönigin und Arbeitern, hat für uns seltsamerweise keinen Sinn. Nicht einmal den Umstand, dass Tiere ausschließlich deshalb existieren, weil sie andere Lebewesen vertilgen, vermögen wir zu beklagen.

Wir Menschen haben es, jedenfalls zeit- und ortsweise, zu Gefühlen der Gerechtigkeit gebracht. Das kann den Naiven mit Blick auf die „morphologischen Rassen" schon Wunder nehmen; etwa wenn er über „gelbhäutige" Rund- und „schwarzhäutige" Langschädel urteilt. Greifbarer sind die Unterschiede innerhalb desselben Ethnos, im Rahmen derselben Kultur. Trägt einer, der die Welt mit einer physischen oder geistigen Behinderung betritt oder auch nur beschränkt ausgestattet ist, an seinen Mängeln selber Schuld? Offenbar nicht. Die Gesellschaft hat ihm behilflich zu sein. Darf dagegen einer, der mit allen Gaben überhäuft ist, auch übergeordnete Ansprüche stellen? Und wie rechtet ein Kirchenfürst mit einem Ayatollah oder umgekehrt, wie dieser mit jenem?

Die Unterschiede innerhalb unserer Kulturen boten Raum für das Leben und Wirken eines Aristoteles, Jesus, Galilei, Shakespeare, Michelangelo und Mozart. Gleichzeitig ließ man Betrug, Sklaverei, Vergewaltigung, Mord und Völkermord zu.

Diese Feststellungen mögen trivial erscheinen. Weniger trivial ist allerdings die Frage, wie sehr man sich in all dem kulturellen Umbau, Überbau und Abbau dennoch auf die Ausstattung des Menschen verlassen kann.

5. Hypothese von der menschlichen Vernunft

An die vorangegangene Frage der Verlässlichkeit unserer menschlichen Ausstattung schließe ich mit meiner Hypothese von der menschlichen Vernunft an. Sie hat Bekenntnischarakter und zwar in dem Sinne, als sie kein gemeinsamer Gegenstand empirischer Wissenschaften geworden ist, für mein Thema aber, wenn nicht die Grundlage, so doch die sensitive Mitte markiert. Darum nenne ich meine Hypothese vorweg. Die wissenschaftliche Begründung der Kategorien des menschlichen Verstandes ermutigte mich zu diesem gedanklichen Schritt. Auf die Kategorien des menschlichen Verstandes und ihre Begründung ist noch zurückzukommen; vorerst formuliere ich nur den Ansatz:

David Hume hatte aus der Erfahrung gelernt, dass der Stein warm wird, *wenn* die Sonne scheint. Die Annahme – der Stein wird warm, *weil* die Sonne scheint – wurde als gedankliche Konstruktion hinzugefügt; sie ist ein Bedürfnis der Seele. Das hat Kant angeregt, Kategorien für solche notwendigen allgemeinen Annahmen aufzustellen. In seiner „Kritik der reinen Vernunft" stellen diese Kategorien das *Apriori* des menschlichen Verstandes dar, und zwar deshalb a priori, weil sie als Vorbedingungen einer jeden möglichen Erfahrung vermittels individueller Erfahrung nicht zu begründen sind. Mit Konrad Lorenz können die Kantischen „Apriori" aber gleichzeitig als *Aposteriori*, als genetisch verankerte Lernprodukte unseres Stammes verstanden werden. Unsere angeborenen Anschauungsformen, sagt er, werden aus demselben Grund in die Welt passen, aus welchem die Flosse des Fisches ins Wasser passt, noch bevor er aus dem Ei geschlüpft ist. Es muss sich um Anpassungen, um Überlebenshilfen für das Individuum handeln. Von allen möglichen Interpretationen der Sinnesdaten werden sich jene durchgesetzt haben, die den in dieser Welt stets gegebenen Bedingungen am besten entsprechen. Dieses Prinzip ist von lebenserhaltender Bedeutung für das Individuum.

Woher aber stammt die Vernunft? Allein alltagssprachlich ausgedrückt erleben wir es als unvernünftig, wenn die Jugend nur hinter Büchern sitzt oder ausschließlich Sport betreibt, wenn eine Gemeinde nur spart oder nie etwas zur Seite legt, wenn eine Nation sich fortgesetzt als aggressiv erweist oder sich nie wehrt.

In Kants „Kritik der praktischen Vernunft" wird die Vernunft als Achtung vor dem Sittengesetz, als Pflicht und Ethik beziehungsweise als Moral verstanden. Sein Kategorischer Imperativ verlangt von der Gruppe und vom Staat: Handle so, dass dieses Handeln als allgemeine Gesetzgebung gelten könnte. Biologisch gesehen entspricht der Kategorische Imperativ gruppen- und arterhaltenden Bedingungen, so lautet mein Argument.

Man verwendet dieses Argument jüngst auch im Bezug auf das moralanaloge Verhalten von höheren Tieren, etwa von unseren nächsten Verwandten, den Schimpansen und Bonobos; zuletzt beschrieben von Frans de Waal in seinen Büchern über den „Guten Affen" und die „Wilden Diplomaten".

Prähistorie und Archäologie besitzen genug Dokumente über menschliche Kooperation und gruppeneinende Pflichten (wenn auch oft in wunderlicher Formulierung). Und so kennen auch die Ethnologen und Sozialanthropologen diese Argumentation schon seit Spencer und Durkheim. Sie bestätigt sich bis heute, vermehrt um unsere Kenntnisse über das Denken, über Religionen, Rituale und Tabus ursprünglicher Völker.

Natürlich gibt es Abwandlungen der Interpretation je nach Ethnos, Tradition, Persönlichkeitsstruktur und Situation. Die Prinzipien der Erhaltung von Gruppe und Art bleiben aber erhalten. Gegenüber den Kategorien des Verstandes, die das Überleben des Individuums fördern, begünstigen die Kategorien der Vernunft die Arterhaltung.

Im „Fürsten" vermerkt Machiavelli: „Von den Menschen kann man im allgemeinen sagen, dass sie undankbar, wankelmütig, verlogen, heuchlerisch, ängstlich und raffgierig sind." So richtig manches an dieser Feststellung sein mag, die Sätze sind nach 1512 und in Verbitterung geschrieben worden, denn an die florentinische Bürgerwehr, die Machiavelli aufgestellt hatte und zugrunde gehen sah, muss er geglaubt haben. Aber schon im nächsten Satz heißt es: „Solange du ihnen Vorteile verschaffst, sind sie dir ergeben und bieten dir Blut, Habe, Leben und Söhne an, aber nur (…) wenn die Not ferne ist. Rückt sie aber näher, so empören sie sich." Das eben glaube ich auch.

Es erübrigt sich die Frage, ob der Mensch von Haus aus gut oder schlecht sei. Weder die Rabiaten noch die Kriegstreiber, nicht einmal die Insassen der Besserungsanstalten bildeten je die Ausgangsmajorität einer Population. Im Grunde mag man sich, ist man nicht verzweifelt oder indoktriniert, auf seine Ausstattung verlassen.

Rückblickend lautet meine Hypothese: Die Anlage des Menschen ist ihm zur Lösung seiner Probleme vorgegeben und sei daher näher bedacht. Wer sollte ansonsten für Problemlösungen auf unserer Welt zuständig sein? David Hume nannte diese Zuständigkeit auch „ein Bedürfnis der Seele".

In welch überhöhter beziehungsweise schlechterdings gestörter, ja, sogar pervertierter Form sich solch eine menschliche Anlage aufgrund gesellschaftlicher Beeinflussung auswirken wird, steht auf einem anderen Blatt. Ohne die universell vorgegebene Anlage zur Lösung menschlicher Probleme aber hätte unsere Art wohl nicht überlebt. Versuchen wir also zunächst auf diese Hypothese zu bauen.

20

Lebensdaten: David Hume, Schottischer Diplomat, Historiker, Philosoph, 1711-1776 (Hauptwerke 1739-1748, das in unserem Kontext besonders einschlägige Werk 1748), Immanuel Kant, Königsberg, 1724-1804 (die großen kritischen Werke 1781/87, 1788 und 1790). Man vergleiche dazu Lorenz (1941, 1973) ferner Riedl (1985 und 1987).

Jüngere Studien über Primaten gibt es von Frans de Waal (1991 und 1997). Die große Arbeit von Spencer, die schon Darwin beeinflusste, stammt aus dem Jahr 1850. Zu den Klassikern der Völkerkunde, heute Sozialanthropologie genannt, zählen Durkheim (1912, deutsche Ausgabe 1984), Lévi-Strauss (1968), Malinowski (1921, 1979), Evans-Prichard und Douglas (beide 1981).

Auf die Beiträge von Lorenz, im Besonderen auf seine Evolutionäre Erkenntnistheorie komme ich noch zurück.

6. Aufbau und Absicht der Studie

Die folgenden Abhandlungen haben die Prüfung dessen zum Gegenstand, was bislang nur skizziert sein sollte. Soweit ich die zentrale Problemstellung beurteilend überblicke, ist in ihre Verzweigungen eine gewisse Ordnung zu bringen, um die Zusammenhänge nachvollziehbar zu machen. Mein Untersuchungsmaterial basiert auf Einsichten in den Nutzen von Gleichheit und Ungleichheit der menschlichen Ausstattung und berücksichtigt die Konsequenzen der Veränderung von menschlichen Universalien und jene der Veränderungen durch die Gesellschaft.

Zunächst sind (in Teil A) die *menschlichen Universalien* zu prüfen: erstens mit Blick auf das Individuum; zweitens in Bezug auf den kulturellen Überbau; drittens werden Auswirkungen auf die Sozietät und viertens Veränderungen der Gleichheit und das Entstehen von neuer Ungleichheit thematisiert.

In einem nächsten Schritt ist (in Teil B) von der *unterschiedlichen Ausstattung* der Individuen auszugehen und neuerlich zu prüfen: erstens mit Blick auf die Gesellschaft; zweitens wie die Gesellschaft mit der Ungleichheit menschlicher Ausstattungen umgeht und drittens wie die Ungleichheit in den Staaten und zwischen Ethnien ihre Wirkung tut.

Das Gegebene, Denkbare und Machbare (Teil C) ist Gegenstand der letzten Abhandlung.

21

Ich glaube, dass man seriöserweise zwischen Wahrheit und Machbarkeit unterscheiden muss. Eine Wahrheit wird nicht deshalb entkräftet, weil sich die ihr zugrunde liegende Einsicht nicht verbreiten lässt; und noch weniger muss eine Aussage wahr sein, die sich beträchtlich verbreitet.

Was sich durchsetzt, mag davon abhängen, wer sich in welcher Weise als Souverän empfindet. Wenn der Souverän weiterhin von Kapital und Gewinnmaximierung bestimmt wird, dann wird es keine Hoffnung geben. Sollten sich die Regierenden als Souveräne verstehen, so wird es darauf ankommen, wie weit sie nicht ihre Systeme, sondern ihre Bürger im Vordergrund sehen. Verstehen sich aber die Bürger als Souveräne, wird auch noch viel an Abklärung erforderlich sein. Die Aufklärung hat uns hochmütig gemacht. Wir müssen uns darum kümmern, zu lernen, wer und was wir eigentlich sind.

Absicht der Studie ist eine kritische Betrachtung der positiven und negativen Veränderungen des Menschlichen durch die Gesellschaft. Inwiefern wurden die menschlichen Ausstattungen zu höheren Formen entwickelt, und inwiefern wurde das Humanum pervertiert? Die Beantwortung dieser Fragen erfordert ein kritisches Gespräch über Zivilisation und Kultur und eine ernsthafte Auseinandersetzung mit unserer Gesellschaft.

Meine Überlegungen gewinnen letztlich die Form einer Gesellschaftstheorie – mit all den Warnungen und Vorschlägen, die für unsere Gesellschaften zur Wahrung und Förderung des Menschlichen notwendig sind.

A. Menschliche Universalien

Wissenschaft, an deren Erfahrungen wir uns halten wollen, bewegt sich zwischen den Extremen der Trivialität und Ratlosigkeit. Triviales scheint kein Gegenstand der Forschung zu sein, und Ratlosigkeit gibt ihr keine Aussicht. Wir fragen nicht mehr, was den Urknall verursacht hat, und wir nehmen mit einer Selbstverständlichkeit an, dass aus einer Samenzelle und einer Eizelle wieder ein kompletter Mensch entsteht. Dabei handelt es sich um den komplexesten Vorgang, den dieser Kosmos, so weit wir ihn kennen, bislang hervorgebracht hat. Ein Vorgang, den wir erst bruchstückweise verstehen.

Die körperliche Ausstattung der Menschen ist in einem Maße gleich, das allen Menschen untereinander eine Kreuzung mit fruchtbaren Nachkommen garantiert. Wir sind also eine echte Art. Die genetischen Unterschiede, die zu der Annahme von „morphologischen Rassen" führten, sind, jedenfalls was die Strukturgene betrifft, die wir schon etwas besser kennen, verschwindend gering. Dasselbe gilt auch für unsere physiologische Ausrüstung. Wir mögen diese Feststellung ebenfalls für selbstverständlich erachten.

Im Zentrum des Interesses steht nun aber jene Ausstattung, die unsere Psyche lenkt, die vorsieht, wie wir unsere Welt deuten, und die bestimmt, wie wir mit der Welt, mit uns selbst und mit unserer Gesellschaft umgehen sollen. Dass die psychische Ausstattung ebenfalls von Universalien dominiert wird, scheint schon weniger selbstverständlich.

Im Folgenden werde ich von den wichtigsten uns gemeinsamen Ausstattungen berichten sowie ihre Nutzen und Nachteile für unsere Gesellschaft betrachten und prüfen. Ich werde zur Diskussion stellen, wie und wodurch das Nützliche für unser Zusammenleben gefördert und das Nachteilige vermieden werden kann.

23

1. Wir als Individuen

Die Materialien, auf denen die folgende Abhandlung beruht, stammen aus einer Reihe von Wissenschaften, von der Sinnesphysiologie bis zur vergleichenden Sprachwissenschaft. Die Erkenntnisse der Evolutionären Erkenntnislehre, jener empirisch prüfbaren Erkenntnistheorie, von der bereits die Rede war, bilden dabei den Leitfaden meiner Überlegungen. Von Konrad Lorenz angeführt, wurde die Evolutionäre Erkenntnislehre zunächst in seiner geistigen Umgebung von Gerhard Vollmer, Ehrhard Oeser, Manfred Wuketits und mir weiterentwickelt. Es entstand eine internationale Literaturgruppe mit eigener Perspektive.

Die originalen Texte zur Evolutionären Erkenntnistheorie sind von Lorenz (1973 und 1992), Vollmer (1979), Riedl (1980, 1985, 1987, 1992), Wuketits (1981, 1983) und Oeser (1988; siehe hier auch für weitere einschlägige Literatur und zu den beiden Symposien). Von Irrgang (2001) ist jüngst ein Lehrbuch erschienen.

1.1. Unser Weltbildapparat

Unser Weltbildapparat setzt sich aus einer Fülle angeborener, vom Nichtbewussten gesteuerter und die Welt adaptierender Deutungen zusammen. Um Deutungen handelt es sich allemal, wenn man bedenkt, dass es in unseren Gehirnen ziemlich still und ganz finster ist, uns dieses Gehirn aber eine klingende, bunte Welt zusammensetzt. Zudem können wir von Prognosen sprechen, wenn es darum geht, Voraussichten für ein richtiges, lebenserhaltendes Handeln anzuleiten. Wir nehmen diese Welt als „hypothetische Realisten" wahr. Unser Weltbildapparat ermöglicht Lebens- und Überlebenserfolg. Wie die Welt in Wahrheit ist, steht auf einem anderen Blatt.

Unter den menschlichen Sinnen dominiert der Gesichtssinn. Ich hebe ihn als Beispiel hervor: Unsere Gestaltwahrnehmung erkennt in dem Punktereigen auf der Retina Grenzen und Linien, kombiniert Farben und Formen und schließt sie zu verständlichen Figuren zusammen. Sie hebt die Bewegungen der Figuren vom Hintergrund ab, verrechnet sie gegen Augen-, Kopf- und Körperbewegung, interpretiert Perspektive und Ansichten und ergänzt aus der Erfahrung

24

die verdeckten Teile. So wird Fehldeutungen durch unterschiedliche Beleuchtung vorgebeugt. Zu alledem ruft eine gedeutete Gestalt sogleich alle Gestalten aus dem Gedächtnis ab, die sich mit ihr vergleichen lassen, und reiht sie in ein plausibles „Feld von Ähnlichkeiten" ein.

Diese unbewussten Leistungen unserer Gestaltwahrnehmung sind derart perfekt und interagieren mit den anderen Sinnen (Gehör-, Gleichgewichts-, Geruchs- und Hautsinnen), sodass Fehler weitgehend auszuschließen sind. Unseren gedanklichen Konstruktionen und Synthesen sind diese Leistungen oft weit überlegen.

Gegenüber dem bewussten Denken weisen unbewusste Leistungen keine logische, sondern eine induktive, kreativ-heuristische, wir mögen sagen, „intuitive" Form auf. Sie gehen trefflich mit aller Art von Komplexität um und interpretieren nicht nur das *post hoc*, wie wir es im Zusammenhang mit David Hume und den Kantischen „Apriori" bereits kennen lernten, sondern, wie ich gefunden habe, auch das *simul hoc* hinsichtlich der Erwartung eines notwendigen Zusammenhangs. Es handelt sich dabei um eine gesetzliche Gleichzeitigkeit, nämlich um die Unwahrscheinlichkeit, dass sich die Merkmale komplexer Dinge beliebig kombinieren ließen.

Viele kulturelle Errungenschaften sind dank dieser unbewussten Anlage hervorgebracht worden: von der Körperbemalung über die Höhlenmalereien, von den Zeichenbedürfnissen der Kinder bis zu den Höhenflügen der bildenden Kunst.

Natürlich hat bloße Kreativität auch ihre Nachteile. Man kennt den Umstand, dass sie den gespenstischen Wald ebenso mit nichtexistenten Gestalten füllt wie einen bewegten Traum. Aber um den Antrieb, welchen Deutungen verleihen, ist nicht herum zu kommen; die Stumpfheit fördert nichts. Erfindung und richtige Prognose sind notwendig für den Lebenserfolg. Deutung muss also sein.

Die Leistung des Deutens im bildnerischen Unterricht zu fördern, sollte von großer Wichtigkeit sein. Tatsache aber ist, dass der bildnerische Unterricht in den mittleren Schulen immer weniger gewertet, sogar unterdrückt wird. Dagegen stellen die deduktiven, logisch dominierten Fächer die gewichtigen Hürden dar. Sie zwingen uns, Gesetzen zu folgen, die von einer Zivilisation lediglich vereinbart wurden. Diese Fächer, wie die Mathematik und Syntax, sind

25

leichter zu unterrichten und erlauben eine quantitative Benotung. Es mögen sogar die Bestrebungen der Unterrichtsverwaltungen in diese Richtung drängen, weil ihnen gesetzesfolgende Bürger regierbarer erscheinen als jene mit kreativem Reichtum. Was für ein Missverständnis! Wir müssen geradezu verlangen, dass das Bildnerische in Schulen und in der Freizeit mehr gefördert wird. Es bietet schließlich die unmittelbarsten Anregungen, und seine Produkte sind kreative Zeugen für das Umgehen mit Synthese und Komplexität, von denen jede Kultur abhängt.

Hinsichtlich der Formen der „Verrechnung von Wahrnehmungen" ist aufschlussreich, wie Aufeinanderfolgen von uns gedeutet werden. Was mit einiger Regelmäßigkeit aufeinander folgt, wird durch Schaltungen im Gehirn in Zusammenhang gebracht, und zwar deshalb, weil regelmäßige Koinzidenzen in der Natur tatsächlich zumeist nicht von zufälliger Art sind.

Die „Verrechnung von Wahrnehmungen" beginnt im Tierreich mit den „bedingten Reaktionen", der Konditionierung, und setzt sich in unseren ebenso unbewusst ablaufenden so genannten Assoziationen fort. Wir rechnen damit, dass gleiche Ereignisse dieselbe Ursache haben beziehungsweise mit denselben Zwecken verbunden sind. Dabei fühlen wir uns bei kurzen Aufeinanderfolgen, wie Blitz und Donner, sicher, bei den Wetterregeln der Bauern schon weniger. Zudem werden Abweichungen in den Koinzidenzreihen hingenommen, weil nichts als perfekt erwartet wird, weder in der Natur noch in unserer Wahrnehmung. Für unsere Wissenschaften stecken in den Aufeinanderfolgen und Abweichungen bedeutende Anregungen. Es handelt sich um Mutmaßungen, um ein Herantasten an Wahrscheinlichkeiten, das der Ungewissheit entspringt. Popper hat das „Vermutungswissen" genannt. Im Grunde ist uns das unangenehm. Wir hätten gerne Gewissheiten.

Das „Vermutungswissen" kontrastiert mit unserer mathematisch beziehungsweise logisch gedachten und sprachlich „gesäuberten" Welt, in der Ungewissheiten und Fehler ausgeschlossen sein sollen. Wir entfalten Höhenflüge der Mathematik und Logik, unsere bewusste Reflexion führt aber zum Nichtverstehen von Zufall und exponentiellen Entwicklungen sowie von verflochtener und rekursiver

26

Kausalität. Der Irrtum besteht darin, die einfachsten, linearen Lösungen für die besten zu halten; er führt letztlich auch zum Irrglauben an eine von uns schadlos manipulierbare und reparierbare Welt. Hier sind die höheren Schulen gefordert, um über die Suggestivität der Brillanz des Exakten hinaus das Verständnis für den Umgang mit der realen, ungesäuberten oder als „schmutzig" bezeichneten Wirklichkeit zu fördern. Einzig auf dieser Ebene sind nämlich alle Probleme unserer Gesellschaft und unseres privaten Lebens angesiedelt. Wissenschafts- und Erkenntnistheorie, Fuzzy-Logik und die Geschichte der Hermeneutik könnten ein solches Denken fördern. Keine der genannten Disziplinen steht im Hauptstrom heutiger Wissenschaften.

Was Gedächtnis und Bewusstsein betrifft, hat uns die Menschwerdung mit Blick auf unser Weltbild zwei merkwürdige Neuerungen appliziert. Tiere holen Gedächtnisinhalte fast nur durch Wiedererkennen aus dem Speicher, hingegen besitzen wir die Fähigkeit, Gedächtnisinhalte absichtvoll aus dem Gedächtnis abzurufen; wir sagen: Wir erinnern uns. Freilich existieren daneben noch die alten Mechanismen. Wir verlassen beispielsweise unseren Arbeitsplatz absichtsvoll, um im Nebenzimmer zu bemerken, dass der Inhalt der Absicht verloren ging. Wir kehren zurück, und der Arbeitsplatz „sagt" uns sogleich, was wir wollten. Das Wiedererkannte wird bewusst gemacht, um die Steuerung hernach wieder dem Unbewussten zu überlassen.

Jegliche Kultur und Tradition ist über diese beiden Fähigkeiten, Wiedererkennen und Erinnerung, aufgebaut und weiter entfaltet worden. Auch das Bewusstsein wurde heller und verkehrt passabel mit dem Nichtbewussten. Radfahren erlernen wir mit bewusster Aufmerksamkeit. Wir fahren aber erst gut, wenn wir an alles andere denken können, die Steuerung des Rades also unbewusst funktioniert. Erst wenn sich der Mechanismus überfragt zeigt – das Vorderrad gelangt beispielsweise in eine Straßenbahnschiene –, wird die Lösung „bewusst" gesteuert. Unser Reden über das Bewusstsein macht jedoch deutlich, dass wir noch immer nicht recht angeben können, was es damit auf sich hat. Fest steht: Das Bewusstsein ist aus evolutiver Sicht sehr wichtig. Da die bewusste Reflexion wesentlich länger dauert als der automatische Reflex, muss die bewusste Auswahl der richtigen Lösung, gestützt durch unser Gedächtnis, in einem zu-

27

mindest kompensatorischen Maße nützlicher sein als die blinde Auswahl unter den uns vorgegebenen Reflexen.

Trotz dieser Unkenntnis sind für uns Gedächtnis und Bewusstsein etwas Evidentes. Sie sind uns scheinbar näher als die empirische Erfahrung, sodass die Philosophie zwei merkwürdig nachhaltige Konsequenzen folgerte. Man denke an den Ausspruch von Descartes, *cogito ergo sum*, der besagt, dass erst mein Denken ein Beweis meiner Existenz ist. – Existierten wir vor unserem Denken nicht?

Ferner fühlen wir uns legitimiert, jeder Frage eine weitere hinzuzufügen, wiewohl keine Erfahrung die Lösung angeben könnte. Auf diese Weise entsteht Metaphysik. Schon der frühe Mensch rätselte darüber, was nach dem Tod geschieht. Wir fragen uns, wie der Urknall zustande kam oder ob die Evolution einen Sinn hat. Das greifbarste Ergebnis dieser Fragen „erleben" alle Ethnien in der Religion. Sie erlaubt uns eine Rückbindung an etwas Ewiges und Unendliches. Religion enthält die Hoffnung, mit dem Schicksal über Wohlverhalten, Opfer und Gebet verhandeln zu können. Erdacht oder geoffenbart ermöglichen diese Rückbindungen den Zusammenhalt einer Gemeinschaft. Zumeist mit der Absicht der Humanisierung führen sie aber ebenso zu Vertreibungen, Torturen und Scheiterhaufen, sogar zu blutigen Religionskriegen.

Die zweite Konsequenz ist noch gravierender: Es entstand aus der Wahrnehmung der „Kräfte des reinen Denkens" schon im Altertum ein Gegenüber der empirisch möglichen Erfahrung und – man sagt – der Vernunft oder des Verstandes. Man meint aber Erkenntnisgründe. In der Folge durchzieht unsere ganze Kulturgeschichte der Gegensatz zwischen Empirismus und Rationalismus mit der Ausprägung von Dualismus und Idealismus im Anhang. An letzteren knüpft die Erwartung, dass aus klarem Denken mehr Perspektive und höherer Verlass zu gewinnen seien als aus dem Durcheinander der „schmutzigen Wirklichkeit". Eine Einladung, nicht eben dieser Welt, sondern einer gehirn- und kulturgemäß erdachten Konstruktion derselben verpflichtet zu sein. Was wir mit diesem Erdachten uns selbst, unseren Gesellschaften und der Biosphäre antun und schon angetan haben, liegt auf der Hand.

Wiederum ist die höhere Bildung aufgerufen. Doch unsere Universitäten sind weltweit von Bildungs- zu Ausbildungsstätten ver-

28

kommen und unterrichten, teils aus Bequemlichkeit, teils aufgrund der wirtschaftlichen Konkurrenz der Staaten, an Stelle von Zusammenhängen nur mehr Einzelfächer. Nun sind die Universitäten nicht mehr in der Lage, sich selbst zu wandeln. Aufzurufen bleibt also die Vernunft der Kulturämter. Und das ist viel verlangt von deren Proponenten, die in den Zugzwängen von Legislaturperioden zu überleben haben. Die Vernunft der Bürger bleibt abzurufen.

Mit dem Bewusstsein wird nun auch die Aggression als eine in der Tierwelt tief verankerte Beihilfe zur Arterhaltung Gegenstand unserer Überlegungen. „Zwischenartlich" sorgt die Aggression dafür, sich Konkurrenten vom Leib zu halten. „Innerartlich" geht es darum, Artgenossen auf Distanz zu bringen, um der Art ein größeres Einzugsgebiet von Ressourcen zu sichern. Zudem geht es aber auch darum, in geschlossenen Gruppen eine Gliederung zwecks arterhaltender Fitness und Verteidigung, ursprünglich noch mit einer Korrelation von Rang und Risiko, zu etablieren.

Der Gewinn daraus wurde für uns und unsere Gesellschaften weitgehend pervertiert, obschon wir auch zugeben müssen, dass Aggressivität wenigstens der frühen Staatenbildung zur Seite stehen musste. Aggressionen in Form von Verdrängungen erweitern heute, bei aufgeteilter Erde, nicht mehr das Einzugsgebiet von Ressourcen, sondern führen zu menschlichen Katastrophen. Und es kann auch niemand behaupten, dass Ränge und Fitness unserer Weltgeschichte gut getan hätten.

Die Folgen für unsere Gesellschaften sind bekannt. Auf akademischer Ebene entstand eine Langzeitdebatte, ob für den Menschen eine angeborene Anleitung zur Aggressivität anzunehmen sei. Besonders gute Menschen wollen Aggression nur durch das Milieu erzeugt sehen. Ich halte es für richtig, eine Anlage anzunehmen, solange wir nicht ganz sicher sein können, dass diese Erbschaft nicht gegeben ist. Für uns Menschen mag das Prinzip arterhaltend gewesen sein, solange es unbegrenzte Ressourcen gab und wir nur mit Knüppeln zu kämpfen wussten. Heute, in der anonymen Massengesellschaft und kraft der scheußlichsten Waffen, die jeder noch so verantwortungslosen Gruppe zugänglich sind, hat sich die Aggressivität dramatisch gegen uns selbst gewendet. Daher scheint mir Vorsicht geboten.

Wer ist nun aufzurufen, um diese Einsicht zu verbreiten? Uns Bürger mag die Einsicht zu einer weisen Haltung führen. Aber schon ein Staat, sollte er versuchen, aggressive Einrichtungen zu verbieten, mag schlecht beraten sein, weil Pazifismus noch immer eine Einladung zur Plünderung bedeutet. Wir müssen uns also der Utopie nähern und verlangen, dass die Staaten gemeinsam in der Sache übereinkommen. Schließlich werden auch die neuen Funktionen der Possessivität sichtbar. Das Eintragen der Bienen ist bekanntlich nicht deren Marotte, sondern eine Überlebensstrategie für schlechte Zeiten. Mache Vögel und Säuger verstecken feine Bissen, und Schimpansen können zudem Konkurrenten irreleiten, um ihre Verstecke zu sichern. Vorratshaltung ist natürlich auch beim Menschen als Vorsorgeverhalten zu verstehen; zunächst mit Blick auf schlechte Zeiten, aber auch gegen unvorhersehbare Katastrophen. Man mag auch annehmen, dass die Verwaltung und Verteidigung von gemeinsamem Besitz gruppen- und arterhaltende Funktionen hat, namentlich in borealen Klimaten. Das ist für das arterhaltende Verhalten in Nordamerika, Europa und Nordasien kennzeichnend, gilt also in Gegenden mit einer Dominanz der Nadelhölzer und mit stetem Winterfrost. Dass zudem Besitz, seine Schaffung, Erhaltung und Verteidigung, staaten- und nachgerade kulturbildend gewirkt hat, ist nicht zu leugnen.

In unseren Kulturen aber ist Folgendes passiert: Es ist den Menschen eingefallen, einen höheren Rang durch entsprechend höhere Ansprüche darzustellen. Ein solches Denken verlangt nach gesteigertem Besitz. Die „Unterränge" drängen nachzuholen, die „Oberränge" müssen weiter klettern. Eine absurde Spirale der Ansprüche entfaltet sich.

Es wird uns noch beschäftigen, dass Besitz und Macht eine Tarnung gefunden haben. War Macht ursprünglich für alle offensichtlich, so kann sie nun in Form von Geld versteckt werden. Dies ist eine Macht, die nicht verrottet, die sich hingegen verteidigen lässt sowie transportierbar und transformierbar ist. Die Zinsnahme und das durch die Welt flutende Kapital werden selbst für Regierungen nicht mehr steuerbar.

Unsere Besitzansprüche sind zu einer Narretei entartet. Die ganze Umweltkrise ist großteils auf sie zurückzuführen. Das einzusehen ist freilich auch eine Bildungsfrage, wenngleich eine internationale.

30

Umweltkonferenzen sind zwar in Gang gekommen und bemühen sich um die Durchsetzung von Nachhaltigkeit und Emissionsbegrenzungen. Man hat allerdings auch bemerkt, dass mit jenen, die am meisten besitzen, am schwersten zu verhandeln ist. Wer verfügt über die Macht, mit der Macht zu brechen? Eine paradoxe Frage zunächst, aber sie gilt es zu lösen.

1.2. Primäre Umdeutungen

Unter primären Umdeutungen verstehe ich solche, die zwar schon das Kollektiv voraussetzen, aber sich immer noch aus der Ausstattung des Individuums selbst ergeben. Es könnte sein, dass auch das Rätselraten um Fragen der Metaphysik hierher gehört. Gewiss aber sind es drei Klassen von Denkvorgängen, die – als Interpretationen der Welt universell im Individuum angelegt – kulturbildend problematisch wirken: Im Wesentlichen geht es um einander gegenüberstehende Vorstellungen, wie sie die Wortsprache verstärkt. Gemeint sind Verstand und Vernunft, Kräfte und Zwecke, Materie und Geist beziehungsweise Welt und Logik.

Vom Verstand war schon in der Einführung die Rede, als die Art der Erkenntnistheorie anzugeben war, die meine Abhandlungen begleitet. Nun ist der Begriff auch hinsichtlich der Ausstattung und ihrer Veränderungen zu betrachten.

Ich erinnere in diesem Zusammenhang an meine Ausführungen zu David Hume und Immanuel Kant. In Kants „Kritik der reinen Vernunft" geht es zunächst um die „transzendentale Ästhetik"; es geht darum, dass bereits unsere Erwartung oder Vorstellung von Raum und Zeit jeder möglichen Erfahrung vorausgesetzt sein muss. Tatsächlich ist auch kein Experiment denkbar, das die Existenz von Raum oder Zeit beweisen oder widerlegen könnte. Wir bezeichnen den Raum wohl deshalb als dreidimensional, weil drei Dimensionen für die Maße unseres Erlebens genügen und wir uns selbst dreidimensional erscheinen. Die Zeit ist eindimensional, weil unsere physiologische Uhr nur in einer Dimension tickt.

An diese Einsicht schließen Kants „Apriori". Sie betreffen unsere Vorstellungen von Quantität, Qualität, Kausalität und Finalität, die

31

alle kein Produkt individueller Erfahrung sein können, sehr wohl aber, wie uns Lorenz lehrte, *a posteriori* als Lernprodukte unserer Stammesentwicklung, als Anpassung an die grundsätzlichen Strukturen dieser Welt verstanden werden können.

Wir Menschen haben uns mit diesen Anleitungen ganz passabel durch unsere Tage gebracht, bis die Art unseres bewussten Denkens mit ihnen in Schwierigkeiten geraten ist. Schon bei den vorsokratischen Philosophen tauchte beispielsweise der Begriff des „Unendlichen" auf. Man wird die Problematik nachvollziehen können, wenn man der Tatsache Rechnung trägt, dass keine denkbare Zahl so groß sein kann, dass man ihr nicht noch eine weitere hinzufügen könnte. Wo endet ein solches Denken also? Wieder bei den Göttern? Wiewohl es keine Erfahrung geben kann, die uns die Existenz des Unendlichen belegt, muss es doch für jede höhere Rechenweise vorausgesetzt werden. Die Kriterien dafür vermögen wir aber noch keineswegs so eindeutig zu systematisieren.

Ein einschneidenderes und noch merkwürdigeres Schicksal erlitten Kausalität und Finalität. Ich muss an dieser Stelle, obschon von unserer einfachen Ausstattung die Rede ist, auf einen Teil unserer Geistesgeschichte vorgreifen, der das Ursachenkonzept betrifft, um die Folgen darstellen zu können.

Aristoteles machte darauf aufmerksam, dass bei der Entwicklung komplexer Dinge vier Formen von Ursachen wahrnehmbar seien: die *causa efficiens, causa materialis, causa formalis* und *causa finalis.* Für einen Hausbau beispielsweise sind Arbeitskraft, Baumaterial, ein Bauplan und eine Absicht oder ein Zweck vonnöten. Keine dieser Ursachen ist durch eine andere ersetzbar.

Heute sehe ich, dass es zwei Symmetrien unseres Denkens sind, die die Wahrnehmung einer solchen Vierteilung bedingen. Man mag sich angesichts der folgenden Überlegungen, die ein wenig über das Notwendige der Abhandlung hinausgehen, etwas zurücklehnen und sie in Ruhe überdenken.

In Wahrheit sind nämlich nicht die Welturt sachen viergeteilt, es sind die Semantik, die Trennung von Nomen und Verben sowie die Syntax unseres Sprachdenkens, die uns diese Teilung suggerieren.

Material und Form bilden die Automatik unserer Gestaltwahrnehmung ab, Schicht für Schicht verschieden nach der Hierarchie

32

eines Hausbaues; hierher gehören Nomen wie Ton, Ziegel, Wand, Raum, Stockwerk. Kräfte und Zwecke dagegen erscheinen uns als Vorgänge, unseren Verben ähnlich, die in jeder Ebene ihre Funktion beibehalten. Dem gegenüber wirken Zweck und Form, also Absicht und Bauplan, vom Ganzen in die Teile, auch von außen vorgeschrieben. Aufwand und Material wirken von unten, von der Beschaffung des Tons, hinauf zur Fertigung des Gebäudes, als Dinge unserer Aktivität.

Schon bald nach Aristoteles begann man sich über die angebliche Vierteilung der Welt zu wundern und machte sich unglücklicherweise auf die Suche nach einer Ur-Ursache, auf die man alle vier Formen zurückführen wollte. So ist es geschehen, dass die Naturwissenschaften versuchten, die Welt allein aus Kräften, und die Geis-teswissenschaften versuchten, sie allein aus ihren Zwecken zu erklären. Die Einheit der Wissenschaften ist zerfallen. Unser Weltbild wurde gespalten, und die Folgen für unsere Kultur sind gar nicht ernst genug zu nehmen.

Lord Snow erkannte, dass zwei einander widersprechende Subkulturen entstanden sind. Er resümiert, dass die Naturwissenschaften begonnen hätten, die Welt ziemlich unbedacht zu verändern, während die Geisteswissenschaften außer Lamenti dazu nichts beitrügen. Man war empört, Snow sei eine Katastrophe. Tatsächlich sind die Konsequenzen übel genug, gestützt durch den Reduktionismus namentlich der molekularen Wissenschaften (Stichwort „reversible Prozesse").

Der Reduktionismus behauptet, man könne auch komplexe Systeme auf ihre Zusammensetzung aus physikalischen Kräften zurückführen. Folglich könne man sie auch aus diesen wieder zusammensetzen. Man sei schließlich legitimiert, in komplexe Systeme einzugreifen. Die ersten zwei Annahmen sind falsch, die dritte führt zu einer Katastrophe, wenn in die komplexe Welt eingegriffen wird, bevor sie verstanden ist.

Umso wichtiger ist es, die komplexe Welt endlich besser verstehen zu lernen und keinerlei physikalischem, biologischem, psychologischem, ökonomischem oder sonstigem Reduktionismus aufzusitzen. Schließlich gibt es gar keine Alternative dazu, in die Welt immer wieder einzugreifen. Die Landwirtschaft und die Gewinnung von

Bodenschätzen, der Bau von Verkehrswegen und Siedlungen, die Produktion und Distribution von Gütern, von der Abfallproduktion ganz zu schweigen: Das alles sind unweigerliche Eingriffe in die komplexe Welt. Nichts anderes tut die Politik und zwar, weil wir alle es von ihr wünschen. Sie soll sich um soziale Sicherung und soziale Gerechtigkeit bemühen, um Arten- und Klimaschutz, um die Sicherung der nötigen Energiereserven, um die Bewahrung des Friedens und um den künftigen Schutz vor eventuellen Aggressoren. Politischem Handeln aber liegt stets eine Vorstellung jener Wirklichkeit zugrunde, in der es anzusetzen ist. Solche Vorstellungen können ziemlich falsch sein und im schlimmsten Fall ideologische Reduktionismen beinhalten einschließlich jenem typischen Privileg der menschlichen Kreatur, das Lorenz einst als „Glauben an den reinen Unsinn" bezeichnete.

Wieder ist an die höhere Bildung zu appellieren. Gefordert ist, als Propädeutikum nicht Einzeltechniken, sondern Erkenntnis- und Wissenschaftstheorie zu unterrichten – und zwar gerade mit Blick auf die Niederungen solcher Inhalte, die sich auch außerhalb höherer Schulen und Universitäten zum Stammtischthema eignen: Wirtschaft, Gesellschaft und Politik. Dieser Forderung stehen nun aber nicht nur die üblichen Universitätsstrukturen im Wege, sondern auch die Konzerne, die ausschließlich die ihnen unmittelbar zuarbeitenden Wissenschaften massiv subventionieren und sich dafür die Legitimation für jenes reduktionistische, sich um die rekursive Komplexität der realen Zusammenhänge nicht scherende Eingreifen wünschen. Die notwendige Bildung sollte selbst die politisch-wirtschaftlichen Doktrinen unserer Zeit umfassen und belehren.

Was die Vernunft betrifft, so habe ich meiner ganzen Darstellung eine „Hypothese von der menschlichen Vernunft" vorangestellt und Gründe angegeben, warum eine solche Vernunft angenommen werden müsse. Ich gebe aber zu, dass meine Erwartung von Hoffnungen getragen ist, mindestens von der Hoffnung, vom Menschen bald noch mehr zu verstehen.

Allen Hoffnungen entgegen werde ich auf den folgenden Seiten eine solche Fülle an Unvernunft unserer Gesellschaft zu referieren haben, dass es leicht fallen könnte, am Zutreffen meiner Hypothese zu zweifeln. Wir werden allerdings befinden, dass die zu nennenden

Formen der Unvernunft die Folge von Systembedingungen der Massenzivilisation sind. Dagegen ist die Vernunft des Individuums leicht zu erkennen. Es wäre sonderbar, wenn nicht auch vielerlei Formen der Verdrossenheit über die Politik, über ihre Strukturen und Wirkungen, in der Unvernunft ihre Ursache hätten.

Der Grundgedanke meiner Abhandlungen ist es aber, die menschliche Ausstattung dem zivilisatorischen Überbau gegenüberzustellen. Dies, um herauszufinden, was an diesen Anlagen gefördert und was pervertiert wurde, welche Anlage sich gegen den Menschen selbst gewendet hat. Schon oft ist beklagt worden, dass wir zwar die Atome verstehen, aber vom Menschen verstünden wir noch nichts. Gefragt ist Forschung, aber gerade nicht jene, die sich im Hauptstrom gegenwärtiger Wissenschaftsmoden befindet.

Auch die Entwicklung der Sprache hat unserem Denken Merkwürdiges zugefügt. Auch sie wird vorbewusst angeleitet. Die Lautfolge weist auf eine Befindlichkeit, auf ein Ding oder einen Vorgang hin. Von den Bonobos kennt man bereits differenzierte Laute, mit denen vor einer Schlange, einem Bodenräuber oder einem Raubvogel gewarnt wird. Die Menschen haben diese Anlage bekanntlich wesentlich ausdifferenziert, wobei die Absenkung des Kehlkopfes, die Verdickung der Zunge und die Wölbung des Gaumens gemeinsam mit einer beträchtlichen Ausformung der verantwortlichen Hirnareale die Artikulation und das Verstehen verfeinert haben. Es ist nicht zu übersehen, dass gerade die Sozietät und später unsere Kultur die Differenzierung unseres Sprechens gefördert haben. Die Gesellschaft bringt die Sprache hervor und die Sprache deren Kultur.

Für uns Menschen steht nun das Wort nicht nur symbolisch oder stellvertretend für eine Sache, wie es bei unseren Vorfahren der Fall gewesen sein muss. Das Wort weist die Tendenz auf, zur Sache selbst zu werden. Dies geschieht in einem Maße, sodass nichtexistente Dinge allein durch ihre Bezeichnung generationenlang eine künstliche Existenz gewinnen, Dinge ohne Namen aber in ihrer Existenz fraglich werden. Tatsächlich fühlen wir uns selbst ohne Namen unwohl.

Ein zweites Merkmal betrifft unser Sprechen in Analogien, das offenbar durch unsere suggestive Gestaltwahrnehmung angeleitet ist. Wir reden wie selbstverständlich von Flussarmen, Bergkämmen und

35

Meeraugen, ohne dass jemand erwarten würde, damit greifen, kämmen oder sehen zu können. Die elaborierte Sprechweise kennt die Metapher, das *tertium comperationis*, ein zwischengelegtes Drittes beim Vergleichen. Wenn man von einer Dame sagt, sie sei wie eine Rose, erwartet niemand, dass sie am Stiele Stacheln hätte und ins Wasser zu setzen sei.

Es entwickelte sich eine schwebende Art der Kommunikation, die ein Umschweifen, Verdunkelung, Antinomien, also Widersprüche in sich, und Schwindel nahe legt. Gleichzeitig aber suggeriert, wie noch zu zeigen sein wird, gerade unsere Syntax eine Weise der Abstraktion, die mit dieser Welt kaum mehr etwas zu tun hat. Nicht nur der politischen Sprache sind diese Merkmale eigen. Dabei ist gleichgültig, ob sie als Jargon des „Gutmenschen" mit seinen schützenden Tabus der politischen Korrektheit daherkommt oder in der dreisten Vereinfachung von Wahlkampfaussagen. Doch gerade in der politischen Sprache wirkt sich derlei ganz besonders verhängnisvoll aus: Es wurden freie Medien und Demokratie wohl dazu geschaffen, dem politischen Handeln mit Kritik und Vernunft korrigierend beizukommen. Und nun erweist sich die Sprache selbst, die es dafür braucht, nicht nur als Arznei, sondern auch als Gift. All diese Feststellungen bedürfen wieder unserer Umsicht, zumal wir gerade in unserer Spezialform des Sprechens so verdächtig, so unbedacht tüchtig geworden sind. Gefordert sind hier Diskussionen zu den Themen Sprach- und Kulturrelativismus. Wir werden auch ihnen noch begegnen. Allerdings ist noch so viel in Schwebe, dass abermals die Forschung aufgerufen ist, und gemeint ist jene, die wieder nicht im Hauptstrom mitschwimmt.

Blickt man zurück auf die von mir genannten vorbewusst gegebenen Universalien der menschlichen Ausstattung, so kann man so gut wie alle, direkt oder indirekt, als Anleitungen zur Arterhaltung verstehen – als Anleitungen für eine lebenserhaltende Deutung der Dinge sowie der individuellen und auf kleine, übersehbare Gruppen bezogenen Lebensumstände.

Mit dem Hellwerden des Bewusstseins und dem Anwachsen der Gruppen haben die Universalien zu zweierlei Anlass gegeben: Zum einen haben sie das Werden der Kultur überhaupt erst ermöglicht und

36

vielfach zu großen kulturellen Leistungen geführt. Zum anderen wurde angedeutet, in welche Vielfalt von Humbug, Narretei und Gefährlichkeiten die menschlichen Universalien gleichzeitig hineingelenkt werden können.

Fragt man sich nun, was denn zu tun wäre, so zeigt es sich, dass alle Ebenen der Bildung angesprochen sind. In den elementaren Fällen geht es um Selbstbildung, ferner sind Eltern, Jugendgruppen und Schulfächer gefragt, zudem geht es um Universitätsdisziplinen, namentlich um solche, die nicht nur im Trend liegen, und schließlich geht es um die Universitätsstrukturen selbst und um Einsichten in den nationalen Unterrichtsverwaltungen sowie in den Gremien für supranationale Verhandlungen.

Wichtig ist, dass sich die Vernunft, von der ich ausgegangen bin, von den Zugzwängen, in die unsere Gesellschaft geraten ist, nicht unterdrücken lässt. Dies wird aber mit dem Wachsen der Mächte schwieriger. Vermutlich hat man ganz recht mit dem Hinweis, dass Macht das Privileg verschafft, nicht mehr lernen zu müssen. Die Folge ist, dass „durchmachtete" Strukturen die Betroffenen daran hindern, ihrer Vernunft nachzugehen und zu lernen, wie sie mit unserer komplexen Welt besser zurechtkommen.

2. Der erste kulturelle Überbau

Nun geht es um die Adaptierung individueller Deutungen und Ansichten auf kollektiver Ebene. Freilich ist diesbezüglich ein Wechselbezug zu erkennen, weil wir selbst als Teil einer Gesellschaft an den kollektiven Deutungen und Ansichten mitwirken. In der Regel aber ist der Beitrag eines Individuums so gering, dass wir uns eher in einem Strom von Vorgaben und Entwicklungen mitgeschwemmt erleben.

Kollektive Strukturen erscheinen uns als Selbstverständlichkeiten, sie sind aber alle historisch gewordene Sonderheiten unserer Kulturen und Subkulturen. In der Folge kommt eine Reihe von Relativismen zu Tage, deren Diskussion zunächst jener von Bildungsfragen gleicht, aber hinsichtlich ihrer Relevanz bald bis in die gegenwärtige wirtschafts- und geopolitische Problematik hineinreicht.

2.1. Das Fundament der Kommunikation

Es mag lohnen, zunächst das Fundament der Kommunikation zu betrachten, das auch als Fundament der Existenz und der Gesellschaftsstruktur verstanden werden kann.

Unser Sprachdenken ist ein Phänomen, das leicht übersehen wird. Zur Diskussion steht nun, welchen Einfluss unsere Sprache auf das Denken nimmt. Die menschliche Ausstattung kennt Sprachuniversalien. Sie basieren auf Denkstrukturen, die in allen menschlichen Sprachen gleich sind. Für unseren Belang ist zum einen die Unterscheidung zwischen Nomen und Verben aufschlussreich. Zum anderen gibt es kein Ding, das nicht Wirkung täte und keine Wirkung, die nicht von einer Struktur ausginge. Diese Tatsache lässt sich offenbar damit erklären, dass Dinge, die wir aufgrund unserer hoch differenzierten Gestaltwahrnehmung erkennen, einen ganz anderen Zugang zum Gehirn finden als die Wahrnehmung von Vorgängen, deren Verarbeitungsweise wir noch weniger kennen.

Das Vorbereitetsein auf Worte, Syntax, Sinn und Kontext, das heißt auf die Wahrnehmung und Verarbeitung von Sprache, scheint schon unseren Babys gegeben zu sein. Pointiert ausgedrückt müssen Kinder eigentlich nicht Sprache erlernen, sondern, folgen wir Chomsky und Lenneberg, nur Vokabel.

Über das Gegebene, die Sprachuniversalien, türmt sich der kulturelle Überbau der Gesellschaften: Syntaktische, besonders aber semantische Differenzierungen führten zum lexikalischen Wissen von Kulturen. Man bedenke, wie viele und in den verschiedenen Sprachen unterschiedliche Nomen zwischen Hütte und Palast oder zwischen Grashalm und Landschaft verbinden! Wir wissen um den Verdienst aller Franzosen, fortgesetzt französisch zu sprechen, aber wir nutzen auch den Vorteil der (teilweisen) Übersetzung von Sprachen, obwohl die Syntax und noch mehr die Semantik ganz verschieden sein können.

Die Folge ist eine Gängelung durch so genannte Gesetze der Sprache. Es gilt als ungebildet, in der deutschen Sprache beispielsweise den dritten und vierten Fall zu verwechseln, wiewohl das eine nur vereinbarte Gesetzlichkeit ist. Indem wir sie befolgen, unterwerfen wir uns Gesetzen, die nichts mit der Welt zu tun haben, sondern vielmehr lokale Konventionen sind.

38

Freilich ist man genötigt, sich an die Regeln einer angewandten Sprache zu halten. Und dennoch verleitet der Zwang, sich an diese vereinbarten Gesetze zu binden, zu einer Gesetzesgläubigkeit, die im Glauben an den Gewinn deduktiver, also von Axiomen abzuleitender Verfahren besteht. Davon war schon die Rede. In unserer Anlage ist ein solches Denken nicht vorgesehen. Psychologen sprechen von einer „cartesianischen Wende", die bei Schulkindern eintritt, sobald sie akzeptieren, sich an die Gesetze der Syntax zu halten. Es handelt sich dabei um eine Art Autoritätsgläubigkeit, die uns die Bedeutung des IQ überschätzen und die übrigen Formen der Intelligenz oder Kompetenz unterschätzen lässt. Wenn wir, wie es heißt, Menschen erziehen, sei dieses Faktum nicht übersehen. Entsprechendes wird uns im Zusammenhang mit Logik und Mathematik noch deutlicher begegnen.

Es ist gewiss, dass sich die Mehrzahl, wenn nicht sogar alle ordnenden und schöpferischen Prozesse im Nichtbewussten unserer rechten Hemisphäre abspielen und zunächst gar nichts mit sprachlicher Formulierbarkeit zu tun haben. Bekannt ist der Effekt der Lösungssuche, der als Bühlersches „Aha-Erlebnis" wahrgenommen wird, wenn die Lösungssuche über die Brücke, die die Hirnhälften verbindet, in das Bewusstsein der linken Hemisphäre einfließt.

Niemand weiß, wie viel wir im Stillen träumen, wiewohl wir uns wach verhalten. Wahrscheinlich sehr viel und Wichtiges. Der Vorwurf: „Aufpassen! Du träumst schon wieder!" zerstört augenblicklich das Gespinst. Hirngespinste, die alles Schöpferische anleiten. Weil wir uns angewöhnt haben, fast nur vermittels der Sprache zu unterrichten, überschätzen wir die Sprache. Wir stören ihren kreativen Hintergrund, indem wir allein dem vertrauen, was „schwarz auf weiß" geschrieben steht.

Sprache ist nur ein Hilfsmittel, und nicht das beste. Der Zerfall in viele Sprachen hat uns sogar gegeneinander aufgebracht. Man erinnere sich, dass das Wort „Barbar" von den Griechen stammt und zunächst nur fremde Sprachen meinte, deren Äußerungen man für Gebrabbel hielt. Wie aber hat uns allein dieses Wort entzweit und den Wert von Menschen relativiert. Wie sehr die Sprache auch für die Konstitution des Menschen verantwortlich ist, das Menschliche liegt ihr zugrunde. Man könnte diese Auffassung als Sprech-Relativismus bezeichnen, doch man lasse uns in Ruhe träumen – oder zumindest unsere Kinder möglichst lang.

Die einzelnen Sprachfamilien weisen überraschende Unterschiede auf. Das Deutsche gehört zur Familie der „zirkum-mediterranen" Sprachen, die alle von der Syntax des Griechischen beeinflusst sind. Man stellt sie den „zirkum-pazifischen" Sprachen gegenüber, deren höchste Form im Chinesischen erhalten ist. Der Unterschied besteht zunächst darin, dass in „zirkum-mediterranen" Sprachen Nomen und Verben schwerer, in „zirkum-pazifischen" Sprachen hingegen leicht ineinander überführbar sind. Aus diesem Grunde hat das Griechische Kunstworte (*copula*) eingeführt. *Copula* haben keine Inhalte, stellen aber die Verbindung her. Im Deutschen sind das die Worte „ist" und „sein". Diese Struktur hat den griechischen Aussagesatz, etwa „Sokrates ist weise", entstehen lassen. Schon das ist eine leicht zu übersehende Merkwürdigkeit.

Die Sprechform suggeriert ferner den Syllogismus, den logischen Schluss. Ein klassisches Beispiel: „Sokrates ist ein Mensch, alle Menschen sind sterblich, ergo ist Sokrates sterblich." Freilich begann man bald zu bedenken, ob Sokrates nicht doch ein Halbgott war, und was man über die Sterblichkeit der vielen Viertel- und Achtelgötter der Griechen wissen könne.

Schon die Skeptiker bemerkten, dass der Schluss nicht mehr Sicherheit bringen kann, als Gewissheit in den Prämissen steckt. Wenn die Prämissen sicher sind, ist das Ergebnis des Schlusses trivial. Das angeblich Neue an ihm ist eine Täuschung, eine *petitio prinzipii*, eine „Erschleichung des Beweisgrundes". Ein wahrheitserweiternder Schluss, lehrt uns Popper, ist nicht möglich. Dennoch gelten wir als ungebildet, wenn wir diese Logik nicht anwenden. Zweifellos war sie für die klassische Logik grundlegend, beflügelte die Wissenschaften und ermöglichte die Mathematik.

Inwiefern aber entspricht die logische Denkform unserer Welt? Kinder verwenden sie nicht und Naturvölker auch nicht. Der russische Sozialpsychologe Alexandr Luria fragte eine sibirische Bäuerin: „Im hohen Norden sind alle Bären weiß, Kamtschatka liegt im hohen Norden, welche Farbe haben dort die Bären?" Die Bäuerin antwortete, das könne sie nicht wissen, er müsse jemanden fragen, der dort war. Luria bestand auf dem Syllogismus, die Bäuerin aber

40

erwiderte höflich, man hätte es sich bei ihnen abgewöhnt, über Dinge zu urteilen, über die man nichts wissen könne. Wir schmunzeln? Tatsächlich sollte uns diese Episode eine Lehre sein. Aus dem logischen Schluss entwickelte Aristoteles die grundlegende „zweiwertige Logik" und zwar, um Antinomien und Widersprüche, wie sie unsere Sprache ermöglicht, zu vermeiden. Ein klassisches Beispiel ist die Behauptung des Kreters, alle Kreter seien Lügner. Aber schon meine Behauptung „Ich bin ein Lügner" ist nicht auflösbar. Aristoteles wollte im Denken nur „wahr" und „falsch" zulassen, ein Drittes gelte nicht. *Tertium non datur.* Dieses Dritte steht aber für alle Ungewissheiten, Unsicherheiten und sich wandelnden Wahrscheinlichkeiten unseres Vermutungswissens, die uns Menschen und auch alle empirischen Wissenschaften in dem Bemühen begleiten, diese Welt etwas besser zu verstehen.

Die Form der „definitorischen Logik" mag auch unser Bedürfnis angeleitet haben, komplexe Dinge – und alles was uns angeht, ist komplex – durch Schärfung der begrifflichen Ränder am Genauesten bestimmen zu können. Tatsächlich ist das nicht der Fall, weil es immer mehrere begrenzende Eigenschaften sind, deren Grenzen sich nicht ganz decken. Die komplexen Dinge dieser Welt grenzen sich voneinander nicht wie ein Ladensystem ab, sondern wie die Höhen, Sättel und Täler eines großen Gebirges. Das Chinesische hat diese Einsicht verstanden. Es bestimmt in einer Art „transitiven Logik" komplexe Dinge nicht durch Schärfung der Ränder, sondern durch Häufung weiterer Merkmale in der Mitte des Begriffs.

Unsere Mathematik ist der definitorischen Logik verwandt und möchte nur „wahr" und „falsch" gelten lassen. Sie verlangt zudem, von den Unterschieden des Gleichen abzusehen. Tatsächlich aber sind die vier Paradeiser des Kaufmanns für die Hausfrau drei, denn einer ist faul, und für den Botaniker fünf, weil sich einer als Zwilling erweist. Was also geschieht mit der Natur, wenn wir sie zahlenmäßig vereinfachen? Und wie lässt sich Mathematik angesichts solcher Tatsachen überhaupt begründen? Drei Lösungen werden angeboten: Eine pragmatische („es funktioniert ohnedies"), eine konventionalistische („es wurde immer so gemacht") und eine transzendente („sie ist nach Platon der Welt vorgegeben"), doch nirgends ist die Mathematik festzumachen.

Umso erstaunlicher ist, wie weit der „zirkum-mediterrane" Sprachtyp einschließlich seiner Logik und Mathematik unsere westliche Kultur gebracht hat. Das muss mit Sprachrelativismus zusammenhängen. Kann man aber folgern, dass sich dadurch die Relativität unserer Kultur beurteilen lässt? Der Kulturrelativismus erscheint mir als Perspektive nur allzu angebracht. Es gibt keine haltbare Begründung dafür, unsere westliche Kultur zum Maß aller Kulturen zu machen. Sollte man hingegen glauben, dass die Art der Vereinfachung, die unsere Sprache mit sich brachte, die westliche Kultur befähigte, die Welt zu erobern? Gewiss ermöglichten Logik und Mathematik die technische Revolution – mit den Folgeerscheinungen der wirtschaftlichen und militärischen Macht, aber auch eines nahezu bedenkenlosen Umgehens mit dieser Welt.

Ich glaube, mit dem relativistischen Ansatz in der Kulturkritik noch allein zu sein, und das mag nicht genügen. Wir müssen diesen Bereich der Diskussion vorerst offen lassen. Dass die Eroberung der Welt allerdings weniger den Leistungen unserer großen Geister zuzuschreiben ist, sondern vielmehr auf wirtschaftlicher und militärischer Macht beruht, das scheint mir unbestritten. Dieses Faktum könnte allerdings gerade noch die Höhe einer Zivilisation bestimmen, nicht aber die Qualität einer Kultur. Meines Erachtens ist es ein Gebot der Stunde, die Relativität der Kulturen ernsthaft zu untersuchen.

Die Begründung unserer Existenz ist sicher seit jeher durch der Tage Verpflichtungen gegeben gewesen. Es geht uns im Zeitalter der Moderne in dieser Hinsicht nicht viel anders. So bedarf es weniger Grübelei, um dem Hunger und der Kälte zu entgehen, ein Kind zu trösten oder seine eigenen Wunden zu lecken (seltener schon müssen wir uns heutzutage mit Höhlenbären und Feuermachen abmühen). Die Erweiterung unseres Bewusstseins trug uns aber auch die metaphysischen Fragen ein.

Metaphysische Begründungen der menschlichen Existenz sind gewiss durch allerlei individuelle Grübeleien entstanden, aber erst durch das jeweilige Kollektiv zu Riten und Religionen geformt worden.

Das führte früh schon zum Beginn einer, wie ich sie nenne, „dritten Wahrheit", die der empirischen und der logischen gegenüberzu-

42

stellen ist. Diese dritte Wahrheit ist am reinsten dann gegeben, wenn niemand etwas wissen kann und man sich nach der Meinung aller richtet. Keine Hochkultur wäre ohne durchdachte Religion zu ihrer Ausformung gelangt. Eine Paradoxie der Wahrheitsfindung. Sie gilt nicht nur für die frühen Kulturen, sondern trifft auch in unseren Tagen zu.

Nichts wissen wir von der Vorzüglichkeit unserer Zahnpasten, Autoöle, Mobiltelefone und Solarien – wir richten uns nach der allgemeinen Meinung. Was Wunder also, wenn wir uns in der Frage nach den Absichten oder der Absichtslosigkeit des Weltenschöpfers und in der Frage nach dem Sinn in der Welt an das halten, was unsere Kultur für nahe liegend hält. Und das auch zu Recht, denn zum einen ist den Abweichlern meist kein gutes Schicksal zugekommen, man kann sie sogar fürchten, zum anderen sind mindestens die großen Religionen zentrale Kulturträger geworden, ohne die eine Hochkultur kaum zu denken ist.

Das Übel besteht hingegen darin, dass solche, wenn auch kulturtragende metaphysische Vorstellungen sich herausnehmen, über andere zu richten und mit Pech und Schwefel über „das Fremde" herzufallen. Wahrscheinlich deshalb, weil die dezidierte Ablehnung und Verteufelung der Nachbarideologie seit jeher gruppeneinende Funktion hatte. Das kennen wir schon. Ist aber dem Übel zu entkommen? Bis zur Aufklärung war das nicht der Fall. So großer Geister wie Montesquieu, Voltaire oder Rousseau sind wegen ihres Versuchs, das Christentum im Rahmen der Religionen zu relativieren, verfolgt worden.

Heute hat man den Eindruck, dass das Thema säkularisiert wurde. Weniger geht es dabei um die Inhalte von Bibel, Koran und Talmud, die längst nicht mehr alle gelesen haben, als vielmehr darum, Glaubensunterschiede zur Legitimation der Auseinandersetzungen um Wirtschaftsideologien zu verwenden. Und das ist um nichts weniger gefährlich. Einen Glaubensrelativismus zu unterrichten und international durchzusetzen, der von den gemeinsamen humanitären Absichten dieser Lehren ausgehen muss, ist wohl ein Gebot dieses Jahrhunderts.

2.2. Die Herleitung des Rechts

Wunderlich ist auch die Herleitung des Rechts. Die Frage, wer über wen richten dürfe, ist zwar auf individueller Ebene anzusetzen, führt aber meist zu einer kollektiv ausgerichteten Lösung. Zum einen, weil man nicht bereit ist, jeden Nachbarn nach Gutdünken über sich richten zu lassen, zum anderen, weil es geschieht, dass man im Chor der Meinungen seine eigene Unsicherheit erkennt und diese mit Hilfe der Meinung der Gruppe zu beruhigen sucht. Die Auseinandersetzung kann mit der Frage beginnen, wem was gehöre oder zustehe. Von Naturvölkern und Kindern kennt man Formen des Nahrungs- und Spielzeugkommunismus. Diese Formen werden assoziiert mit einer Mischung aus Besitz- und Hergebefreude. Auch Tiere können unprätentiös sein. Die Problematik der Prätention, also des Anspruchs, der Anmaßung und des Dünkels, beginnt aber schon beim Besitz von seltenen Leckerbissen, Weibchen, Kindern, Schlafplätzen und Schmuck und wird uns später zu der elaborierten Frage führen, wer in unserer Gesellschaft was beanspruchen dürfe.

Momentan bleibe ich noch beim Elementaren, nämlich bei der Problematik: Wer hat das Recht, zu strafen, gefangen zu halten und zu töten? Schon Vaters Ohrfeige wird heute kritisiert, in Prügeleien von Pennälern sucht man sich nicht einzumischen und solchen von Straßenrowdies geht man aus dem Weg. Wer wen einsperren darf, wird bereits als eine Frage des Kollektivs empfunden, und noch mehr die Frage: Wer darf töten? Natürlich muss man darauf bestehen, dass kein Mensch das Recht haben kann, einen Menschen zu töten. Da aber immer schon getötet worden ist, stellt sich die Frage, wie die Gesellschaft diese Tatsache legitimiert.

Ritualen Kannibalismus und rituelle Menschenopfer scheint es nicht mehr zu geben. Kinderweglegung oder Mädchentötung, wie man meint, zur Bevölkerungsregulation, dürften auch schon fast verschwunden sein. Diesbezüglich hat unsere Gesellschaft dazugelernt.

Dennoch ist es erschreckend, zu sehen, wie für die Legitimierung des Tötens eine höhere Instanz gesucht wurde. Offenbar haben Götter das Recht, zu töten. Etwa, weil sie unsterblich sind, weil sie den

44

Menschen geschaffen hatten oder seine Entstehung zuließen? Den frühen Herrschern wurde eine göttliche Herkunft bezeugt. Nur die Griechen waren merkwürdig pragmatisch. Die feudalen Herrscher der Neuzeit handelten „von Gottes Gnaden" und beriefen sich weiter auf jene metaphysische Instanz. In den Demokratien der Gegenwart wird nun der Bürger als Souverän dargestellt. Besäße er wenigstens Reste jener Gnade? Oder sind stellvertretende Mehrheitsbeschlüsse zureichend, oder, noch gefährlicher, ist es die Verteilung von Macht und Kapital? Manche unserer rabiaten Zivilisationen haben immer noch nichts gelernt.

Eine zweite Tötungslegitimation ist die hässlichste und wirkungsvollste. Sie hat mit Aufwiegelung und Anonymität zu tun. Der biederste Mann, der keiner Kreatur von Angesicht zu Angesicht ein Haar krümmen könnte, ist imstande, indoktriniert und im Flugzeug sitzend, den so genannten Bombenteppich abzuwerfen, der hunderte von völlig Unschuldigen auf immer verkrüppelt oder zu Tode bringt. Wir sind darin geschult, solche Barbarei zur Kenntnis zu nehmen; ein Medienbericht teilt das mit.

Hier stehen wir vor besonders großen Herausforderungen. Die Wirkungsmöglichkeiten moderner Waffentechnik sind den kreatürlichen Voraussetzungen und Beschränkungen unseres Kampfverhaltens weit enteilt. Ihre Folgewirkungen wurden zur Bedrohung nicht nur des Opfers, sondern auch des Siegers und eines Großteils unserer Spezies. Wie naiv mutet im Rückblick die historische Forderung an, die als Fernwaffe im Vergleich zum Bogen so fürchterliche Armbrust nie gegen Christenmenschen, sondern nur gegen Irrgläubige einzusetzen, angesichts der heutigen Gefahr von Atomwaffen und Angriffen auf Großstädte mit Milzbranderregern!

Mit der Entstehung des Staates wurde, vom eher seltenen Sonderfall des totalitären Staatsterrors gegen die eigene Bevölkerung einmal abgesehen, diese Gegenläufigkeit von Verantwortungsgefühl und Verantwortungsumfang zwar eingegrenzt: Auf einem klar umrissenen Gebiet wurde die Ausübung von Gewalt über das dort lebende Volk mit Hilfe einer einheitlichen Staatsgewalt monopolisiert, die sich später über die Prinzipien der Rechtsstaatlichkeit, Gewaltenteilung und Demokratie bändigen und kontrollieren ließ. Doch unbeseitigt blieb das Problem der Kriege zwischen den Staaten. Das

Kriegsrecht sorgte allerdings für Regeln, die es, wie in den Kabinettskriegen des 18. Jahrhunderts, erlaubten, den Krieg mit einem Minimum an Schäden auszutragen, sofern die Kriegsgegner sich an die vereinbarten Regeln hielten. Noch zu Beginn des 20. Jahrhunderts wurde beispielsweise besonders verletzende Munition verboten, was wiederum im Rückblick auf die zerstörende Kraft der damaligen Artillerie, dann der Bombenteppiche und später der Atomwaffen ebenso naiv wirkt wie ehedem die Regelung zum Kriegseinsatz der Armbrust.

Doch es ist noch schlimmer gekommen. Die Kriegsführung ist dabei, sich von der Kontrolle einer funktionierenden Staatsgewalt sowie von vereinbarten und wenigstens im Prinzip durchsetzbaren Regeln wieder zu lösen. Das geschieht in Form von Bürgerkriegen, zu denen es in integrationsschwachen oder auseinander fallenden Staaten kommt und die in Nachbarstaaten übergreifen, oder in Form eines internationalen Terrorismus, der von Staaten ausgeht, in denen die Staatsgewalt ihr Macht- und Waffenmonopol nicht mehr aufrechterhalten kann oder will. Dann schwindet auch die Hoffnung, jene Gegenläufigkeit von Verantwortungsgefühl und Verantwortungsumfang dadurch unter Kontrolle bringen zu können, dass man solche Ketten institutioneller Zuständigkeiten und Verantwortlichkeiten schmiedet, über deren Wirkungsweise und Beschaffenheit wir aus gut eingerichteten Staaten verlässlich Bescheid wissen. Internationale Rechtsetzung und die Rechtsdurchsetzung sichernde Institutionenbildung stehen hier vor wichtigen Herausforderungen.

Wie ehedem im Wirkungsbereich des einzelnen Staates muss also eine wichtige Lücke zwischen unseren kreatürlichen und unseren technisch-organisatorischen Fähigkeiten durch daseinsentlastende Institutionen (A. Gehlen) geschlossen werden. Wünschenswert ist das nicht minder dort, wo Wirtschaftsmacht anstelle der militärischen Macht, und zwar als mittelfristig ebenso wirksame Waffe, gebraucht werden kann. Vorbei scheinen die Zeiten, in denen die Forderung nach Wirtschaftssanktionen eine wünschenswerte Alternative zur militärischen Kriegführung zu eröffnen vermochte.

Die notorische Unwilligkeit von Despoten aller Art, sich durch Wirtschaftssanktionen bestrafen zu lassen, und der Erfolg ihrer gar nicht so aufwendigen Bemühungen, das von ihnen unterdrückte

46

Volk zu deren Opfer werden zu lassen, hat uns nicht zuletzt am Beispiel des Irak eines Besseren belehrt. Doch obendrein braucht Wirtschaftsmacht durchaus nicht den Staat und dessen Institutionen, um sich zur Geltung zu bringen. Sie wirkt vom multinationalen Großkonzern unmittelbar auf dessen Zulieferer und Konkurrenten und über die von Konzernmaßnahmen in einer Gesellschaft verursachten Verheerungen auch auf Regierungen und kleinere Staaten.

Wo aber die Quelle der Gewalt nicht der Staat selbst ist, gibt es international noch kaum Regulative und in den Staaten nur das so nebenwirkungsreiche Mittel einer Staatswirtschaft. Diese erzeugt mehr Schaden als Nutzen, doch in der ganz freigelassenen globalisierten Wirtschaft schlägt die Gegenläufigkeit von Verantwortungsgefühl und Verantwortungsumfang voll durch. Den richtigen Weg zwischen Szylla und Charybdis zu finden, wird also zur globalen Schlüsselaufgabe der nächsten Jahrzehnte.

Die klassische Abhandlung zur friedensstiftenden Funktion des Staates ist immer noch das Werk „Leviathan" von Thomas Hobbes (1588-1679). Zur Zähmung des „Leviathan", eines biblischen Ungeheuers, durch die Entwicklung von Rechtsstaatlichkeit und später durch die Demokratie siehe Friedrich (1953). Über die Probleme und Möglichkeiten zwischenstaatlicher Friedenssicherung informiert Waltz (2001). Zum Zusammenhang zwischen Völkerrechtsordnung und zwischenstaatlicher Machtpolitik siehe Paech/Stuby (1994). Inzwischen stellen sich neue Herausforderungen der asymmetrischen Kriegführung (hierzu beispielsweise Münkler 2003 und Rich 1999) und durch so genannte gescheiterte Staaten, deren Territorien Trainingsgrund und Rückzugsgebiet von Terroristen werden (näheres bei Hoffman 2002). Macht und Machtmissbrauch multinationaler Unternehmen waren lange schon ein Thema politikwissenschaftlicher Analyse; zu ihrer lediglich noch größeren Rolle im Zeitalter der Globalisierung siehe Herkenrath (2003).

2.3 Die Zweiteilung der Gesellschaft

Die Zweiteilung der Gesellschaft gehört zu den ältesten und erstaunlichsten Phänomenen unserer Sozietät. An dieser Stelle geht es mir aber noch nicht um die hierarchische Organisation von Gesellschaften, die, wie noch zu zeigen sein wird, früh angelegt wurde und, so sehr wir das bedauern mögen, offenbar unvermeidlich ist. Es geht um deren reine Zweiteilung.

47

Im antiken Griechenland zählte nur ein geringer Prozentsatz der Bevölkerung zu den „Freien". Der große Rest bestand aus „Unfreien" und Sklaven. Und man soll sich vor Augen halten, dass auch die bedeutenden Philosophen dieser Zeit, Sokrates, Platon und Aristoteles, dagegen nichts einzuwenden hatten. Ein Teil der Sklaven wurde schon damals wie das Vieh verhökert, als Ruderer an Galeeren ankettet und in den Bergwerken vollends wie zweibeinige Maschinen behandelt. Unser Wissen darüber kontrastiert in einem Maße mit den geistigen Höhenflügen dieser Zeit, sodass man versucht ist, an eine noch wenig bekannte Anleitung zu denken, die alledem zugrunde liegt.

Auch in den Texten des Alten Testaments fand man, ungeachtet der Gottesfürchtigkeit, an der Sklavenhaltung und Sklaventötung nichts Anstößiges. In Rom wurden Sklaventötungen im Kolosseum zum Massengaudium veranstaltet. In der Renaissance verkauften die Sarazenen gefangen genommene Christen und umgekehrt. Die Kaufmannswelt Venedigs verkaufte auch in Nachbarstaaten gefangene Christen und baute aus dem Erlös ihre Kathedralen.

Nicht anders in der Neuzeit, da alle seefahrenden Nationen Europas einander um das große Geschäft des Sklavenhandels bekriegten und – welche Parallele! – aus dem Erlös ihre bereits aufgeklärten Parlamente bauen ließen. Tatsächlich reichte dieses menschenverachtende Treiben bis in die zweite Hälfte des 19. Jahrhunderts. Erst 1863 setzte Präsident Lincoln die Emanzipation der vier Millionen Farbigen für das ganze Staatsgebiet der USA durch. Und doch ist in den USA noch viel von der alten Abhängigkeit zu spüren.

In Europa hatte sich dagegen ein Feudalsystem etabliert mit Lehnsherren und Leibeigenen, die geschlagen wurden, nicht aber die zugeteilten Felder verlassen durften. In Russland wurde das Feudalsystem erst 1861 abgeschafft. Man überließ den Bauern aber zu kleine Landanteile und forderte dermaßen überhöhte Ablösungen, dass die Abhängigkeit erhalten blieb.

Das wird alles bekannt sein. Ich leite diesen Teil der europäischen Geschichte deshalb her, um an den Übergang zur Industrialisierung und an die Entstehung des nicht minder abhängigen Industrieproletariats zu erinnern, das Mitte des 19. Jahrhunderts die feudalen Zustände ablöste. Das England jener Zeit ist diesbezüglich besonders aufschlussreich. Das Erstaunliche ist, dass sich mit der Weiterentwicklung der Industrie diese Abhängigkeit bis in unsere Gegenwart erhalten hat.

Heute sorgen sich Gewerkschaften um die Rechte der Abhängigen – freilich vor allem um die Rechte von denen, die abhängig beschäftigt sind, und weniger um die Rechte jener, die aufgrund struktureller Arbeitslosigkeit von den staatlichen Sozialsystemen abhängig sind. Uns aber mag diese Abhängigkeit, von der eine Majorität in den Industrienationen betroffen ist, die in der Regel bitten muss, um an der Wertschöpfung ihrer Gesellschaft teilnehmen zu dürfen, wohl ebenso selbstverständlich erscheinen, wie den Griechischen Denkern die Sklaverei. Die Selbstverständlichkeit solcher Abhängigkeit zeigt sich etwa in Deutschland am Unwillen vieler arbeitender Menschen, sich selbständig zu machen. Man zieht die Abhängigkeit vom Arbeitgeber vor und versucht auf diese Weise, der gewerkschaftlich nicht mehr abzupuffernden Abhängigkeit vom Verhältnis zwischen Angebot und Nachfrage zu entgehen. Am Markt kommen aber auch die Gewerkschaften auf Dauer nicht vorbei.

Einst wurden die Gewerkschaften erfunden, um den Arbeitnehmern Verhandlungen mit den Arbeitgebern zu ermöglichen. In Österreich führte der gewerkschaftliche Gedanke zur Bildung einer „paritätischen Kommission" mit der Aufgabe, beide Seiten zu regelmäßigen Verhandlungen an einen Tisch zu bringen. Diese Einrichtung bescherte dem österreichischen Parlament ein merkwürdiges Gegenüber, aber auch die geringsten Streikraten in Europa. Rabiater Rabatz auf der Straße wird eingetauscht gegen Argumente am Verhandlungstisch.

Unsicherheiten bestehen hingegen in wirtschaftstheoretischen Fragen, aber auch dort, wo nicht gewusst werden kann, in welchem Maße Interessen der Arbeitnehmer oder aber der Gewerkschaft selbst vertreten werden. Ein Übel an Institutionen schlechthin.

Doch selbst die im nationalen Rahmen machtvollen Gewerkschaften werden im Zuge der Globalisierung quasi funktionslos, wenn beispielsweise Konzerne ihre Industrien in Billigländer verlagern. Sie können die Auflösung von Arbeitsstätten nicht verhindern, weil sich eine internationale Gewerkschaft gegen den Strom der Neoliberalisierung nicht zu etablieren vermag. Es ist bewegend zu erleben, wie hoffnungslos sich eine ganze Belegschaft gegen die Auflösung dessen wehrt, was sie geschaffen hat, und kein Gewerkschafter ist in einem solchen Moment zu sehen, weil die Machtlosigkeit bekannt ist. Wie sollte auch eine Gewerkschaft in Bangladesch mit einer us-amerikanischen verkehren?

Nimmt man die Frage auf, wie da geholfen werden könnte, so empfehlen sich eine individuelle und eine globale Perspektive. Chancen bestünden wohl nur, wenn es gelänge, paritätische Verhandlungen übernational und schließlich weltweit zu führen. Bemühungen um eine Europäische Gewerkschaft gibt es. Von weltweiten Lösungen sind wir aber noch weit entfernt und das schon wegen der fehlenden technischen Voraussetzungen. Es existieren noch keine übernationalen Institutionen, in deren Rahmen, wie in den Einzelstaaten, Gewerkschaften erst funktionieren können.

Tatsächlich hat sich die Zweiteilung der Gesellschaft in „Freie" und „Unfreie" erhalten. Es ist uns noch keine Zivilisation samt den nötigen Produktions- und Bildungsweisen geglückt, die all ihren „Freien" auch die Freiheit ihrer eigenen Wertschöpfung zu sichern vermag. Zu sehr haben wir uns daran gewöhnt, Massenprodukte für einen Segen zu halten, als dass sich das sobald ändern ließe.

Der Lohnsack ist aber nicht unser einziger Begehr! Es steckt in den Menschen ein tiefer Wunsch, auch in ihrem Tun unverwechselbar zu sein. Nur zögernd wird menschliche Würde, das Schöpferische eines Gedankens, eines Handwerks oder einer Unterrichtung wieder wahrgenommen. Wo immer diese Fähigkeit zur Wahrnehmung möglich ist, sei sie gefördert.

Zur Politiklähmung durch (nicht nur, aber auch) gewerkschaftliche Vetomacht in komplexen konkordanzdemokratischen Verhandlungssystemen siehe das Spiegel-Dossier „Gewerkschaften – Lobby des Stillstands"; zur internationalen Gewerkschaftsbewegung Koch-Baumgarten (1999). Probleme der institutionalisierten Einbeziehung supranationaler Interessengruppen in die Willensbildung in internationalen Organisationen und internationalen Regimen erörtert Risse-Kappen (1995).

50

2.4. Über „Verschmutzungsrechte" – Ein Szenario

Schwierigkeiten sind unserer Gesellschaft entstanden, als die sozial „höher Gerangten" auf den Gedanken kamen, ihren angeblich höheren Rang auch durch höhere Ansprüche zu demonstrieren. Wir sind der Problematik schon bei der Possessivität begegnet. Unsere Kulturgeschichte kennt Phasen, in denen höheren Rängen eine besondere Kleidung vorbehalten wurde. Das mag uns heute komisch erscheinen, hatte aber keine gefährlichen Folgen.

Bedenklich wurde die Sache, als die „nieder Gerangten" die Ansprüche der „Höheren" zu erreichen trachteten, sie diese Ansprüche mit der Zeit auch erreichten und jene sich nochmals abzusetzen wünschten, womit sich eine Schraube bildete, die sehr flott zu immer höheren Ansprüchen trieb und immer noch treibt. Aus einem Sicherheitsbedürfnis heraus ist dieses Tun längst nicht mehr erklärbar. Unsere Untersuchungen haben aufgedeckt, dass die Gefahren des Wachstums, vor denen die Menschheit steht, weniger auf das Bevölkerungswachstum in der „dritten Welt" zurückzuführen sind, als vielmehr auf das Wachstum der Ansprüche der Individuen und ihrer Gesellschaften in der so genannten „ersten Welt". Die „dritte Welt" hat weder die Ozeane verdreckt noch ein Loch in die Ozondecke gemacht: Das machen wir – in einem beängstigenden Tempo.

Wir haben ein Umweltproblem, dem einzig auf internationaler Ebene durch Bildung und Vernunft mit kontrollierten Verträgen zu begegnen ist.

Den armen Ländern dieser Welt „Verschmutzungsrechte" abzukaufen, erscheint auf den ersten Blick perfid. Doch der zweite Blick lässt die Hoffnung zu, dass sich auf diese Weise ein wirkungsvoller institutioneller Mechanismus zur Lösung des Problems einrichten ließe. Im Grunde handelt es sich hier wieder einmal um die „Tragödie der Allmende": Was keinen Preis hat, wird übernutzt. Und ohne Preis ist bislang die Natur, sofern man nicht gerade ein Grundstück erwerben, Wasser beziehen oder Rohstoffe ausbeuten will. Merkwürdigerweise kostet es nichts, wenn man Schadstoffe in die Umwelt setzt oder durch Eingriffe wie Bodenversiegelung und Überweidung ihre Wirkungskreisläufe stört. Hierfür gibt es bestenfalls Verbote, doch weder allerorts noch stets befolgte. Ein unmittelbares wirt-

51

schaftliches Eigeninteresse, wonach der Umwelt nicht zu schaden sei, haben wir jedenfalls noch nicht organisiert. Vielleicht aber sollten wir – abgeklärt und vom Glauben an die zweckfreie Erziehbarkeit des Menschen kuriert – künftig nicht so sehr auf die menschliche Furcht vor Strafen, als vielmehr auf die Verlockungen von profitablen Geschäften setzen. Und das heißt, dass wir Wege finden müssten, der Natur und Umwelt einen Preis zu verleihen, der verlässlich Überfluss oder Mangel anzeigt, knappe Güter wirkungsvoll verteuert und den so zuverlässigen unmittelbaren Eigennutzen zum umweltschützenden Motiv macht.

Handelbare „Verschmutzungsrechte" durch eine internationale „Umweltagentur" unter der Verantwortung der UNO etwa in der Weise einzuführen, wie Bankenkonsortien auf den Kapitalmärkten Aktien verwenden, wäre ein solcher Weg. Es würde – dank der Beratung von sachkundigen Wissenschaftlern – politisch ausgehandelt und dann vertraglich festgelegt, wie viel Verschmutzung die Umwelt eines Landes wohl noch aushalten könne. Allzu viel wird sich da kein Land zumuten wollen: einesteils, weil es die Folgelasten weiterer Umweltbeeinträchtigungen tragen muss, und anderenteils, weil allzu viel vertraglich „akzeptiertes" Verschmutzungspotenzial denselben Effekt hat wie Inflation im Geldwesen. Ein Überfluss von noch zu vergebenden „Verschmutzungsrechten" lässt den Preis sinken und – aus der Perspektive von Staaten mit „Verschmutzungspotenzial" gesehen – ebenso den Gewinn aus solchen „Verschmutzungsrechten". Also wäre von Anfang an der Anreiz gegeben, die zur weiteren Belastung feilgebotene Umwelt knapp zu halten. Womöglich würde es „Discounter" geben. Doch deren rasch sich einstellende Umweltschlamassel würden vor Nachahmung abschrecken und vielleicht auf eine Weise vorauswirken, dass sich keine Regierung zum „Umweltdiscounter" machen möchte.

Auf der Grundlage eines solchen Vertrags böte dann eine internationale Agentur quantifizierte und regionalisierte „Umweltverschmutzungsrechte" an, die über diese Agentur – einer Börse ähnlich – gehandelt würden. Deren Verkaufserlöse, nach Abzug einer die Agentur finanzierenden Gebühr, würde die Natur zu einem knappen, handelbaren Gut machen, auf das dann die Logik des Marktes zugreift: Je knapper die Ressource „Umwelt" wird, umso

52

höher steigt ihr Preis, den alsbald immer weniger Käufer werden bezahlen wollen. Da es unter einem solchen internationalen „Verschmutzungsregime" kaum mehr Staaten mit ausreichender Standortqualität geben würde, in denen fehlende oder nachlässig durchgesetzte Umweltvorschriften den Umweltverbrauch zum Nulltarif ermöglichten, bliebe unter Konkurrenzdruck zum sparsamen Wirtschaften gezwungenen Unternehmen nur noch ein Ausweg: auf Produktion mit immer weniger Umweltverschleiß umzustellen, die den Erwerb von immer weniger „Verschmutzungsrechten" mit sich brächte. Am vergleichsweise billigsten produzierte dann der, der ganz ohne solche Verschmutzungsrechte auskäme. Eine ordnungspolitische Nachsteuerung solcher auf größere Umweltschonung zulaufenden Prozesse ließe sich durch die internationale Agentur, die jenen „Umweltmarkt" schafft und organisiert, auf eine im Prinzip einfache Weise leisten: Sie könnte durch Aufschläge auf die Grundpreise der „Verschmutzungsrechte" deren Erwerb in solchen Zeiten verteuern, in denen die Unternehmen allzu wenige Anstrengungen unternehmen, zu ressourcenschonenderen Produktionsweisen überzugehen.

So zu agieren, machte aus dem vermittels Kapuzinerpredigten nicht allzu weit voranzubringenden Kollektivinteresse an einer nachhaltig bewirtschafteten Umwelt ein schon aus Eigenschutz und Eigennutz sehr ernst zu nehmendes Individualinteresse. Über handelbare „Verschmutzungsrechte" würde nämlich zu einem transparenten internen Rechnungsposten mit unmittelbaren Folgen für Bilanz, Liquiditätslage und Marktwert eines Unternehmens übergegangen, was bislang ganz einfach externalisiert werden konnte. Länder mit bereits übernutzter Umwelt erhielten unter einem solchen Regime für die Dauer des Fortbestands der Übernutzung Finanzmittel zur Sanierung bisheriger Schäden; wohlgemerkt als Resultat eines hart interessengeleiteten Geschäfts und nicht – wie bisher – als entwicklungspolitisches Almosen. Umgekehrt könnten Länder mit noch erschließbaren „Verschmutzungsressourcen" nützliche Finanzmittel für ihre eigene technische und gesellschaftliche Weiterentwicklung erhalten, in deren Folge ihren Wirtschaften soviel eigene Marktmacht zuwächst, dass auf ein Volkseinkommen aus der Gewährung von „Verschmutzungsrechten" mehr und mehr zu verzichten wäre.

Die zum ökologischen Schlamassel unserer Erde vor allem beitragenden nördlichen Industriestaaten bekämen in des Wortes wahrstem Sinn die Rechnung für ihr Treiben präsentiert. Und das könnte nach aller Erfahrung mit ihren betriebswirtschaftlich überaus rationalen Systemen bald zum derzeit noch wenig wahrscheinlichen Happyend unserer globalen „Tragödie der Allmende" führen.

Auf den zweiten Blick entpuppen sich „Verschmutzungsrechte" als etwas anderes, als ihr Name anzukündigen scheint. Es geht gar nicht darum, dass reiche Unternehmen sich bei armen Staaten einkaufen und diese dann als Müllkippe benutzen. Denn viel mehr noch als ein – erkauftes! – „Recht zur Verschmutzung" bewirken solche *tradeable permits* die unentrinnbare Pflicht, für die Nutzung eines Rechts dort zu zahlen, wo bislang Marktmacht und Korruption sich nach egoistischem Gutdünken einfach bedienen.

Dergestalt verknüpfen *tradeable permits* mit einer ganz persönlichen, stammesgeschichtlich tief verankerten Possessivität solche Folgen individuellen Handelns, die der bloße Appell an Einsicht und guten Willen wohl kaum in eine solche Wirkungskette zwänge. Es erscheint, was auf den ersten Blick so „perfide" wirkte, offenbar nur darum schlimm, weil unserer kreatürlichen Ausstattung das Denken in längeren und rekursiven Wirkungszusammenhängen fremd ist. Solche längeren und rekursiven Wirkungszusammenhänge aber sind für funktionierende Märkte typisch. Genau darin übertreffen sie unseren individuellen Verstand (freilich nur solange, wie sie nicht von verzerrenden Störeffekten überlagert sind).

Die Aufklärung ermöglichte uns leider eine dermaßen starke Überschätzung unserer individuellen Verstandeskräfte, dass die in die natürlichen Systeme eingelassene Vernunft und auch die in unverzerrten Märkten geborgene Vernunft in Misskredit gerieten.

Eine Abklärung würde darum auch hier bedeuten, es mit Lösungen zu versuchen, die eher der Eigenlogik von Systemen als unserem selektiven Verständnis für gesamtsystemische Zusammenhänge abgeschaut sind. So zu verfahren relativiert keineswegs unsere Pflicht, diese Welt in Ordnung zu halten. Vielmehr geht es um den aussichtsreichen Versuch, dort institutionelle Vernunft zu implementieren, wo die angeborene Individualvernunft unserer Kreatur ganz offenkundig nicht ausreicht.

54

Doch trotz aller Logik, die sich anbietet, um den Neoliberalismus zur Berappung von Umweltwerten zu zwingen, wird man ein schlechtes Gefühl nicht loswerden, dass nämlich unserer Welt kaum geholfen werden kann, wenn man die armen Nachbarn dafür bezahlt, Gift und Müll in die Welt setzen zu dürfen. Die Industrienationen werden die stärkeren bleiben und weiterhin danach trachten, höhere Emissionswerte für weniger Bezahlung durchzusetzen.

Wir haben noch viel zu lernen.

Über die Diskussion um tradeable permits informieren Kerr (2002) bzw. Kosobud/Schreder/Biggs (2000). Zur grundsätzlichen Frage, ob Nachhaltigkeit eher durch Marktprozesse innerhalb eines supranationalen Ordnungsrahmens oder durch politische Zielvereinbarungen erreicht werden kann, siehe Albrecht (2002).

2.5. Lebensqualität und Prosperität

Die Frage nach der Lebensqualität, und wie wir mit ihr umgehen, kann aufschlussreich sein. Es ist sogleich festzuhalten, dass sich ihr Maß, setzt man einmal das Bedürfnis nach Nahrung, Sicherheit und Bequemlichkeit als ein allgemeines voraus, nur aus der Sozietät ergibt, wobei die Nachbarn bei näherer Betrachtung eine wesentliche Rolle spielen.

Den Männern der Bergpapua kommt es darauf an, einen möglichst halb Meter langen Flaschenkürbis als Penishülle zu tragen. Diese muss, mit Schnüren an den Schultern befestigt, bei der Pirsch im Dickicht ungemein unpraktisch sein. Bei Farbigen in der Bronx kommt es dagegen auf einen alten, mehrere Meter langen Cadillac an. Dieser mag bei der Pirsch durch New York ebenso unpraktisch sein, weil er anfällig, benzinfressend und schwer zu parken ist. Unter Holzfällern möchte man in einem Blockhaus, unter Villenbesitzern in einer Villa wohnen. Ein Siebungseffekt sortiert auch für den Einzelnen das Milieu seiner Wünsche aus. Zudem pflegen Traditionen resistent zu sein. So treten in Mitteleuropa indische Zeitungsverkäufer mit Turbanen auf und moslemische Schulmädchen sind mitunter nicht bereit, in der Schule auf das Kopftuch zu verzichten. Das alles ist von einer verstehbaren, sogar liebenswerten Art.

55

Lebensqualität hängt nun mit Prosperität zusammen; und es ist nicht zu verkennen, dass die Prosperität mit der Lebensqualität steigen kann. Letztere erhöht die Lebenssicherheit gegenüber Störungen und Niederbrüchen, vermehrt Freiheiten, verbessert Wohnverhältnisse sowie die Qualität der Nahrung und verschafft Bequemlichkeit.

Ein Übel besteht allerdings darin, dass die Drift zu steigender Prosperität, angetrieben durch jene gesellschaftliche Schraube, von der bereits die Rede war, Eigengesetzlichkeit gewinnt, die sich durchaus wieder gegen die Lebensqualität wendet. Die Soziologen wissen schon lange, dass die Kurve der Lebensqualität wohl eine zeitlang mit jener der Prosperität steigt, sich die beiden Kurven aber an einem Scheitel trennen und die Lebensqualität bei weiter steigender Prosperität wieder sinkt.

Wo aber ist der Scheitel anzusetzen? Das wird der Seemann anders beurteilen als der Kanzleirat und noch einmal anders der Bergpapua und der Farbige in den Bronx. Diese Haltungsunterschiede müssen mit dem zusammenhängen, was man bereit ist, in Kauf zu nehmen gegenüber der Prosperität, die man anstrebt. Ist der Nachbar das Maß der Dinge, der Maat und der Oberkanzleirat? Ein Gemüse- oder Kunstgewerbehändler könnte noch stolz sein auf seine Bioprodukte oder auf die Fantasie seiner Auswahl, was aber hat der Elektro- oder Altwarenhändler davon? Ist es nur das „Mehr", das in seiner Kasse bleibt im Vergleich zur Einnahme seines Konkurrenten? Tatsächlich mag es so ähnlich sein.

Und tatsächlich sind viele bereit, 49 Wochen ihrer Berufsjahre unter den scheußlichsten Bedingungen zu werken, um mit dem Ertrag einen zwei Wochen langen Traumurlaub zu finanzieren. Der Nachbar ist das Maß, denn der ist in seinem Badeurlaub von Caorle über die Balearen zu den Fidschi Inseln weitergezogen. In den USA soll es eine Firma gegeben haben, deren Angebot lautete, man könne einen Tag lang wie ein Millionär leben, nachdem man lange genug eingezahlt hatte. Die Firma löste sich auf, weil zu viele sich nach dem Genuss dieses Tages umbrachten. Und was machen wir? Relativieren wir etwa Plackerei und Gewinn? Wo ist der Ausweg?

Man kennt die Geschichte von einem Herumlungernden in Neapel, den ein Deutscher fragte, was er den mache. „Nichts", war die

56

Antwort, aber was denn der Deutsche wohl mache. Er baue Maschinen. „Und wozu?" lautet die Gegenfrage. „Um sich einmal zur Ruhe zu setzen." „Sehen sie", war die Antwort, „das mache ich schon jetzt."

Natürlich gibt es auch bei uns die so genannten Aussteiger. Im Grunde sind sie zu bewundern. Es existieren sogar schon „Aussteiger-Dörfer", kaum jedoch „Aussteiger-Gemeinden" und noch keine „Aussteiger-Länder". Vielmehr warten schon „Einsteiger-Länder", die all den Unsinn nachahmen wollen, den uns die Industriezwänge auferlegten.

Die Lösung muss meines Erachtens über „Aussteiger-Gemeinden" zu „Aussteiger-Ländern" führen, in denen auf eine Weise gelebt wird, die die Lebensqualität erhöht.

Rückblickend hatten wir es nochmals mit Anlagen zu tun, die unsere individuelle Befindlichkeit betreffen, und zwar mit jenen Anlagen, die unsere Kultur oder Subkultur zu scheinbaren Lebens-Selbstverständlichkeiten ausgeformt hat. Es zeigte sich, dass das Ziel des gerechten Zusammenlebens mit Relativierungen verbunden ist und mit auffallenden Umkehrungen:

Was uns nicht relativierbar erscheinen mag, das Sprechen, die Sprache, die Kultur und der Glaube, gehört sehr wohl einem Sprech- und Sprach-Relativismus, einem Kultur- und Glaubens-Relativismus unterworfen. Umgekehrt haben wir uns hinsichtlich dessen, was uns relativierbar erscheint, Recht und Gliederung der Gesellschaft, jede Relativierung zu verbieten. Was wir als Lebensqualität erstreben und als Prosperität erleben, kann subjektiv gesehen relativ sein, objektiv aber, als Zuteilung durch die Gesellschaft, darf es keinesfalls relativiert werden.

Der Ausbau all dieser Anlagen hat uns Kultur gebracht: Sprache, Unterricht, Logik, Mathematik, Recht, Stabilität und bequemeres Leben. Dennoch bedarf dieser Ausbau dringender Korrekturen, und zwar solcher, die gemäß unserer Ausstattung wieder als höchst vernünftig erscheinen. Sie beginnen als Bildungsformen, verlangen aber sehr bald internationale normative Vereinbarungen auf der Ebene des Völkerrechts, des Gewerkschaftsrechts, des Umweltrechts und der Menschenrechte. Sie sind einzufordern von den sich bildenden Organisationen der globalen Zivilgesellschaft.

3. Übergang zur Sozietät

Wir Menschen wurden in der Kleingruppe sozialisiert und leben nun vielfach in anonymen Massengesellschaften. Dieses Phänomen wird uns noch weiter beschäftigen. Aber schon allein der Übergang zeigt: Fast alle Probleme, die wir mit der Massenkultur haben, gehen auf den Umstand zurück, dass wir für ihre Anforderungen keine angemessene Ausstattung mitbekommen haben. Das bedeutet freilich nicht, dass wir keine Sozialstrukturen zuwege gebracht hätten. Unsere Kulturgeschichte ist diesbezüglich voller Belege. Nur mussten wir die sozialen Strukturen konstruieren. Auf die Automatik unserer Anlage blieb kein Verlass.

Von der Gruppengröße der Frühmenschen gibt es nur ungefähre Vorstellungen. Vergleicht man die Andeutungen, die sich aus den fossilen Dokumenten erkennen lassen mit den Trupps, wie wir sie heute von den Bonobos und Naturvölkern kennen, so werden sie dreißig bis fünfzig Individuen kaum überschritten haben. Jedenfalls handelt es sich um Gruppengrößen, in denen jeder jeden individuell kennen und beurteilen konnte, und das galt über eine Zweitspanne von ein bis zwei Jahrmillionen.

Wie schon in meiner Einführung vermerkt, sind im Vergleich zu solchen Zeitspannen, in denen die Adaptierung, noch dazu durch massive Selektion, leicht durchgesetzt werden konnte, diejenigen Zeitspannen, in denen Städte und Staaten entstanden, tausendmal kürzer. Wir Menschen haben in diesem sensitiven Zeitraum wohl kaum mehr genetisch fixierte Adaptierung etabliert. Die genetische Entwicklung wurde von der Schnelligkeit der Kulturentwicklung überrollt. An etwa einem halben Dutzend Fällen mag es nun lohnen, Ausstattung und Überbau zu vergleichen, um sich zu fragen, was von unseren universellen Anlagen ausgeformt und was gestört wurde.

3.1. Der Sozialgradient

Es gibt einen Sozialgradienten, in welchen wir Menschen uns je nach Befindlichkeit einordnen. Eine Anleitung, die uralt sein muss. An einem Ende des Gradienten steht ein ausgesprochenes Freiheits- und

Selbstwertgefühl mit gehobener Einschätzung von Verantwortung und Individualität. Man empfindet seine Unverwechselbarkeit und steht der Gruppe gegenüber. Am anderen Ende steht der reine Konformismus, selbst Subordination. Es überwiegen der Eindruck der Exponiertheit sowie das Bedürfnis, Verantwortung loszuwerden, und das Bedürfnis nach Schutz und Sicherheit. Selten weisen wir über lange Zeit solche extremen Befindlichkeiten auf. Eher befinden wir uns in mittleren Lagen und pendeln uns, vielfach unbewusst, so ein, wie es uns die Umstände nahe zu legen scheinen. Uns ist derlei Gehabe so geläufig, dass wir es auch bei all unseren Mitmenschen, sei es in der Klein- oder Großgruppe, durchaus tolerieren.

Interessant ist das Verhältnis zwischen Freiheit und Konformismus. Freiheit ist uns, wenn auch als ein schillernder Begriff, geläufig; sogleich fragt man: Freiheit wovon, wofür und für wen? Uns aber genügt ein noch einfacheres Verständnis: Freiheit als Befindlichkeit. Und wieder taucht eine universelle Anlage auf. Bildlich kann man dieses Freiheitsbefinden als Volumen auffassen, das den Menschen gegeben ist, mit einem zugehörigen Gradienten, der wiederum zwei Extreme besitzt.

Ist dem Volumen keine Grenze gesetzt, scheint es auszufließen. Ein Mensch, dem keine Regeln vorgegeben erscheinen und der auch keine erlebt – die Psychologen sprechen von „Einstellungen" –, wird sich in allen Entscheidungen Unsicherheiten preisgegeben fühlen. Er könnte nicht wissen, wie man grüßt, isst oder sich kleidet. Sein Freiheitserleben löste sich in Beliebigkeit und Ratlosigkeit auf. Seine Handlungen wären nicht vorherzusehen, und wir würden ihn fürchten. Letztendlich ist es die Kultur, die paradoxerweise durch Grenzen und Vorschriften, die sie setzt, jenen Rahmen bildet, der uns ein Freiheitserleben erst ermöglicht.

Als anderes Extrem kann sich das Freiheitserleben ungemein übersteigern, wenn es von den engsten Doktrinen einer Gruppe eingeschnürt wird. Man kennt ein solches Verhalten an dem Hurra-Geschrei hinter der Fahne, von Truppen, Gangs und Banden. Hier wird dem Individuum alle Entscheidung abgenommen. Man uniformiert sich, kennt und akzeptiert die nötigen Sprüche und Details des Handelns. Handlungen würden wir nun zwar voraussehen, aber auch diese fürchten wir, weil wir wissen, dass es keine freien Entscheidungen sind. Und nochmals ist es die Kultur, die diese extreme Erscheinung nicht zur Regel werden lässt.

Wir haben dazugelernt. Wenn man in der Renaissance mit abweichender Meinung auftrat, konnte man, wie Giordano Bruno, noch am Scheiterhufen landen. In der Aufklärung wurden nur mehr die Bücher verbrannt, die Autoren, wie Rousseau und Voltaire, ließ man heimlich ins Ausland gehen. Heute genügt es, so genannte Abweichler totzuschweigen; sie werden vom sozialen Netz gehalten.

Natürlich haben wir es auch hier mit einer Uniformierung zu tun, mit einer der öffentlichen Meinung, die durch die Medien zu einem Strom wird, der dazu führen kann, dass nun kollektiver Unsinn alles vor sich hertreibt. Dasselbe Unwesen, nur sichtbarer, entfaltet sich in der Uniform selbst. Wurden einst Hundertschaften von Landsknechten angeworben, die für Aussicht auf fette Beute ihren Wanst ins Felde führten, so können heute Armeen zu hunderttausend Mann rekrutiert, uniformiert und vor die Kanonen getrieben werden. Was kann da helfen? Man möchte wieder an die Bildung appellieren. Aber an welche? Die Aufklärer haben den Anfang gemacht. Die Abklärer müssen das Projekt vollenden.

3.2. Die Herkunft von Ethos und Moral

Überlegungen zur Herkunft von Ethos und Moral basieren auf einer Frage, die wiederum auf das Wechselspiel von Individuum und Gesellschaft abzielt, nämlich, ob es für das Entstehen von ethischem und moralischem Handeln eines metaphysischen Prinzips bedarf, der Religion, oder ob wir beides selbst geschaffen haben. Ich würde auch hier noch der menschlichen Kreatur und ihrer Vernunft vertrauen. Denn ob nun die Maximen der Mythen, Tabus und Religionen ergrübelt oder geoffenbart wurden, sie haben jedenfalls einen begreifbaren, uns Menschen gemäßen Sinn.

Die Diskussion über diesen Gegenstand ist alt und für die Neuzeit vielleicht am deutlichsten artikuliert in der Erwiderung, die Montesquieu 1750 an die Kritiker seines Bandes „Geist der Gesetze" verfasste. Aber auch in unseren Tagen wird diese Diskussion von vielerlei Literatur gestützt. Ob nun gefragt wird, „Woran einer glaubt,

60

der nicht glaubt?" oder „Woran glaubt, wer glaubt?" (Martini/Eco 1998), es ergeben sich schon in unserer christlichen Welt sehr ähnliche Positionen.

Die Fähigkeit zu Opferbereitschaft und Liebe ist dem Menschen nicht abzuerkennen. Die Mutterliebe ist biologisch am notwendigsten und das nächstliegende und verlässlichste Beispiel. Aber zu glauben, dass Hilfs- und Opferbereitschaft in einer Korrelation mit dem Verwandtschaftsgrad stehen muss, wie die Soziobiologen meinen, kann nicht richtig sein. Wir sprachen schon vom moral-analogen Verhalten im Tierreich. Über welche Art der Umwegrentabilität die Hilfsbereitschaft des Menschen auch erklärt werden soll, sie muss sich Dank ihrer gruppen- und arterhaltenden Funktionen tief im Menschen verankert haben. Ihre schönste Form, die Freundschaft, die sich schon zwischen Individuen im höheren Tierreich vorbereitet, hat in unserer Gesellschaft zu wunderbaren, kulturbildenden Formen geführt.

Das bedeutet nun nicht, dass Grausamkeit und mörderischer Egoismus keinen Platz fänden. Es gibt solche Ausformungen selbst in Familien. Aber im großen Stil wurde Gefühllosigkeit durch die Anonymität der Massenzivilisation gefördert. Diesen Umstand, so meine ich, muss man schon der Jugend unterrichten.

Die großen monotheistischen Religionen unserer Kultur haben so viel gemeinsam, dass auf gebildeter Ebene ein Gespräch zwischen einem Kirchenfürsten und einem Ajatollah durchaus möglich ist. Den bereits verstorbenen Wiener Kardinal Franz König, der das „Päpstliche Sekretariat für das Gespräch mit den Nichtglaubenden" führte, fragte ich einmal, wie man ein solches Gespräch führe. Er sagte mir: „Man beginnt mit dem Gemeinsamen." Und tatsächlich existiert vieles, das deren humanitäre und kulturbildende Konzepte verbindet.

Auch das muss seine Gründe haben. Mit der Taufe, wie das bei Christen üblich ist, ein Päckchen Verantwortung zu übernehmen, um es mit der letzten Ölung wieder abzugeben, kann ich nur als symbolische Handlung verstehen. Sie muss symbolisch für jene ungeheure Unternehmung stehen, die tausend frühmenschliche und archaische Generationen mancherorts zu einem gewissen Menschentum gelenkt hat. Auch die Vorstellung von der „Erbsünde" kann man wahrscheinlich aus unserer tierischen Vergangenheit verstehen.

Dass die kulturbedingten Unterschiede Religionskriege zur Folge haben können, besprachen wir schon. Man muss die Anonymität, die Verteufelung des Unbekannten und das Gruppeneinende von Feindbildern als fördernde Ursache erkennen. Und wiederum zeigt es sich, gerade in unseren Tagen, dass wir nichts dazugelernt haben. Man wird unterrichten müssen, dass denkende Menschen ohne Metaphysik nicht auskommen, dass Religionen keinen Grund für Kriege geben dürfen, dass aber in den Glaubensformen humanitäre Grundthesen zu finden sind, die universell der Förderung verdienen.

Beruhigend ist in diesem Zusammenhang, was in der so genannten Rechtsgüterordnung zu lesen ist. Es ist das eine Art Präambel, die man in allen Verfassungen von Rechtsstaaten festgeschrieben findet. Es wird eine Wertung der Güter bestimmt, die folgendermaßen lautet: Leben vor Gesundheit und Gesundheit vor Besitz. Das bedeutet, dass man in einer Situation, in der man ein Menschenleben retten kann, sich verpflichtet fühlen muss, seine Gesundheit aufs Spiel zu setzen, und dass man, wenn man in der Lage ist, einem Hungernden oder Kranken zu helfen, eigene Mittel nicht scheuen darf.

Nirgends findet man das arterhaltende Prinzip, das in jedem gesunden Menschen ohnedies verankert ist, so deutlich und so weltweit in unseren gesellschaftlichen Normen festgeschrieben.

Aber auch dieses Prinzip versagt in der Anonymität der Krieger. Man erarbeitete die so genannte Genfer Konvention und gründete die Organisation des Roten Kreuzes. Aber all das post factum, nachdem schon unglaubliches Unheil angerichtet worden war.

Immerhin wurde mit Blick auf die internationalen Rechtsnormen und auf die Institutionen, die diese Normen durchzusetzen versprechen, auch einiges gelernt. Wir haben es mit einem Hoffnungsgebiet zu tun und sind von einem befriedigenden Zustand noch so weit entfernt wie die im 16. und 17. Jahrhundert von Bürgerkriegen zerrissenen Gesellschaften Frankreichs, Deutschlands und Englands von jenen demokratischen Verfassungsstaaten, die sich heute eben da befinden, wo damals die Lage so hoffnungslos erschien.

Die Abrisse der Weltgeschichte, nach denen wir wohl alle unterrichtet worden sind, schildern die Historie als eine notwendige

62

Abfolge von Machtstrukturen, Bündnissen, Schlachten und Entscheidungen von Potentaten und Heerführern. Der Verlauf der Geschichte wird dadurch nicht besser, dass eine sich kritisch verstehende Wendung gegen solche Lehrmeister uns eine einzige Kette von Perfidie, Machtgelüsten und Unmenschlichkeit glauben machen möchte, wie wir sie in unserer zivilen Welt niemals zulassen würden.

Eher trifft die Sache, wer die Geschichte versteht als einen Prozess menschlichen Lernens in solchen Bereichen, für die die Evolution unsere Kreatur nicht mit angeborenen Lehrmeistern ausgestattet hat. Manchmal war dieser Prozess gewollt, öfter noch aufgezwungen, mitunter gelang er, häufiger kam es zum Scheitern. Doch wenn man das, was unsere Geschichtsbücher verzeichnen, als ein „Protokoll des Lernens" auffasst, so ist gar nicht schwer zu erkennen, wie viele nützliche wirtschaftliche, soziale und politische Erfindungen unsere Spezies gemacht hat: Es gibt den Markt und die Bank, den Verein und die Stiftung, Repräsentation und Opposition, Rechtsstaat und Demokratie, um nur einig wenige zu nennen.

Leicht hält eine solche Liste den Vergleich mit jenen technischen und kulturellen Erfindungen aus, die der technisch oder kulturell Gebildete aufzählen kann. Darum gibt es keinen Grund, die Hoffnung aufzugeben. Es ist jedenfalls nicht auszuschließen, dass wir noch viel besser als bislang begreifen lernen, wie jene kleinen Kreise des Zusammenlebens, auf die wir adaptiert sind, mit den Großstrukturen ins Zusammenspiel zu bringen sind, die jetzt schon den Globus umspannen und deren Zusammenbruch uns schnell belehrte, welche Vorteile sie eben auch verschaffen. Die weit verbreitete Rechtsgüterordnung ist ein Beispiel aus dem Bereich der „kleinen" Strukturen. Sie zeitigt Lernergebnisse, wie wir sie für den Bereich der „großen" Strukturen vielfach noch erwerben müssen.

Jedenfalls kommt es nicht auf eine „große Weigerung" oder auf eine „kulturelle Kehrtwende" an, sondern auf die lernbereite Fortsetzung des sozialen Evolutionsprozesses unter neuen, von den Folgen der Evolution selbst veränderten Bedingungen. Es gilt etwa, den globalen Kapitalismus ebenso gut zu domestizieren, wie das mit dem innerstaatlichen Kapitalismus im Gefolge der industriellen Revolution gelang, oder das völkervernichtende Fernwaffenpotenzial ebenso unter öffentliche Kontrolle zu bringen, wie das mit den im Nahbereich wirksamen Waffen die Aufrichtung einer verlässlichen Staatsgewalt schaffte.

Rückgängig machen lässt sich von alledem allenfalls die äußere Form, nicht aber jenes jederzeit wieder nutzbare Wissen, das zu all den nun zu bewältigenden Problemen führte. Vom Baum der Erkenntnis isst man bekanntlich nicht folgenlos. Allerdings gibt es auch keinerlei Gewissheit, dass im Bereich der Sozialevolution unserer Spezies auf Dauer der gleiche Erfolg beschieden ist wie im Bereich der kreatürlichen Evolution. Mehr als durch guten Willen und kritische Erfahrung angetriebene Prozesse von Versuch und Irrtum gibt es nun einmal nicht.

3.3. Eros und Sexualität

Dass sich Eros und Sexualität aus der Ausstattung mit uralten, arterhaltenden Anlagen erklären, bedarf wohl keiner weiteren Begründung. Mit der Höherentwicklung unserer äffischen Vorfahren ist die Bedeutung der Sexualität hinsichtlich gruppenordnender Funktionen erweitert worden, das Genitalweisen der Männchen und Weibchen kann als Droh- und Unterwerfungsgebärden verstanden werden. Und für unsere schon oft zitierten Bonobos sind Kopulationsangebot und Kopulationsandeutung zu einer zwischengeschlechtlichen Grußform geworden, fast so, als würden wir heute „Hallo!" oder „Guten Tag!" sagen.

Vieles deutet darauf hin, dass derlei Verhalten in der sozialen Entwicklung unserer direkten Vorfahren eine ähnliche Rolle gespielt haben muss. Manche Anthropologen meinen, dass der Pelz schrittweise verloren ging, weil dieser Verlust den Köperkontakt attraktiver machte. Als sicheres Zeichen gilt der Umstand, dass die Brustdrüsen, die bei den Weibchen auch der höheren Affen nur zur Stillzeit gefüllt sind, bei allen weiblichen Menschen stets gefüllt erscheinen. Das kann nur als Signal für eine stete Bereitschaft zur Partnerbindung gedeutet werden, die selbst wieder, und wahrscheinlich schon beim Frühmenschen, freundschafts- und schutzstiftende Funktionen haben musste und diese vielleicht noch immer hat.

Jedenfalls haben sich das Locken der Weibchen und das bemühte Imponiergehabe der Männchen erhalten; unabhängig davon, und das ist das Komische an der Sache, welche Verhaltensregeln verfeinerte Kulturen auch errichtet haben mögen. Man soll verstehen, dass neben der arterhaltenden Funktion und trotz aller Turbulenzen, die die Sexualität stiftet, sei es durch Promiskuität oder Zölibat, deren ordnende Funktion eine Rolle spielt. Dass Vergewaltigung einer genaueren Erklärung bedarf und von kultivierten Gesellschaften strafrechtlich verfolgt werden muss, ist auch verständlich. Kindesmissbrauch und Kindesmord machen uns verzweifelt. Und wir wissen noch nicht, ob diese Abscheulichkeiten, die unsere tierischen Vorfahren nicht kannten, aus der Anonymität der Massengesellschaft zu erklären seien. Auch darüber sei rechtzeitig zu unterrichten.

Unsere Völkerkunden und Sittengeschichten sind voll der Merkwürdigkeiten. Hier interessiert uns, was Eros und Sex auf gesellschaftlicher Ebene zur Kulturentwicklung beigetragen haben. Zeiten des Wohlstands und der kulturellen Blüte lassen differenziertere Formen von Eros und Sex erkennen. Darin eine Wohlstandsfolge wie die Verbreitung der gewöhnlichen Prostitution zu erkennen, ist trivial. Interessanter wäre es, wenn Differenzierung und Fantasie im Bereich der Erotik – mit Bajaderen und Geishas in unseren Kulturen und, nehmen wir Altertum, Renaissance und Aufklärung, mit Hetären, Kurtisanen und Mätressen – selbst auf die Differenzierung der Kultur gewirkt hätten. Darüber aber wissen wir zu wenig.

Die Kirche hatte einen drückenden Einfluss auf das erotisch-sexuelle Lebensgefühl der Menschen. Zunächst für Männer, die sich in Klöstern der Welt entzogen, und darüber hinaus zum Erhalt des Kirchenvermögens entstand der Zölibat. Die nahe liegende Monogamie wurde jedoch zur Pflicht ewiger Liebe und die Verhütung der Konzeption zur Sünde. Es ist nicht zu verkennen, dass die Kirche, schon um ihre eigene Pracht zu entfalten, viel zur Entwicklung von Architektur und bildender Kunst beigetragen hat. Ebensoviel aber auch zur Entwicklung einer verkappten, unwahren Gefühlswelt der Menschen. Der Zölibat ist bekanntlich eine Erfindung des 12. Jahrhunderts, um im wachsenden Mönchstum Ordnung zu halten. Und es scheint mir außer Frage zu stehen, dass viele der Geistlichen, die der Sexualität nicht widerstanden, die bloßgestellt und verfemt wurden, ihren Beruf dennoch mit großer Liebe zu Gott und seinen Kreaturen verbanden.

Nun soll keiner Libertinage das Wort geredet werden, eher dem Mitgefühl mit den Männern und Frauen in unseren Klöstern und in ganz anderer Weise den Wunderlichkeiten der Frauen- und Männerhochzeiten. Es geht um eine Spannung, der kaum zu entkommen ist, die aber viel in unserer Kultur bewegt hat.

Es kann schon sein, dass homosexuelle Männer und Frauen, Transsexuelle und Transvestiten in solch konter-aufgeklärten Gesellschaft ein glückliches Leben führen, ähnlich dem vaginalosen Huhn. Wie viel sie zur Entfaltung von Kultur beitragen – man denke an die Knabenliebe der großen Philosophen des Altertums – ist, so glaube ich, noch nicht recht verstanden. Zum Wachsen der Population tragen sie aber so wenig bei wie jenes Huhn zur Entfaltung des Hühnerhofs. Und selbst das mag von Nutzen sein.

3.4. Kann man von angeborener Kultur sprechen?

Kann man von einer uns angeborenen Kultur sprechen? Zunächst klingt diese Frage widersprüchlich, denn unsere angeborene Ausstattung muss aus einer Zeit vor der kulturellen Entfaltung stammen. Dennoch hat der Anthropologe Arnold Gehlen schon vor zwei Generationen darauf hingewiesen, dass der Mensch von Natur aus ein kulturelles Wesen sei. Die heutigen Kenntnisse über unsere genetische Ausstattung bestätigen das. Adolf Heschl spricht von einem „intelligenten Genom" und führt uns vor, dass nichts, das sich nicht schon in unserer Anlage befände, hätte ausgeformt werden können.

Glauben, Kunst und Wissenschaft kennt man in allen entwickelten Kulturen und in Ansätzen auch in den Kulturen der Naturvölker. Kann man die Anlagen zum Glauben, zur Kunst und zur Wissenschaft sowie das Bedürfnis zu ihrer Ausformung auch zu den menschlichen Universalien rechnen?

Zu dieser Frage habe ich zwar keine Literatur gefunden, aber es ist offensichtlich, dass alle sich aufbauenden Kulturen, und zwar auch unabhängig von einander, auf drei Säulen ruhen, die für alle gleich geltende, geläufige Namen tragen: Religion, Kunst und Wissen-

66

schaft. Ich finde diesen Aspekt bemerkenswert, und es mag lohnen, darüber kurz zu reflektieren, handelt es sich doch gerade um das, was wir im engeren Sinne und wo auch immer unter Kultur verstehen. Zunächst ist einzuräumen, dass unsere Sprechweise dank ihrer Syntax und der definitorischen Art ihrer Logik schärfer trennt als nötig. Die chinesische Kultur, noch bevor sie vom Westen erreicht wurde, kannte dagegen Übergänge zwischen den drei Säulen und hat diese Verknüpfungen auch kultiviert. Der Sache nach kennen wir zwar auch Verbindungen: sakrale Kunst und künstlerische Deutung der Wissenschaft, Wissenschaftsglauben und Religionsphilosophie bzw. Religionssoziologie. Doch anzuerkennen, dass es zwischen Glauben, Wissen und Deuten unzählige gleitende Übergänge gibt, fällt in unserer Kultur vielen schwer.

Eingedenk dieser Problematik sind die drei Anliegen offensichtlich unterscheidbar. Und alle verdienen Schutz und Pflege. Von Religion war schon die Rede, mit Kunst und Wissenschaft werden wir uns noch befassen. Vorerst möchte ich jedoch die Frage stellen: Warum gerade drei Anliegen?

Die Universalität der Religion, das Bedürfnis einer Rückbindung an metaphysische Fragen, versuchte ich aus der Art unseres Gedächtnis mit seinen nicht begrenzten Fragestellungen verstehen zu können und aus der sich daraus anbietenden Hoffnung, mit dem Jenseitigen und dem Schicksal verhandeln zu können. Diese Hoffnung kennen alle Kulturen.

Die Kunst muss dagegen eine andere Wurzel haben. Von der Prähistorie, von Naturvölkern und aus der Kinderpsychologie wissen wir, dass Kunst mit Tanz, Körperbemalung, mythischen oder beschwörenden Malereien und mit Schmuck auf Gegenständen begonnen haben mag. Es folgten Darstellungen großer Ereignisse und der Götter, und schließlich finden in der Kunst die Verschönerung und Interpretation, der Stil des jeweiligen Zeitgefühls ihren Ausdruck. Darstellende und bildende Kunst, Architektur oder Literatur sind deutender Ausdruck unseres Selbst.

Die Wissenschaft hat mit der Bemühung um Voraussicht zu tun, weil, wie schon betont, richtige Prognose Lebenserfolg bedeutet. Was mit der Notwendigkeit begonnen hat, die Eigenschaften von Holz und Stein zu beurteilen, Feuer und Sonnenwende vorherzuse-

67

hen, kann, über die Zufügung von Methoden, in die Wissenschaften hinüberführen. In welcher Form auch immer, in der Astronomie der Maja gleichermaßen wie in der zoologischen Systematik und der Pharmakologie der Naturvölker, finden wir diese Ansätze. Die Dreiteilung scheint für die Unbestimmtheit des Schicksals zu stehen. Es geht um eine Interpretation der Welt und um empirisch wie mathematisch gewinnbare Voraussicht. Das dürften tatsächlich abgrenzbare Bedürfnisse sein. Decken sie aber alle unsere Anliegen? Vielleicht. Vielleicht aber sind uns für das Andere nur keine so umfassenden Begriffe gegeben. Zweifellos haben diese Anlagen, gefördert durch unsere Gesellschaft, zum Größten geführt, was wir unter Kultur verstehen.

Die Feststellung, dass die gesamte Kulturproduktion sich gegen sich selbst wenden kann, ist schon fast trivial. Von den Höhen der Religionen gelangten wir in die Teufelei der Religionskriege, der Entdeckergeist brachte uns nicht mehr beherrschbare Waffen ein. Die Kunst scheint bei alledem das harmloseste Anliegen zu sein. Sie kann sowohl in schwindelnde Höhen als auch zu Belanglosigkeiten führen. In welche Richtung die drei Anliegen auch immer pervertieren mögen: Zu glauben, zu wissen und zu deuten ist Menschsein.

3.5. Wir und die Natur

Wir sind mit der Natur in ein schlechtes Verhältnis geraten. Das hat überwiegend mit der Entwicklung unserer Tüchtigkeit, mit wachsenden Ansprüche und Menschenmassen zu tun und auch damit, dass wir begannen, mit unseren Plünderungen den ganzen Globus zu überziehen. Es ist zynisch, festzustellen, dass die Biosphäre noch mit jeder ausufernden Spezies fertig geworden sei. Man kann aber annehmen, dass nach dem Umfang des Chaos, das wir hinterlassen, die Evolution wieder mit den Ratten, den Schaben oder schlimmstenfalls mit den Schwefelbakterien zu beginnen hat.

Die drei Erbstücke, die jeder von uns mit sich führt, Betriebsamkeit, Possessivität und Vermehrung, überziehen, angelegt in den Menschenmassen, nun den ganzen Globus und die entstandene Anonymität verdunkelt den Blick aufs Ganze. Dabei geht es um die

68

Voraussicht, dass allein quantitative Änderungen notwendigerweise unvorhersehbar neue Qualitäten entstehen lassen.

„Allmende" und „Nachhaltigkeit" sind Begriffe aus verschiedenen Zeiten, die sich heute zu einem geschlossenen Thema zusammenfügen. Sie haben mit der Frage zu tun, wie wir mit den Gütern dieser Erde im Bezug auf unsere Ansprüche umgehen sollen. Kam der Begriff der „Nachhaltigkeit" in den Lexika vor fünfzig Jahren noch nicht vor, so ist der Begriff der „Allmende" schon viel länger aus diesen verschwunden.

Unter „Nachhaltigkeit" versteht man heute bekanntlich die gedrosselte Entnahme von Ressourcen in einer Menge, die die Natur imstande ist, in der gleichen Zeit nachzuschaffen. Solch ein nachhaltiges Vorgehen liegt bei Trinkwasser oder Forsten auf der Hand, ist im Bergbau und bei fossilen Brennstoffen natürlich nie erreichbar und bei der Selbstreinigung von Luft und Böden ein Problem.

Unter „Allmende" verstand man einen Gemeinschaftsbesitz wie den Dorfteich oder die Gemeindewiese. Diese Einrichtung hat in dörflichen Kulturen jahrhundertelang sehr erzieherisch gewirkt. Denn es war offensichtlich, dass jeder einen Kübel Wasser für sein Vieh aus dem Teich holen konnte und eine Kuh auf die Dorfweide stellen durfte. Holte er aber zehn Kübel, und stelle er auch nur zwei Kühe auf die Allmende, war der Teich vertrocknet und die Wiese bald für alle Kühe zerstört. In gemeinsamen Jagdrevieren ist das Prinzip der Allmende im Sinne eines nachhaltigen Abschusses erhalten geblieben. Allmende ist ein Sozialprodukt, das abhängig ist von der Haltung der Individuen und von deren Verständnis für die Rechtfertigung ihrer Ansprüche.

Die Natur hat sich Nachhaltigkeit bewahrt, indem sie alle Ausbeuter von Ressourcen eliminiert. Bei unseren frühen Jäger- und Sammlerkulturen galt die gemeinsame Nutzung des Ambientes als selbstverständlich. Die Grenze der Nachhaltigkeit war so gut wie nie erreicht. Aber schon im Lehnswesen tauchten absurde Vorschriften auf. So durfte das Bauernvolk der Leibeigenen aus den Bächen der Lehnsherren kein Wasser entnehmen. Und solche absurden Vorschriften werden sich später noch häufen.

Die Problematik von Allmende und Nachhaltigkeit besteht darin, dass bei Nichtbeachtung des Prinzips der Schaden sofort erkennbar sein müsste. Massenzivilisationen, die ihre Ressourcen aus weiter Ferne heranschleppen lassen, besitzen diesbezüglich jedoch keine Wahrnehmung und schon gar nicht, wenn die Folgewirkungen erst nach einer oder mehreren Generationen fühlbar werden können. Man muss verstehbar machen, dass das Unterlaufen dieser Bedingungen besonders durch das Wachstum der individuellen Ansprüche angetrieben wird.

Um zu verstehen, wie wir gegenzusteuern haben, lohnt es, den Zusammenhang global zu betrachten:

Zunächst geht es um die Anerkennung einer Universalität der Allmende. Die Gemeindewiese hat bildlich die Welt überzogen. Mit unserer gefährlichen Tüchtigkeit wird nun erst recht fühlbar, dass auf diesem „Raumschiff Erde" alles auf jedes und jeden zurückwirkt. Und auf vieles in der Biosphäre haben wir alle gemeinsamen Anspruch. Wenn eine Industrie große Flächen des Regenwalds erwirbt, abholzt und das Holz zu Geld macht, steht, nach unserem empfundenen wie geschriebenen Recht, diesem neuen Besitzer ein solches Vorgehen auch zu. Wer aber ist für die Bodenerosion verantwortlich, die auf die ganze Gegend übergreifen wird? Vielleicht lässt sich die Zuständigkeit noch verhandeln. Wer aber ist für den Rückgang der Sauerstoffproduktion und das sich vergrößernde Ozonloch verantwortlich? Hier schon enden die Verhandlungen.

Der Volksmund kennt den Spruch: „Aus dem Auge, aus dem Sinn." Das ist richtig. Was sich nicht sichtbar als Folge niederschlägt, dessen Ursache wird nicht oder doch nicht sogleich im Zusammenhang erkannt. Wir haben dafür keine direkte Wahrnehmung.

Ganz im Gegenteil zeigen demoskopische Studien über die Unterschiede der für wahr gehaltenen „Nahbilder" im Vergleich zu den für wahr gehaltenen „Fernbildern", dass eine überaus große Kluft besteht hinsichtlich der Wahrnehmung unserer eigenen Lebenswelt, die wir mit eigenen Augen sehen und mit an ihr geschulter Kompetenz beurteilen. Anders ist das schon mit der Wirklichkeit außerhalb unserer Lebenswelt, über die wir vom Hörensagen, aus den Medien oder aufgrund unserer ideologischen Vorannahmen Bescheid erhalten. Den Quellen solcher Fernbilder stehen wir meist ohne wirklich geschulte Kompetenz gegenüber und können kaum klare von trüben Quellen unterscheiden.

70

Die Medien würden unseren Gesellschaften einen großen Dienst erweisen, wenn sie unsere Nah- und Fernbilder der Wirklichkeit ins Bewusstsein höben und uns lehrten, in wie vielfältiger Hinsicht ein großer Teil unserer Wirklichkeitsvorstellungen des Fernen verzerrt oder ganz einfach falsch ist. Dann hätten abgeklärte Bürgerschaften größere Chancen, die Wirklichkeit außerhalb der jeweils persönlichen Lebenswelt besser zu verstehen. Es würden wohlmeinende Unternehmer häufiger vor dem fatalen Genuss jenes menschlichen Selbstgefühls gewarnt, das aus dem unser Seelenleben stabilisierenden Glauben an plausibel ideologisierten Unsinn besteht. Die Folgen von Handlungen, die von falschen Vorstellungen geleitet werden, sind stets real und bedrohlich.

Wir müssen auch verzögerte Rückmeldungen verstehen lernen. Die Verkarstung Dalmatiens scheint vollständig auf die Schlägerungen für den Schiffsbau Venedigs rückführbar zu sein. Das tat innerhalb von ein, zwei Generationen wenig Wirkung. Heute ist die Wiederaufforstung wirtschaftlich kaum mehr erschwinglich. Ein anderes Beispiel: Ein Liter verdreckten Mittelmeerwassers braucht im Schnitt ein Jahrhundert, um über die Gibraltar-Schwelle hinweg mit dem Atlantikwasser ausgetauscht zu werden. Wenn an der Adria die italienischen Hoteliers aus Kostengründen keine Kläranlagen bauen, dann können sich die Dalmatiner das auch nicht leisten. Wenn die reichen Mittelmeeranrainer der europäischen Küsten die See kontaminieren, stünde das den Ärmeren der afrikanischen Küsten erst recht zu? Doch alle zusammen werden sich das Auswaschen des Mittelmeers nicht leisten können.

Der Volksmund kennt den Spruch: „Hinter mir die Sintflut!" Er stammt wohl von Madame de Pompadour und war die Maxime der Führungsschichten des französischen Ancien Régime. Es ließe sich aus ihm ein markantes Memento gerade für heutige Zeiten gewinnen. Das ist zwar nicht schön, aber Sintfluten kommen tatsächlich selten vor. Im Großen erfolgen Rückmeldungen immer zu spät. Wir haben dafür kein Sensorium. Wer sich überfrisst, wird die Übelkeit schon in Kürze zu spüren bekommen. Zivilisationen, so sehen wir, können sich ein Jahrhundert lang überfressen und bemerken das Übel noch immer nicht. Auch diese Wahrnehmung ist zu unterrichten.

Wir haben zudem keinen Sinn für exponentielle Entwicklungen und in der Folge kein Verständnis für das Auftauchen neuer Qualitäten. Seerosen können sich in einem Teich jährlich verdoppeln. Der Teich wird von Jahr zu Jahr schöner. Nach welchem Jahr wird der Teich aufgrund der vollständigen Bedeckung sterben? Nach dem vorletzten! Hinter solch einem mit Rosen gezierten Gedankenspiel steht ein kapitales Problem unserer Wahrnehmung, das auch die Wissenschaften betrifft. Wir werden ihm über die Stichworte „Emergenz" und „Historizität" noch begegnen.

Nun kennt der Volksmund auch den folgenden Spruch: „Die Natur macht keine Sprünge." Das ist falsch. Alle komplexen Systeme haben, jenseits unserer verlässlichen Voraussicht, Knackpunkte, Phasenübergänge, an denen auch qualitativ neue Phänomene auftreten. Ein Erdbeben kann die Bewohner eines Hochhauses durch ein leises Schaukeln stören, ein stärkeres Erdbeben erschreckt sie zu Tode, ein noch stärkeres wird alle und alles unter sich zerdrücken. Niemand der Bewohner erschrickt dann mehr. Dieser Vergleich mag noch so banal erscheinen, wenn es um den Umgang der Wissenschaft mit dieser Welt geht, wird sich die Banalität zu einem bösen Faktum aufblähen.

Wir sind an einen Ausschnitt dieser Welt angepasst worden, der so klein war, wie unser Wirken. In Anbetracht der neuen Maße und Dimensionen unseres Tuns verlassen uns Wahrnehmung, Sensorium und Voraussicht. Man kann Vorsicht und Umsicht predigen, vor allem aber muss man über den Mangel an Voraussicht und Umsicht unterrichten.

Rückblickend stellen wir fest, dass im Übergang vom Individuum zur Sozietät nochmals eine Reihe von Ausstattungen aufzufinden sind, die, vorbewusst anleitend, unsere Reflexionen über unser adaptives Verhalten in der Gruppe lenken. Auch sie haben das Individuum schützende und arterhaltende Funktionen. Diese reichen von unserer Eingliederung in die Gruppe aufgrund eines Freiheits- oder Schutzbedürfnisses, über Formen des automatischen Altruismus und Rechtsempfindens, des Eros und der Sexualität bis zu den Grundstrukturen dessen, was wir als Kultur erleben. Selbst der naive Umgang mit der „kleinen" Natur deutet auf lebenserhaltende Anlagen hin.

72

Im Großen mögen unsere Anlagen überfordert sein. Dort, wo wir zu mächtig werden, empfiehlt sich der Übergang von der anspruchsvollen Aufklärung zur bescheideneren Abklärung, eine kritischere Geschichtsschreibung und in der Erotik wieder ein natürlicher Abstand sowohl von Verkappungen als auch von Absonderlichkeiten. Was die Kultur betrifft, so erweisen sich ihre drei Säulen – Religion, Wissenschaft und Kunst in der Form des Glaubens, Wissens und Deutens – als vorgegebene Bedürfnisse, wo immer sie auch ausufern. Gegenüber der Natur erweisen wir uns im Kleinen adaptiert, im Großen bald als überfragt. Es ist geraten, diese Einsichten frühzeitig zu unterrichten.

4. Gleichheit und Sozietät

Schon unsere Überlegungen mit Blick auf den Übergang zur Sozietät gaben zu bedenken, dass wir Menschen in der Kleingruppe sozialisiert wurden und viele Schwierigkeiten unseres Lebens in der Massengesellschaft auf Mängel unserer Ausstattung zurückgeführt werden können.

Im Folgenden bietet es sich nun an, den Universalien unserer Ausstattung, die das Verhalten in der Kleingruppe betreffen, jene Wandlungen gegenüberzustellen, die in der Masse erfolgen mussten.

4.1. Unsere Ausstattung für die Kleingruppe

Unsere Ausstattung für die Kleingruppe ist erstaunlich. Das macht schon die Entwicklung unseres Gehirns anschaulich, das sich stammesgeschichtlich ungemein rasch, in nur ein, zwei Jahrmillionen von einem halben auf eineinhalb Liter vergrößert hat. Ursache und Folge dieses „Tempos" sind aufschlussreich.

Was es für nichtmenschliche Primaten zu erlernen gilt, ist bescheiden. Die organische Umwelt lehrt, wie dick ein Ast sein muss, um sich auf ihn zu verlassen, welchen Geschmack eine farbige Frucht erwarten lässt, wie man Raufbolden entgeht und vor Schlangen oder Raubkatzen warnt. Aus den schwindenden Baumkronen allmählich in die Savanne versetzt, fanden sich unsere Vorfahren vor ganz anderen Aufgaben. Das Überleben der waffenlosen Gruppe hing von ihrem Zusammenwirken ab. Jeder musste wissen, oft täglich neu, auf wen man sich verlassen, vor wem man sich zu hüten hatte, mit wem man Koalitionen eingehen konnte oder Distanz zu halten hatte – all das dank selbst- und arterhaltender Funktionen.

Allein die Mimik hat sich, ausgehend von der bescheidenen Körper- und Lautsprache, weiter entwickelt und erlaubt eine so differenzierte Wahrnehmung, die schon einen Anflug von Unsicherheit oder verkapptem Hinterhalt aufdeckt. In der Mimik sind die Menschen, vor allem die Frauen, alle Tiere übertreffend, wahre Meister geworden.

Trotzdem man weiß, dass die Kombination der Wechselbezüge mit der Zahl der Individuen faktoriell steigt, mag man überrascht sein, dass sich allein bei zehn relevanten Individuen über dreieinhalb Millionen Kombinationen an möglichen Wechselbeziehungen ergeben. Das verlangt Speicherkapazität und Hirnvolumen und bietet neue Möglichkeiten der Vertuschung und Durchschaubarkeit. Mit einer solchen Verdreifachung der Kapazität hat keines unserer anderen Organe Schritt gehalten.

Auffallend ist auch eine weitere Adaptierung, die Wirkung des so genannten „Kindchen-Schemas". Rundliche Individuen mit relativ großen Köpfen und relativ große Augen lösen bei Menschen, und wieder besonders bei Frauen, ein geradezu zwingendes Pflegeverhalten aus. Dieses Verhalten ist biologisch trefflich angelegt.

Merkwürdig ist, dass auch das Aussehen von Tierkindern auf uns wirkt, ob Kätzchen oder Kücken, und dass uns selbst unter erwachsenen Tieren eine kleine Bärenart „pfleglicher" erscheint als etwa ein Reiher, wiewohl dort der Pflegeaufruf keinen Sinn hat. Für eine solche biologische Ausstattung können wir nur dankbar sein und sie hüten, angesichts der großen Liebe, die unsere Kinder in ihre Stofftiere fließen lassen.

Organe, deren Entwicklung den anderen davonläuft, nennt man im Tierreich „Extremorgane". Sie sind auf innerartliche Selektion zurückzuführen, die besonders schnell verläuft, hervorgerufen durch die Konkurrenz in der Gruppe, namentlich bei der Partnerwahl durch die Weibchen.

74

Beispiele sind der Säbelzahntiger und der Riesenelch. Bei den Männchen wurden so enorme Eckzähne und Geweihe herausgezüchtet, dass die einen kaum mehr jagen und die anderen kaum mehr durch die Wälder ziehen konnten. Sie sind ausgestorben. Heute kann man einen solchen Prozess bei den Argusfasanen beobachten. Die herausgezüchtete Federlänge der Männchen führt beinahe zu deren Flugunfähigkeit.

Bei uns Menschen hat nun diese extreme Entwicklung des Gehirns zu großartigen Gedächtnisleistungen, zu Planung und Technik geführt. Aber auch dazu, dass unsere Physis mit der Technik nicht Schritt hält. Wir vermögen beispielsweise, wozu kein Tier imstande ist, uns dank unserer Technik so schnell zu bewegen, dass wir allein durch diese Schnelligkeit zerschellen können.

Im Ganzen fehlt uns jedoch ein warnendes Sensorium hinsichtlich der Kumulation entfaltbarer Kräfte und ausgreifender Wirkungen. Und sollten wir unsere Spezies zugrunde richten, dann ist gewiss nicht unser Gebiss, sondern vielmehr unserer Gehirn dafür verantwortlich – paradoxerweise jenes Organ, das sich selber wahrnehmen könnte.

Das Erleben von Zuneigung und die Du-Evidenz zählen zu den schönsten sozialisierenden Ausstattungen. Damit gemeint ist die fast selbstverständliche Erwartung, dass sich ein menschliches Wesen in all seinem Wesen so befinden und so verhalten werde wie wir selbst. Diese Erwartung ist vielfach abgesichert.

Unsere Säuglinge lächeln, einladend und gewinnend, zunächst schon gegenüber einem nickenden Luftballon. Etwas später bedarf dieser noch eines grinsenden Mundes, bis die Mutter aus allen Gesichtern erkannt wird und das so genannte „Fremdeln" beginnt: eine Abneige- oder Abwehrhaltung gegenüber allen anderen Gesichtern. Zuletzt erst folgt die Unterscheidung von Vertrautem und Unbekanntem.

Schon aufgrund dieser Tatsache sollte die Aufforderung zur Pflege an die richtige Person adressiert sein. Ähnliches gilt auf akustischer Ebene. Es ist bekannt, dass eine todmüde Mutter mitten im Verkehrslärm schlafen kann, aber beim geringsten „Pips" ihres Säuglings sofort hell wach ist.

Was uns aber diese Sicherungen der Aufzucht eingetragen haben, ist die Abhängigkeit von einer oder wenigen stetigen Bezugspersonen in der Kinderentwicklung. Wenn aufgrund von Nachlässigkeit oder zwingenden Umstände diese Bedingung nicht erfüllt wird, kann in dem betroffenen Wesen ein Maß an Gefühlskälte, Misstrauen und Menschenverachtung entstehen, das auch durch ein später harmonisches Dasein kaum mehr zu überwinden ist. Psychologen haben diesen Zusammenhang längst erkannt, und es ist gut, dass sich die dazugehörige Einsicht bereits verbreitet.

Unsere Sozialisierung in der Jugend setzt sich typischerweise auch in Kleingruppen fort. Von der Familie und Sippe erfolgt der Übergang in Schulformen, und es wird zu Recht Klage geführt, wenn die Schülerzahlen pro Klasse zu groß werden. Auch in Gangs sowie in Spar- und Sportvereinen hält sich die Anzahl der Gruppenmitglieder in Grenzen. Und als ein Wertmaßstab für Spitzenuniversitäten gilt die geringe Studentenzahl pro Professor.

Psychologen ist bekannt, dass wir nur mit einer geringen Anzahl von Menschen nahe befreundet sein können. Unsere diesbezügliche Kapazität und der Zeitaufwand für Freundschaftspflege haben Grenzen. Die Anzahl der überschaubaren Bindungen liegt im Durchschnitt bei sieben Menschen, freilich nach Milieubedingungen und Ausstattung variierend. In der Menge sinkt die Zahl sogar. Typisch dafür ist das Gefühl der Einsamkeit in einer übervollen Bahnhofshalle.

Die Masse sozialisiert nicht. Von ihr ist auch nichts zu lernen. Das Aufbrüllen in einem überfüllten Stadion, Massenunmut in Gassen und Panikgedränge sind eher zu fürchten. Einzig Demagogen und Populisten haben aus Massenbewegungen stets Nutzen gezogen. Wir mögen gewitzt sein.

Unsere Orientierung hat viel mit Beratschlagen zu tun. Wird in einer fremden Stadt nach dem Weg gefragt, spricht man gewöhnlich einen Einheimischen an. Ist die Lösung schwierig oder bieten sich Alternativen, bildet sich bald eine Gruppe, um den Berater und den zu Beratenden zu beraten. Wir scheinen offensichtlich je nach Selbstgefühl und eingeschätzter Unsicherheit bereit, Rat in unserer Umgebung, in der Familie, unter Freunden und beim vertrauten Fachmann zu suchen.

Und schon tut sich die Frage auf, ob der Gruppe oder dem Fachmann zu trauen wäre. Im Falle des verlorenen Schlüssels auf der

76

Wiese ist es die Gruppe, im Falle des Blinddarmes der Chirurg. Und doch kann die vermeintliche Zuständigkeit wechseln. Bei einem Flug über den tropischen Westatlantik stellte sich heraus, dass das Ziel Miami wegen eines Sturmes nicht angeflogen werden könne. In der kleinen Maschine saßen lauter erfahrene Karibikpendler. Eine Debatte entstand, die der Kapitän kaum zu bändigen verstand. Als die Maschine über Jacksonville wie ein Papierdrache geschüttelt wurde, steckte jeder seinen Kopf in den rasch gereichten Polster und überließ alle Entscheidungen brav dem Kapitän.

In der Massenkultur ist die Zahl der Träger von Ansichten nicht mehr zu überblicken. Wir sind dem Thema bereits in Form der „dritte Wahrheit" begegnet. Kurz gesagt, es entsteht die Paradoxie einer Art „kollektiven Wahrheit", die am reinsten dann auftritt, wenn niemand etwas wissen kann und man sich nach der Meinung aller richtet. Eine Wahrheit, deren Begründung man nicht einmal kennen kann.

Was zunächst noch komisch anmutet, eröffnet jenes alle Kulturen dominierende Feld, in dem mit kaum begründbaren, so genannten Selbstverständlichkeiten operiert wird. Es geht darum, „am Ball der Zeit" zu bleiben. Man möchte mit der Mode gehen, wird von allen Formen der Werbung gegängelt, um schließlich Schwindel, Indoktrination und Verführung aufzusitzen.

Nirgendwo wird die fatale Wucht solcher Prozesse deutlicher als beim Versuch, unter demokratischen Bedingungen Politik zu betreiben. Denn einerseits hängt die Durchsetzbarkeit politischer Projekte von Mehrheiten ab, andererseits haben politische Entscheidungen meist unter unsicheren Bedingungen, was deren Auswirkungen und Folgereaktionen anbelangt, zu erfolgen. Doch genau darum wird die Sehnsucht nach „kollektiven Wahrheiten" besonders groß, wenn es um Politik geht. An Ideologen, die solche Sehnsucht stillen, fehlt es denn auch nie. Was ist zu verlangen? Die Dinge auf eine Weise darzustellen, dass sich jeder sein eigenes Bild machen kann? Sollte das möglich sein? Wenn nicht, so sollte dieser Umstand zumindest nicht vergessen werden.

4.2. Adaptierung an die Sozietät

Was nun die individuelle Adaptierung an die Sozietät selbst betrifft, so führt uns dieses Thema Zusammenhänge vor Augen, die nicht mehr vom Komischen dominiert sind.

Zur Sozialisierung von Gruppen hat die Natur zwei Wege eingeschlagen. Eine Form ist die erbliche Festlegung der Funktionen, wie wir sie von den „sozialen Insekten" kennen; das erscheint uns heute nicht sehr sozial. Die andere Form entstand aus der „Hackordnung", wie wir sie auf dem Hühnerhof kennen. Die Hackordnung funktioniert dermaßen, dass fortgesetzt getestet wird, wer wen hacken darf, woraus sich eine Rangordnung etabliert. Das Prinzip hat sich bei den Säugern durchgesetzt und ist auch bei unseren nächsten Verwandten erhalten, offenbar mit dem zwar nicht sehr ethischen, aber arterhaltenden Nutzen, den Kräftigsten die Reproduktion zu sichern.

Uns Menschen ist dieses Prinzip von den Kleingruppen an ebenfalls erhalten geblieben und hat im Großen die bekannte hierarchische Gliederung der Gesellschaft bedingt. Freilich lässt sich nicht mehr erkennen, ob die „Hochgerangten" unserer Spezies einen größeren Reproduktionserfolg aufweisen würden. Diesen ersetzte man durch Wichtigtuerei und Machtentfaltung. Ein den Menschen universell gegebenes Rangstreben wird man annehmen dürfen, geknüpft an die Vernunft, sich einzunischen.

Man hat geglaubt, dass unsere egalitären Gesellschaften solche Hierarchien vermieden hätten oder ihre hierarchischen Pyramiden zumindest weniger steil wären als in kapitalistischen Gesellschaften. Das ist nicht der Fall. Die Steilheit der Gliederung in Industrie, Verwaltung oder Armee hängt nicht von der politischen Doktrin ab, sondern vom Alter der Institution. Bei Rekruten, um die sich die Hierarchie jährlich neu bildet, ist sie flach, während es, wie böse Stimmen behaupten, in der Britischen Admiralität schon mehr Admiräle als Schiffe gäbe.

Diese unsere Gesellschaftshierarchien stecken voll der selbst gemachten Wunderlichkeiten. Man kennt das „Peter-Prinzip", nämlich seinen Rang durch Horten von Mitarbeitern zu erhöhen. Wenn nun stets einige danach trachten, ihre Bedeutung (und ihr Gehalt) auf diese Weise zu erhöhen, führt das notwendigerweise zum Wachs-

78

tum aller Institutionen – eine weitere Maläse unserer Gesellschaft, die uns noch beschäftigen wird.

Einen anderen Fall stellt die „laterale Arabeske" dar, die Schaffung von „weißen Elefanten", das heißt, für unnötig „Hochgerangte" auch unnötige Tätigkeiten oder gar keine mehr vorzusehen. Einmal „Hochgerangte" sind meist zu einfluss- und kenntnisreich, als dass sie ohne Schaden für die Institution degradierbar wären. So entstehen die mächtigen Bünde der Unnötigen.

Nichts ist uns eingefallen, um die Eigengesetze von Macht und Sozietät besser zu steuern. Und diese Wahrnehmung veranlasst zur Wachsamkeit.

Es seien auch noch die so genannten Männerbünde erwähnt, deren Funktion, neben der Gewährleistung von etwas Kultur und Sozialität, wie man mir sagt, doch im Wesentlichen darin bestehe, schwache Leute in höhere Position zu bringen, um sich von diesen dann schützen zu lassen. Ich bin selbst lange von einer Loge umworben worden. Die Korrespondenz der Argumente des Für und Wider wurde länger und länger und troff schließlich über vor humanitärer Absicht. Erst als ich fragte, warum das denn alles geheim sein müsse, war das Gespräch zu Ende.

In der Affenhorde ist eine Rang-Risiko Korrelation gegeben. Sie unterstützt nochmals die biologische, arterhaltende Funktion der Ränge. Der Nutzen besteht darin, dass beim Angriff einer Großkatze die kräftigen Alphamänner beispielsweise einer bodenlebenden Pavianhorde an die Front müssen. Das ist gefährlich bis lebensgefährlich, und man kann verstehen, wenn einer kneift. Tut er das, so spielt es sich vor den Augen der dahinter kreischenden Truppe ab, und er verliert alles, was für einen Oberaffen schön ist: seinen Harem, seine Koalitionen, er darf ab nun nur mehr als letzter ans Futter, dafür aber von allen gebissen werden.

In unserer anonymen Massengesellschaft sind die „Hochgerangten" auf den nahe liegenden Gedanken gekommen, ihren hohen Rang zur Reduktion ihres Risikos zu verwenden. Keiner wird mehr von irgendjemandem gebissen. Was immer ein Minister ausgefressen haben mag, er verschwindet bestenfalls von der Bildfläche, mit hoher Abfindung und hoher Ministerpension. Das erscheint vielen schon im Einzelfall als ein Übel, mehr aber noch, wenn es die ganze

79

Atmosphäre in einer Gesellschaft betrifft, die stets mit solcherart Pervertierung rechnet. Wir werden aber noch sehen, dass Strafen gar nicht vorzusehen wären.

Man kann schon verstehen, dass es der Bürger übel nimmt, wenn er erfährt, wie viel vereinbarte Abfindung an solche Geschichten anschließen mag. Wir begegnen an dieser Stelle zudem einem weiteren Problem unserer Massengesellschaft und ihrer Institutionen: Konzerne, aber auch Ministerien, haben Verantwortungen übernommen, die ein einzelner Mensch im Grunde gar nicht mehr vertreten könnte. Man denke an den „Federstrich", der tausend Arbeitslose schafft, an eine Entscheidung, die einer ganzen Nation übel bekommt, sie sogar ins Chaos treibt. Über diese Vorgänge ist noch genauer nachzudenken, wenn von „direkter Demokratie" die Rede sein wird.

Im Grunde besitzen wir dagegen nur – nämlich über die nächste Wahl – ein sehr verzögert wirkendes Regulativ, das das augenblickliche Unheil auch nicht mehr gutmacht. Das angeborene Mitgefühl mit dem Nachbarn, die Empathie, ist verschwunden. Was bleibt, ist die Hoffnung auf die Moral der Handelnden. Und die ist oftmals vergebens.

Es ist wichtig, der Öffentlichkeit klarzumachen, dass neben den einzelnen bissigen Aufklärungsjournalisten, die wir dankbar täglich erleben, die Leitung der Massenmedien oft mit den Regierenden so eng verabredet sind, dass wesentlich Fehler und Mängel verkappt werden. Das unterminiert die Aufsichtspflicht des Journalismus und leitet Regierungen auch nicht zu besserer Einsicht.

Politische Freiheit, entfaltet als Wettstreit verschiedener Wege zum Gemeinwohl, macht es schlechterdings nötig, denjenigen, der Fehler begeht, nicht als „Feind der Allgemeinheit" zu bestrafen, sondern es ist ihm lediglich vorzuwerfen, aus Fahrlässigkeit oder intellektueller Insuffizienz überfordert gewesen zu sein, oder er habe sich von den Mehrheitsverhältnissen zu einer sachlich fatalen Kompromisspolitik zwingen zu lassen.

Freilich geht es auch anders. Etwa, wenn die Portiere bleiben und die Direktoren ausgetauscht werden. Kurz gesagt: Man soll wahrnehmen, dass unsere Gesellschaft den Zusammenhang zwischen Verantwortung und Verantwortlichkeit erst verstehen lernen muss.

80

Das nun ist leider nirgendwo schwerer als im Bereich der Politik mit demokratischen Strukturen und in der globalisierten Wirtschaft mit ihren kapitalistischen Strukturen. Beide Phänomene sind, bezogen auf die üblichen Lernrhythmen unserer Spezies, so neu, dass schon ihre Grundstrukturen kaum gekannt, geschweige denn verstanden oder gar schon an ihren evolutionären Schwachstellen ohne eingehende Befassung durchschaubar werden.

4.3. Besitz und Wertschöpfung

Von Besitz war schon wiederholt die Rede. Hier soll er nochmals im Zusammenhang mit der Wertschöpfung betrachtet werden, aber immer noch im Rahmen menschlicher Universalien, also unserer gleichartigen Ausstattung und Anlagen.

In uns allen besteht ein gewisser Hang zu Betriebsamkeit. In frühmenschlicher und prähistorischer Zeit zeigte er sich jedenfalls im Sammeln, Jagen und – appetitbeflügelt – in der Produktion von Jagdwaffen. Sehr bald sind Töpfe verziert, Schmuck und Figurinen hergestellt worden. Die Wertschöpfung hat das rein Lebensnotwendige überstiegen, dennoch mochte noch ein Zusammenhang zwischen Wertschöpfung, Besitzt und Ansprüchen erhalten geblieben sein.

Mit der Arbeitsteilung in den folgenden Kulturen hat sich das allerdings geändert. Der Wert der Wertschöpfung wurde vom Kollektiv, von Händlern oder Auftraggebern bestimmt. Heute redet man von Angebot und Nachfrage. Wer die verdruckte „Blaue Mauritius" unter alten Briefmarken fand, wurde Millionär, aber auch jeder Erbe, der ein millionenschweres Scheckbuch des Großvaters vorweisen konnte.

Bei uns hat sich der wahrscheinlich natürliche Zusammenhang zwischen Wertschöpfung und Ansprüchen weitgehend aufgelöst. Erbschaften, Glücksritter mit Zufallsfunden und überhaupt die Zufallsverteilung dessen, was Marx „Produktionsmittel" nennt, Boden und Kapital, führten selbst bei gleichen Anlagen zu höchst ungleichen Ansprüchen. Dass sich das Unverhältnis von Wertschöpfung und Ansprüchen aufgrund von unterschiedlicher Begabung und

81

Motivation erweitert, wird uns noch befassen. Dass aber in der Massenzivilisation schon der Zufall die Menschen in Bojaren und Kümmerer trennen wird, in Popanze und graue Mäuschen, und zwar unabhängig von ihrer Wertschöpfung und Begabung, sei nicht vergessen. Das ist passiert, ist inhuman und verlangt politische Lösungen!

Das Problem dieser politischen Lösungen besteht allerdings darin, dass auch sie allen beschriebenen Vorprägungen und Beschränkungen unserer kreatürlichen Ausstattung unterliegen. Obendrein führen sie zu nicht minder komplexen Systemen, die wir auch ganz ohne beigemengte politische Strukturen schon nicht so recht verstehen. Es kommt gar nicht selten vor, dass so genannte politische Lösungen ihrerseits Probleme erzeugen, die es ohne jene Lösungen überhaupt nicht gäbe. Nur ist auf politische Lösungen zu verzichten auch keine wünschenswerte Alternative. Bestehende Probleme werden dadurch nicht geringer. Die Sache mit Szylla und Charybdis findet also kein Ende.

Das führt uns auch zum Symdrom des „kleinen Rädchens", das in der Kleingruppe keine dominierende Rolle spielt, weil jeder von jedem mit seinen Eigenschaften wahrgenommen werden kann und diese dann auch für alle besitzt.

In der Massenzivilisation quillt das Phänomen auf. Unsere Demoskopen sind sich noch nicht einig, wie groß der Prozentsatz derer geworden ist, die sagen, dass sie auf das Ganze ohnedies keinen Einfluss nehmen können, wobei „das Ganze" durchaus auch nur aus der Summe ihrer persönlichen Hoffnungen und Kümmernisse bestehen mag. Sicher aber ist der Anteil der „kleinen Rädchen" größer als der einer jeden anderen Profession.

Man hört oft die Klage: Einmal pro Legislaturperiode das vermeintlich geringere Übel zu wählen, sei dem „kleinen Rädchen" als Beitrag zur Gesellschaft, auch in unseren westlichen Demokratien, noch belassen worden, auf dass das eine oder andere Übel wieder über Jahre hinweg die kleinen Mühen seines Schicksals bestimmen wird.

Nun aber sachlich betrachtet:

In vielen Staaten stimmt dieser Eindruck. Autoritäre Regime, und das sind nun einmal die meisten auf unserer Erde, legen ohnehin keinen Wert auf Einmischung ihrer Untertanen. Bei den demokratischen Verfassungsstaaten des Westens ist das anders. Allerdings wis-

82

sen die meisten Bürger nicht über die ganze Bandbreite ihrer Einflussmöglichkeiten Bescheid, oder sie glauben nicht, dass diese Möglichkeiten ernst gemeint zur Nutzung angeboten sind. Auch wollen viele nicht jene Mühen und Freizeitverzichte auf sich nehmen, die nun einmal erforderlich sind, wenn man im politischen Wettstreit mit anderen etwas durchsetzen oder verhindern möchte. Am wenigsten aufwendig ist jedenfalls das aktive Wahlrecht. Darum reduziert sich für die meisten ihre politische Anteilnahme darauf. In Bürgerinitiativen oder politischen Vereinen sich dauerhaft zu engagieren, über den Aufstieg in Parteien persönlichen Einfluss zu gewinnen oder wenigstens kommunale Mandate anzustreben, das alles kommt für die übergroße Mehrheit nicht in Frage, während von der Warte der Staatsordnung und vieler politisch Aktiver aus gerade das hochgradig erwünscht wäre.

Wenn dann, wie es nicht anders zu erwarten ist, die Kluft zu groß wird zwischen dem, was man eigentlich beeinflussen möchte, und dem, was man selbst dafür investieren mag, oder wenn man – schlecht beraten – zu wenig wirkungsvollen Mitteln gegriffen, die effektiven Hebel aber verschmäht hat: dann entlastet es gar sehr, sich als „kleines Rädchen" ohne Einfluss hinzustellen, gleich, ob vor sich selber oder vor anderen. Freilich ist oft auch die Klaviatur bürgerschaftlicher Partizipationsmöglichkeiten gar nicht so ausgedehnt, wie sie sein könnte und wohl auch sollte. Damit gemeint ist, dass Volksbegehren und Volksabstimmungen die Parlamentswahlen ergänzen sollten, und Parteien wie Kommunen institutionalisierte Anreize für fallweises und zeitlich begrenztes Engagement für jeden ernsthaft Interessierten zu schaffen hätten.

Tatsächlich aber stören die meisten Einmischungsversuche von unten alle jene Politiker, denen die spontane Bürgerbeteiligung nicht wenigstens mittelbar Wasser auf ihre Mühlen lenkt. Darum erlebt der sich einmischende Bürger stets Widerspruch und Widerstand. Für den Politiker ist derlei alltägliche Erfahrung, die er nicht weiter tragisch nimmt. Andere wollen eben anderes als er selbst, und in einer pluralistischen Demokratie haben sie auch alles Recht dazu. Die Mehrheitsverhältnisse entscheiden, nach wessen Wünschen es geht.

Der Bürger aber, der sich eben nicht grundsätzlich, sondern nur in einer bestimmten, hier und jetzt für ihn wichtigen Sache engagiert, der nimmt das alles keineswegs so selbstverständlich. Immerhin hat er eine hohe Hürde überwunden, bevor er sich zur Einmischung aufraffte, und will dann auch gar nicht verstehen, warum andere ihm sein ernsthaftes Bemühen nicht mit argumentativer, administrativer oder politischer Nachgiebigkeit honorieren sollten. Ebenso wenig tröstet ihn die Aussicht, in anderen Streitfällen zu obsiegen, falls er in dieser einen, ihm wichtigen Sache nichts hat ausrichten können: Dieses eine Anliegen ist es gerade, dessentwegen er sich engagierte. Die Lektion, dass Politik vor allem aus vergeblichem Bemühen und aus enttäuschenden Kompromissen besteht, wird für den Bürger darum ziemlich bitter. Nahe liegt dann auch die Vermutung, wer – wie Berufspolitiker – solch bittere Erfahrungen nachgerade suche, der müsse doch von ganz anderen, „eigentlichen" Motiven dazu getrieben sein.

Zum Pluralismus ebenso wie zur Ausgestaltung der repräsentativen und plebiszitären Komponenten freiheitlicher Verfassungsstaaten siehe die klassisch gewordenen Beiträge in Fraenkel (1979); zum Leitbild einer aktiven Bürgergesellschaft den Sammelband von van den Brink/van Reijen (1992) sowie Alemann/Heinze/Wehrhöfer (1999).

4.4. Übergänge zur Ungleichheit

Die Übergänge zur Ungleichheit sind Gegenstand des letzte Kapitels, das sich mit Universalien der menschlichen Ausstattung und mit der Umformung der Anlagen durch unsere Massenzivilisation befasst. Und wenn die Umformungen jene Ausstattung auch kaum mehr sichtbar machen, so sei gerade auf sie nicht vergessen.

Zwei Funktionen unserer Ausstattung dürften die so genannte Verteufelung der Nachbarn bedingt haben: die Gruppe zu einen und zu verteidigen. Das ist kein schöner Zug, hatte aber von Anfang an, wie die Aggression überhaupt, die arterhaltende Funktion, sich Nachbarn vom Leib zu halten, um, wie erwähnt, das Einzugsgebiet von Ressourcen groß genug zu halten. Man kann die Nützlichkeit dieser Funktionen auch noch für den frühen und den prähistorischen Menschen annehmen. Nicht von ungefähr hat sich dieses Verhalten von Afrika aus über Europa bis nach Ostasien und über die Beringstraße bis nach Feuerland verbreitet.

84

Heute, wo der Planet so gut wie aufgeteilt ist, sieht das freilich anders aus. Wer abgedrängt wird, drängt andere ab. Völkerwanderungen führt man darauf zurück. Kann einmal nicht abgedrängt werden, folgen entweder Plünderung oder Landraub und Unterwerfung.

Begriffe wie „Tataren-Nachrichten" oder „ethnische Assimilation" verweisen auf diese Vorgänge von Landnahme und Unterwerfung. Und die heutigen romanischen Sprachen, die außerhalb Italiens gesprochen werden, stammen natürlich aus der Zeit der militärischen Überflutungen durch das alte Rom. Wenn es heute den Franzosen auch nicht mehr schadet, fortgesetzt französisch zu sprechen, so sei doch all das Unrecht und die Drangsal nicht vergessen, das notwendig war, um die Gallier zu einer romanischen Sprache zu zwingen. Das sind jene Plackereien, die uns unter dem Titel „Weltgeschichte" als scheinbar selbstverständlich bekannt sind. Dem Geschichtsunterricht sei eine relativierende Darstellung dringlich nahe gelegt.

Dass Verantwortungsgefühl mit Zunahme des Umfangs der Verantwortung auch steigt, sehe ich dagegen mit Blick auf die Geschichte unserer frühmenschlichen Vorfahren nirgends verankert. Auch in einer Papuafeldschlacht, wie gute Filmdokumente vorführen, ist noch jedes Individuum eigenverantwortlich, mit Geschrei und Drohgebärden, gelegentlich mit einem Pfeil das Trüppchen der Eindringlinge zu verscheuchen.

Aus dem griechischen Altertum wissen wir, dass man Ursache und Wirkung wie das Verhältnis von Schuld und Sühne betrachtet hat. Aber auch in Marathon standen Anführer und Geführte einander Mann gegen Mann einzeln gegenüber. Bestenfalls wandte man sich nach Delphi, in der Hoffnung, sich größere Entscheidungen von den Göttern legitimieren zu lassen. Es musste ein natürliches Gefühl für den Zusammenhang zwischen Umfang und Last einer Verantwortung entstanden sein. Und es scheint, dass das Verhältnis in kleinen Gruppen immer noch in Takt ist. Man nehme etwa die angewandte Überlebensstrategie einer Bootsbesatzung, einer gestrandeten Kolonie oder der Rettungsmannschaft nach einem Lawinenunglück als Beispiele.

Was mit unserer Massengesellschaft in diesem Zusammenhang passiert ist, zählt zu den Katastrophen unserer Zivilisationsgeschichte. Durch das Missverhältnis zwischen einer Sozialisierung in der individualisierte Gruppe und einem Handeln in der anonymen Massengesellschaft konnte sich, gegen alle Vernunft, das Verhältnis von Umfang und Gefühl für Verantwortung umkehren.

Mein einfaches, schon bewährtes Beispiel hierfür ist die so genannte absichtsvolle Schädigung des Nachbarn. Im Familienkreis gilt das als moralische Katastrophe. Schädigt ein Kaufmann hunderte, ist das keine moralische Katastrophe mehr, sondern Fahrlässigkeit, nach Österreichischem Gesetz „fahrlässige Krida" genannt. Schädigt eine Bank tausende, ist das gar nichts mehr. Vielleicht wird ein Funktionär frühpensioniert oder eingesperrt, das Kapital wird aufgefüllt. Und wenn ein Staat einen Nachbarstaat absichtsvoll zu schädigen trachtet, gilt das bereits als eine Form der Vernunft und nennt sich „Staatsräson".

Unter „fahrlässiger Krida" versteht das Österreichische Recht Konkursverbrechen, in denen die absichtvolle Schädigung nicht nachgewiesen, sondern nur versäumte Aufsichtspflicht verurteilt werden kann.

Freilich ist zu bedenken, ob man derlei Sachverhalte überhaupt in so verkürzter Form darstellen soll. Aber das Schwinden der Empathie und das Anwachsen von kaum mehr verantwortbarer Verantwortung bei zunehmender Anonymität ist nicht zu verkennen. Und man wird zugeben, dass wir Umkehrungen dieses Zusammenhangs der absichtsvollen Schädigung im Familienkreis nicht als „Räson" bezeichnen. Ebenso wenig sprechen wir bei Kriegen stets von „moralischen Katastrophen".

Zwar kann es sehr wohl als Staatsräson gelten – und mitunter ist es das auch –, einen Nachbarstaat zu schädigen, zumal, wenn er Machtpotenziale aufbaut und sinistre Pläne zu hegen scheint. Wäre etwa ein Krieg der späteren westlichen Weltkriegsalliierten Frankreich und England anlässlich der deutschen Besetzung des Rheinlands, der Annexion Österreichs und später des Sudetenlandes nicht wirklich Staatsräson gewesen? Im Übrigen gehört zum Diskurs über die Staatsräson sehr wohl gerade der Gedanke der Nachhaltigkeit: Gleichgewichte sollen erhalten bleiben. Ist das ein Teufelskreis?

Jene Verteufelung der unbekannten Nachbarn und deren Stilisierung zu „Untermenschen", die einen gesunden Menschen vermittels

86

Indoktrination und Verführung überhaupt erst dazu bringen, einen Mitmenschen zu töten, haben zur Folge, dass bei Kriegsbeginn nicht eine allgemeine, gewaltlose Empörung gegen die verlangte Aggression ausbricht, vielmehr werden Tausende, von Feinden oder vom Regime gezwungen und von neuen Idealen durchdrungen, in den Tod getrieben.

Es ist zuzugeben, dass diese Schilderung aus der Perspektive von Generalstäben oder „Ingenieuren der Macht" anders aussehen würde. Das aber mündet in Fragen der Geschichtsauffassung. Man kann eine „Geschichte von oben", wie üblich, als die simple Folge der Entscheidungen von Potentaten und Heerführern unterrichtet bekommen. Man kann diese aber mit einer „Geschichte von unten", mit den Mutmaßungen der so genannten „kleinen Leute" ergänzen und so zu einem Verständnis von „Geschichte" als einer Kaskade jeweils zurückgezahlter Anmaßungen und Übergriffe gelangen.

Weitere Überlegungen dazu sind nicht unser Thema, es bedarf aber noch der Reflexion.

Ist der Aggressor eine fremde Macht, wird man sich zu schützen trachten. Dann nämlich enthält Pazifismus eine Einladung zur Plünderung. Was geschähe aber, wäre der Aggressor der eigene Staat? Handelt es sich um eine Diktatur, dann ist gerade im Kriegsfall eine allgemeine Empörung extrem unwahrscheinlich, weil der staatliche Überwachungs- und Repressionsapparat genau dann seine Operationsdichte steigert. Handelt es sich um eine Demokratie, dann werden Massendemonstrationen entweder die Regierung von der Kriegsführung abhalten (z. B. weil die Regierung vom Parlament gestürzt wird oder sie die kommenden Wahlen nicht verlieren will) oder aber die demokratisch legitimierte politische Führung entscheidet, der aktuellen Volksmehrheit nicht nachzugeben – wozu sie alles Recht hat. Dann freilich ist die gewaltlose Empörung gescheitert und eine gewaltsame wäre nichts anderes als ein versuchter Bürgerkrieg mit allen seinen gewalttätigen Folgen.

Nun gibt es hinsichtlich des Verantwortungsgefühls noch eine andere Seite. In modernen Kriegen geht der Aggressor fast kein Risiko mehr ein. Er fliegt unerreichbar hoch und zerbombt mit Lenkwaffen alles, was er mit freiem Auge gar nicht mehr zu sehen vermag, ihm aber als Ziel nützlich erscheint.

Ein solches Vorgehen gibt es auch im scheinbar weniger spektakulären Geschehen der Wirtschaft. Der kleine Kaufmann einer Landgemeinde, der eigentlich zusperren sollte, kann die Maria nicht entlassen, weil er weiß, dass sie schwanger ist, und den Josef nicht, weil der sein Häuschen noch nicht abgezahlt hat. Jene Multis in New York aber, die sehen, dass eine ihrer Firmen in London rote Zahlen schreibt, setzen mit einem Federstrich tausend Mitarbeiter auf die Straße. Sie kennen keinen. Derlei wurde schon bedacht. Noch perfekter wird ein solches Vorgehen aber im Zusammenhang mit der Globalisierung betrieben. Wir werden noch darauf zurückkommen. Dieser Verantwortungsschwund ist meines Erachtens eines der großen Hindernisse für die Humanität in der Massengesellschaft. Dagegen können wir uns nur gemeinsam wehren. Das Wissen darüber gehört früh schon unterrichtet und verbreitet.

Ein weiteres Faktum ist, dass die angeborene Tötungshemmung ausgeschaltet werden kann. Wir haben im Zuge der Herleitung des Rechts diesen Gegenstand schon berührt, aber es scheint mir empfohlen, darin noch genauer zu werden. Die Wurzel der Tötungshemmung steckt tief im Tierreich. Schon von seinem nicht überzüchteten Hund wird man wissen, dass er Demut zeigt, wenn er in einer Rauferei unterlegen ist. Er legt sich auf den Rücken, pinkelt und bietet dem Angreifer seine empfindlichsten Körperteile zum Biss: Kehle und Bauchdecke. Der Überlegene kann bei dem gebotenen Bild nicht mehr zubeißen.

Man kann nicht behaupten, dass unsere äffischen Verwandten nicht töteten. Die Männer der Makkaken töten im Gedränge ihrer in Indien zurückgehenden Lebensräume das Junge einer Mutter offenbar deshalb, um früher an deren Fruchtbarkeit heranzukommen. Diese Mütter tragen die Mumie ihres Kindes noch wochenlang mit sich herum. Noch grausiger sind die Berichte von in Nachkriegswirren vertriebenen Müttern, die ihre erfrorenen Kinder mit sich trugen und sie sich nicht nehmen ließen.

Auch unsere frühmenschlichen Vorfahren können nicht zimperlich gewesen sein. Wir besitzen Dokumente von Schädeln, deren Hinterhauptsloch erweitert wurde, offensichtlich um gemeinschaftlich das Gehirn des Toten herauszufressen; eine Prozedur, die, mit Steinbeilen bewerkstelligt, keine hohe Form der Ästhetik geboten haben mag. Auch von Naturvölkern ist derlei noch berichtet worden. Dabei handelte es sich aber nicht um Mord, sondern um die erhoffte Weitergabe der Talente eines bedeutenden Verstorbenen.

Wir selbst mögen einräumen, dass uns das Niederschlagen und Zerstückeln eines Menschen mit eigenen Händen schwer fallen würde. Es lohnt, an dieser Stelle den Gradienten unseres Empfindens zu besehen.

Die Kirche wollte von den Biologen bestätigt haben, dass die befruchtete menschliche Eizelle schon ein der Mutter gleichwertiges Menschenwesen darstelle.

Es war schwer, die Prälaten von der Relativität des Menschlichen und unserer Ausstattung zu überzeugen. Konrad Lorenz brachte ein stammesgeschichtliches Beispiel: Wenn man einem Probanden einen Kohlkopf, einen lebenden Regenwurm, einen Frosch und einen Affen vorlegt, mit der Aufgabe, eines dieser Objekte quer durchzuschneiden, und der Proband erklärt, es sei ihm gleichgültig, welches Objekt er durchtrennt, so gehört dieser Mensch sofort eingesperrt. Ich brachte ein keimesgeschichtliches Beispiel: Die Herren bestätigten mir, dass es ihnen nicht leicht fallen würde, jeden Morgen einem Huhn eigenhändig den Kragen umzudrehen, dass sie aber nichts dabei fänden, allmorgendlich ein Hühnerei ins kochende Wasser zu legen.

Was hinter der gewiss christlichen Frage nach einer Grenzbestimmung des Menschseins steckt, war die Urteilsfindung, wer im dramatischen Fall eher sterben müsse: die Mutter oder das zu Gebärende. Natürlich das zu Gebärende. Denn die Mutter übertrifft es an Bewusstsein, Lebensinhalt und Verantwortung.

Tatsächlich ist festzustellen, dass ein gesunder, nicht indoktrinierter Mann ein weinendes Mädchen nicht schlagen kann, vorausgesetzt, er hat das tränenüberströmte Gesichtchen direkt vor Augen. Schon die Fernwaffen schalten diese Hemmung aus. Keine unserer angeborenen Hemmungen kann noch bremsen. Niemand außer Lorenz hat vor diesem Zusammenhang bisher gewarnt. Und noch keine Armee ist auf den Gedanken gekommen, auf Granaten, Bomben und Raketen weinende Kindergesichter zu malen. Das sollte sich durchsetzen!

89

Rückblickend wird man sich erinnern, dass unsere Ausstattung in der Kleingruppe sozialisiert wurde. Von der Deutung der Mimik bis zum Gruppenverständnis erfolgte eine enorme Hirnentwicklung vom Typ eines Extremorgans mit seinen Schwächen, die schließlich echte Pervertierungen einleiten können.

Was in der Kleingruppe echte Zuneigung und Du-Evidenz auslöst und auch noch im kleinen Kreis von Familie, Schulklasse und Freunden funktioniert, unterliegt in der Massengesellschaft einem Anonymisierungsprozess und führt zu neuen Orientierungs- und paradoxen Wahrheitsformen.

Die gefährlichen Pervertierungen betreffen besonders das früher natürliche Verhältnis von Rang und Risiko, Anspruch und Wertschöpfung, Einschätzung der Nachbarn, Umfang und Gefühl für Verantwortung und die angeborene Tötungshemmung.

Das mag nochmals an Rousseaus „guten Wilden" erinnern; ein Begriff, der ihm allerdings nur unterstellt wurde. Dennoch schwebte ihm ein idealer Naturzustand vor. Meine Überlegungen sind keine gänzlich anderen. Nur kennen wir heute Gesetze der Evolutionsprozesse, und diese müssen zur Milderung unserer Gesellschaftsprobleme früh genug verstanden und unterrichtet werden.

Zum Konzept der Staatsräson siehe Heydemann/Klein (2003); zu den Leitgedanken gerade auch friedenssichernder Gleichgewichtspolitik das klassische Werk von Morgenthau (1963). Beiträge zur Ausstattung des Menschen findet man im Literaturverzeichnis bei Lorenz und Riedl.

B. Unterschiedliche Ausstattung

Bisher war von menschlichen Universalien auszugehen, also von jener erblichen Ausstattung, die allen Menschen gleich sein dürfte. Wir untersuchten, aus welchen Anlagen diese Ausstattung besteht, wie sie unsere Psyche lenkt, unser Weltbild zusammensetzen lässt, was wir als Individuen von dieser Welt erwarten und was unsere Gesellschaft aus diesen Erwartungen gemacht hat.

Nun geht es umgekehrt und mit demselben Vertrauen um die Unterschiede unserer Ausstattung und warum diese ebenso nicht zu verkennen sind. Wir fragen, worin diese Unterschiede bestehen und wie sie unser Befinden und unsere Interpretation der Welt lenken. Hinzu kommt wiederum die Frage, was unsere Gesellschaft aus diesen unterschiedlichen Anlagen gemacht hat.

1. Das Individuum und die Gesellschaft

Differenzierung erhöht Erhaltungschancen, jedenfalls soweit sie das Lebendige betrifft. Diese Feststellung gilt für die Artenzusammensetzung in Biotopen ebenso wie für die physische Ausstattung von Arten.

Eine Monokultur, wie groß sie auch ist, kann an einem einzigen so genannten Schädling, einem Parasiten, einem Pilz oder Virus, zugrunde gehen. In einer differenzierten, artenreichen Lebensgemeinschaft – einer Biozönose – etwa in einem Urwald kann das nicht geschehen. Bei tausend Arten pro Quadratmeile wird das System nicht destabilisiert, wenn einige verschwinden. Auf die Lücken warten schon mehrere andere Arten, Pflanzen wie Tiere, um sie zu füllen. Jedes ausgelöschte Individuum macht sofort wieder Platz für Neues. Selbst der Verfall einer dominierenden Baumart wird mit Neuem ersetzt. Man zeigte mir im Regenwald Zeilen gleichaltriger Jungbäume. Ein gestürzter Riese schlägt eine lange Schneise – Licht für hundert neue Bäume. Das ist für ganze Arten ähnlich.

Die Differenzierung in „morphologische" und „physiologische Rassen" hat den leicht verständlichen Vorteil, dass mit dem Wandel der ökologischen Nischen, die verschwinden oder sich auftun, zwei neue Chancen auftreten. Erstens können neue Nischen durch Rassen, die zufällig auf deren neue Bedingungen vorbereitete sind, ungleich leichter besetzt werden; und zweitens sichert diese Differenzierung beim Zusammenbruch der Ursprungsnische den Fortbestand der Art.

Biologisch gesehen ist der Vorteil einer Differenzierung in „morphologische Rassen" für den Menschen nicht anders. Wiewohl wir schon früh begannen, uns durch Kleidung, Waffen und Werkzeuge von den unterschiedlichen Anforderungen der besetzbarer Lebensräumen etwas unabhängiger zu machen. Sowohl Selektion als auch das Prinzip der Siebung müssen dazu beigetragen haben, dass Völker am Polarkreis und im tropischen Urwald physisch anderes leisten und anders aussehen.

Was uns aber von allem Getier, auch von Schimpansen und Bonobos unterscheidet, ist die differenzierte Art, mit der wir auf Fremdlinge reagieren. Freilich wird auch bei höheren Tieren alles, was „aus der Art fällt", befremdet und sogar vertrieben. Aber bei uns Menschen besteht ein Antagonismus zwischen dem Ethos der erwähnten Du-Evidenz und der Befremdlichkeit, die allein schon durch Unterschiede der Sprache und Kultur ausgelöst werden kann, und zwar in dem Sinne, dass ein Farbiger sich auch um ein verlassenes weißes Baby kümmern würde, aber schon eine schlechte Aussprache, auch innerhalb eines geschlossenen Ethnos, bis zur Ausgliederung befremdlich wirken kann.

1.1. Physische Differenzierung

Die physische Differenzierung der menschlichen Spezies ist nach Ursachen und Formen von der physischen Differenzierung höherer Tiere im Grunde nicht verschieden. Das mag biologistisch klingen, wenn man nicht im Auge hat, dass es hier zunächst ausschließlich

92

um „morphologische Rassen" geht und von der psychischen Ausstattung von Ethnien, also von Kulturen, noch keine Rede ist.

Die Spezies Mensch hat bekanntlich eine enorme Verbreitung gefunden. Einer der Ausbreitungswege führte beispielsweise von Ostafrika über Südeuropa, ganz Asien, die Beringstraße, Nord-, Mittel- und Südamerika bis nach Feuerland. Was sich wie ein Wanderweg lesen ließe, muss man sich jedoch eher als ein sehr langsames Tasten und Vorrücken, Vertrieben- und Geschobenwerden von Generationen vorstellen. Niemand wollte nach Feuerland; und nur wenige zog es bis dorthin zu neuen Hoffnungen.

Im Reich der höheren Tiere und Pflanzen gibt es eine natürliche Verbreitung nicht in solchen Dimensionen. Erst der Mensch hat seine Haustier- und Nutzpflanzenarten überallhin mitgeschleppt, oder es sind ihm Tiere wie die Ratten und Kakerlaken in den Schiffsrümpfen stetig gefolgt. Selbst die höchst mobilen Seevögel bleiben in ihren Klimazonen oder streifen wie die Zugvögel über eine Kontinentengruppe und über einen der Ozeane.

Die Ausbreitung der Menschen darf man sich aber, wie gesagt, nicht wie eine Völkerwanderung vorstellen. Es müssen kleine, immer wieder isolierte Gruppen gewesen sein, die sich schon zur Sicherung des Nahrungseinzuges und zur Vermeidung von Auseinandersetzungen voneinander absetzten.

Gegenüber der weltweiten Verbreitung unserer Spezies waren der Bewegungsradius des Einzelnen und auch jener der Generationen äußerst gering. Auf diese Weise hat sich die menschliche Art verteilt – mit all den Folgen, die man bei mangelnder Begegnung mit den Nachbarn vorhersehen kann. Heute, wo jedermann innerhalb einiger Flugstunden Kontinente zu überspringen vermag, sei das nicht vergessen. Im Grunde entspricht das Zurücklegen solcher Distanzen im Verhältnis zu der dafür notwendigen Zeit auch nicht dem menschlichen Maß.

Die Entstehung der „morphologischen Rassen" hat, wie stets, mit drei Komponenten zu tun: mit dem genetischen Zufall, mit Selektion und mit Siebung. Die Kombination dominanter und rezessiver Genmerkmale, die eine Population mit einer bestimmten Ausbreitungsrichtung besaß, ist weitgehend ein Zufallsprodukt. Im Zusammenhang mit der einmal eingeschlagenen Verbreitungsrichtung wer-

93

den aber Klimawandel und ungleiche Stresssituationen, namentlich in den noch sehr ungeschützten Populationen der Frühmenschen, eine große Selektionswirkung gehabt haben. Zumal ein Zeitraum von rund zwei Jahrmillionen zur Verfügung stand. Und auch das Prinzip der Siebung muss eine Rolle gespielt haben. Ob sich nämlich eine Population im Zuge ihrer Ausbreitung auf die Überquerung eines Gletschers, die Durchquerung eines Urwaldes oder eher einer Meerenge eingelassen hat, ist nicht unerheblich.

Zudem muss, wie man sich fachlich ausdrückt, der „Fluss der Gene", der geschlechtliche Kontakt zwischen Populationen, abgenommen haben und über große Distanzen bald ganz versiegt sein. Das führt genetisch betrachtet zu Inselbildungen. Die Kleinheit der Populationen, das Wachsen der Entfernungen und das Entstehen von Handlungs- und Sprachunterschieden mussten Ursachen gewesen sein.

All das sind Indikationen, die folgerichtig zum Entstehen „morphologischer Rassen" geführt haben, wie man sie heute oberflächlich unter der Bezeichnung „Schwarze", „Gelbe" und „Weiße" kennt. Auch physiologische Unterschiede müssen auf diesem Weg entstanden sein. Bereits Darwin staunte über die Kälteanpassung der Feuerländer, und wir kennen heute Unterschiede der Milchverdauung von Japanern und Europäern und manches andere.

Wenngleich „Rassengliederung" die Erhaltungschancen einer Art erhöht, so führt sie innerartlich doch zu Zerfall, zu Abgrenzungs- und Ausschlussverhalten. Das wird uns mit Blick auf die menschliche Art noch über die Maße beschäftigen. Wir besitzen keine spezifische Ausstattung, um andere Ethnien wirklich zu verstehen. Diese Erkenntnis lehrt uns, nimmt man das Verstehen ernst, das Fach der Ethnologie beziehungsweise der Sozialanthropologie. Man sollte diesem Gebiet den Rang eines Propädeutikums geben und zwar für jedes Fach, in dem das Objektivitätspostulat eine Rolle spielt und es darauf ankommt, die Sichten der anderen zu begreifen.

Die genetischen Unterschiede „morphologischer Rassen" werden als gering beschrieben. Und obwohl heute dank dem „Human Genom Project" die ganze Molekülkette der Gene als aufgedröselt gilt, bedeutet diese Erkenntnis überraschend wenig. Einmal deshalb, weil von den wenigsten Genen bekannt ist, was sie anleiten, mehr aber

94

noch deshalb, weil das „epigenetische System" der Genwechselwirkungen, das Differenzierung und Synorganisation steuert, weitgehend unbekannt geblieben ist.

Will man sich die Sprache der Gene in Analogie zu unserer Wortsprache verdeutlichen, so ist die Semantik lediglich einer geringen Anzahl von Worten verstanden, die Syntax und die Grammatik sind fast unbekannt. Allein die Interpunktion ist aber schon entscheidend. Man vergleiche die beiden Anweisungen: „Hängt ihn, nicht lasst ihn leben." Und: „Hängt ihn nicht, lasst ihn leben."

In dieser Hinsicht wartet noch viel molekulargenetische Forschung. Das ist schon recht. Das Gerede, dass es aufgrund der als gering vermuteten genetischen Unterschiede keine „Menschenrassen" gäbe, lässt zwar moralisches Kleingeld sammeln, ist jedoch falsch und daher irreführend.

Es sind aber „Rassen" geblieben und keine „Arten" geworden. Dazu waren zwei Millionen Jahre doch nicht ausreichend. Die kürzesten Zeiten für Artbildungsprozesse bei Säugetieren kennt man von Schaf- und Ziegenarten aus dem Himalaja. Sie betragen rund sieben Jahrmillionen. Die starke Zergliederung dieser Landschaft mag die Ausbildung gefördert haben. Für die Merkmale von „morphologischen" und „physiologischen Rassen" gilt das nicht. Diese können unter Selektionsdruck schon in fünfzig bis hundert Jahrtausenden zu definitiven Unterschieden führen. Das zeigt auch unsere Spezies. Und wir haben Gründe zur Annahme, dass Feuerländer und Isländer dennoch miteinander fruchtbare Nachkommen zeugen.

Merkwürdig ist, dass der *Homo sapiens* taxonomisch eine monotypische Art ist, das heißt, dass in der Gattung „Homo" nur eine Art übriggeblieben ist. Diese Feststellung betrifft weniger die Frage, ob die Neandertaler als *Homo neandertalensis* oder als *Homo sapiens neandertalensis*, also als Art oder Rasse aufzufassen sind. Tatsächlich sind echte Arten der Gattung „Homo" verschwunden. Und man kann den Verdacht nicht loswerden, dass der – was jetzt? – überlegene, unverträgliche oder rabiate *Homo sapiens* alle anderen Arten verdrängt, geschlachtet, jedenfalls in den Tod getrieben hat. Vielleicht entspringt unsere rabiate Art zunächst unserer Waffenlosigkeit und in der Folge der Konkurrenz um identische Ressourcen. Jedenfalls muss mit ihr gerechnet werden.

Als Übersicht zur Paläoanthropologie verwende man Tattersall (1995, auf Deutsch 1997). Zur biologischen Systematik siehe Ernst Mayr (1969), der auch federführend für das Speziationsproblem und die „Synthetische Theorie der Evolution" wurde. Zur Position einer „Systemtheorie der Evolution" siehe Riedl (1975). Grundlegend für eine gegenwärtige „evolutionäre Genetik" ist Smith (1989).

1.2. Psychische Differenzierung

Die psychische Differenzierung der „Menschenrassen" stellt uns vor ganz andere, derzeit noch kaum lösbare Fragen. Das ist so merkwürdig wie bedauerlich, weil anzunehmen ist, dass daraus sehr viel über die grundlegende Differenzierung menschlicher Ausstattungen zu erfahren wäre.

Es steht beispielsweise außer Frage, dass Polarvölker und solche der tropischen Urwälder unterschiedliche Überlebensstrategien entwickelten und zwar über einige Jahrtausende hinweg. Das entspricht jeweils hunderten Generationen. Es ist ebenfalls sicher, dass innerhalb dieser Zeitspanne Selektionsprozesse stattfanden. Was wir nicht wissen, aber wissen sollten, ist, ob sich bei solchen Selektionsprozessen innerhalb des gegebenen Zeitraums auch die psychischen Anlagen einer Population erblich verändert haben. Dies, um zu erfahren, inwieweit psychische Ausstattungen überhaupt durch das Milieu verändert und genetisch verankert werden können.

Der Umstand, dass wir darüber so wenig wissen, hängt mit zwei ernsten Problemen zusammen:

Da ist einmal die methodische Frage. Urwaldvölker hatten keinen Grund, verbale Intelligenztests zu entwickeln. Erst Psychologen aus den Industrienationen kamen auf den Gedanken, Intelligenz – was auch immer das sein mag – zu messen. Man verstand darunter schon zu der Zeit, als ich meine Rigorosenfragen gestellt bekam, den „Leistungsgrad der psychischen Funktionen bei der Meisterung neuer Situationen". Daraus kristallisierte sich der bekannte „IQ", ein Intelligenzquotient deduktiv-verbaler Quickheit mit dem Leistungsmaß 100 als Durchschnittswert einer Population. Enorme Datenmengen liegen heute dazu vor.

Was aber wird da gemessen? Besteht der Leistungsgrad psychischer Funktionen nur aus der so genannten deduktiv-verbalen

96

Quickheit? Natürlich nicht. Man stellte fest, dass motivationale und soziale Intelligenz nicht minder wichtig sind. Die Psychologen sind sich darin aber noch unsicher und sprechen lieber von „Kompetenz" als von Formen der „Intelligenz". Dabei kann als gewiss gelten, dass Intelligenz ohne Motivation kaum zu mehr befähigt als Motivation ohne Intelligenz. Mit Blick auf diesen Umstand hat man zu messen begonnen. Was aber soziale Kompetenz sein soll, die den Lebenserfolg durch soziale Einfühlsamkeit entscheidend bestimmt, darüber wird noch immer diskutiert. Wir wissen tatsächlich noch nicht so recht, welche Aspekte und Elemente Intelligenz im Ganzen eigentlich umfasst.

Sich diese Frage innerhalb eines engen Kulturbereichs zu stellen, schien dabei noch relativ einfach. Als ein Ergebnis können in ein und derselben Population eindeutige Unterschiede in der Art (!) der Intelligenz zwischen Frauen und Männern nachgewiesen werden. Was geschieht aber, wenn verschiedene Kulturen verglichen werden sollen? Dieses Problem ist der Psychologie natürlich nicht entgangen. Man entwickelte „nonverbale Intelligenztest", die zunächst einmal von der Beherrschung bestimmter Sprachen absehen. Aber auch damit ist noch nicht viel getan. Denn fraglos manifestieren sich „neue Situationen, die gemeistert werden sollen", in der Großstadt anders als in der Wildnis, selbst bei Seevölkern handelt es sich um andere Situationen als im Himalaja.

Kurz gesagt, unter welchen Bedingungen wären Forscher in der Lage, objektive Kriterien für die Differenzierung psychischer Leistungen des Menschen zu etablieren? Die Ethnologie oder sozialwissenschaftliche Anthropologie ist diesem Thema besonders nahe und diesbezüglich zugleich auch befangen. So sehr an der Differenzierung der Intelligenz nicht zu zweifeln ist und wir aus einer genaueren Kenntnis darüber viel lernen könnten, die gestellte Frage bleibt offen.

Ein zweites Hindernis ist die ethische Frage. Wir haben uns angewöhnt, das bislang Messbare jener so genannten Intelligenz mit einem Rangabzeichen zu versehen. Nun legte beispielsweise die gemischte Population in den USA nahe, die farbigen Einwohner einer Gemeinde oder einer Schule mit den weißen zu vergleichen. Im Durchschnitt hatte die farbige Bevölkerung einen geringeren IQ-

Wert. Ist sie darum dümmer? Diese Vermutung löste Empörung aus und das zu Recht. So gestellt, ist die Frage unsinnig.

Aufgrund der Unsicherheit, die sich allein daraus ergab, hat man eher die Finger von dieser Frage gelassen. So sehr man auch in der Nuancierung Unterschiede empfindet: messen und bewerten lassen sich diese noch nicht. Es bleibt aber dringend geraten, sie als zentrales Element des Menschseins wahrzunehmen und zu achten.

Eine der jüngsten amüsanten Studien zum Intelligenzunterschied der Geschlechter stammt von meinen Töchtern Sabina Riedl und Barbara Schweder (1997); siehe dort auch die einschlägige Literatur.

1.3. Ungleichheit innerhalb von Ethnien

Die Ungleichheit innerhalb von Ethnien zu untersuchen, verdient eher unser Vertrauen. Wir unterscheiden uns als Individuen zweifelsohne durch verschiedene Begabungen oder doch durch deren unterschiedliche Ausprägung. Von „Gaben" zu sprechen, deutet an, dass man dabei an die Gaben Gottes gedacht hat. Diese Annahme ist nicht von ungefähr, denn Begabungen zählen gewiss zu den schönsten Dingen, die die Evolution hervorgebracht hat.

Unterschiede der Begabung sind offensichtlich. In unserer von Erziehung geprägten, gerne quantifizierenden Zivilisation sind zunächst unterschiedliche Schulleistungen auffallend. Und wir haben gute Gründe, anzunehmen, dass es sich um erbliche Anlagen handelt. Das wird auch für Hochbegabungen gelten, die die Größen des Geistes und der Künste in unserer Kultur auszeichnen.

Leider weiß man über die Weise der Vererbung von Begabungen, über den so genannten Erbgang, noch sehr wenig. Es gibt Andeutungen darüber, dass sich Begabungen von Männern über das Genom der Frauen fortpflanzen. Im Allgemeinen werden aber die Zufallsmechanismen der „Rekombination", des Austausches von väterlichen und mütterlichen Genen, eine Rolle spielen. Tatsächlich kennt man nur wenige Familien, bei denen hohe Begabung über Generationen hinweg an der Oberfläche wahrnehmbar blieb. Die Familie Mozart ist da zu nennen und noch offensichtlicher die Familie Bach.

98

Für die Unterschiede in der Anlage unserer Begabungen sind wir Individuen also nicht verantwortlich, sie sind uns zugekommen. Erst hinsichtlich des Umgangs mit Begabung entstehen Fragen. Zugekommene Begabung erleben wir meist als förderlich. Gibt es aber einen Anspruch unserer Gesellschaft auf die Begabung des Einzelnen, oder bleibt der Vorteil einer Begabung und der daraus auch noch erhobene Anspruch ein Privileg des Begabten? Wäre folglich ein Mangel an Begabung auch ausschließlich Sache des Individuums, selbst wenn dieses dadurch seiner Gesellschaft zur Last fällt? Offenbar nicht. Obwohl immer ein Verdacht bestehen kann, dass der scheinbar Unbegabte aufgrund von Indolenz und mangelnder Bemühung seine Aufgaben der Gesellschaft abzulasten trachtet. Erst bei echter Behinderung werden die Pflichten der Gesellschaft wieder deutlich. Allmählich lernen wir, mit solchen Unterschieden menschlich umzugehen.

Spielen Anlage oder Milieu die größere Rolle? Die Frage bildete sich im Kontext der Erfahrung, dass das Milieu, also die soziale Umgebung, Elternhaus, Anforderungen und Schulung, auf die Ausformung der Anlagen einen bedeutenden Einfluss nimmt. Diese Erfahrung hat Ideologien polarisiert; sie untermauert und fundiert noch immer die linke und rechte „Reichshälfte" unserer Parlamente.

Tatsächlich stellt das Wissen darum, wie viel der Leistungen eines Menschen von seiner Anlage oder aber vom Milieu abhängen, in dem er aufwächst, noch immer ein Desiderat der Anthropologie, Psychologie und Sozialforschung dar.

Man vermutet, dass im Durchschnitt nur die Hälfte der digitalen, kreativen, sozialen und motivationalen Intelligenz eines Menschen durch das Milieu geweckt wird. Der Rest kann als Anlage ein Leben lang verschlossen bleiben. Dieses Halbwissen gibt reichlich Stoff für Spekulationen. Die bekanntesten unter ihnen polarisierten Ideologien und Gesellschaftstheorien und laufen darauf hinaus, dass letztlich alles entweder von den Anlagen oder aber vom Milieu abhinge.

Die christlich-konservative Ideologie oder „Reichshälfte" (ihre Vertreter sitzen in den Parlamenten meistens rechts) vertraut mehr den angelegten Begabungen. Sie sind Gaben beziehungsweise, metaphysisch gesehen, Gnaden, die dem, der sie besitzt, naturgemäß zustehen; wem sonst? Die liberal-sozialistische Ideologie oder „Reichs-

99

hälfte" (ihre Vertreter sitzen in den Parlamenten meistens links) vertraut mehr dem Milieu. Das Individuum kann nicht Schuld sein an unausgeformten Anlagen. Unausgeformte Anlagen sind seiner Gesellschaft anzulasten; wem sonst?

Freilich führen diese gegensätzlichen Positionen zu Schwierigkeiten. Gibt etwa ein großes materielles Erbe allein seinem Besitzer Rechte? Die Staaten ließen sich Vermögens- und Erbschaftssteuern einfallen, um der Asymmetrie entgegenzuwirken. Andererseits kann die Gesellschaft nicht Schuld tragen an der Faulheit und Indolenz von Unbegabten. Sie muss diese doch in die Pflicht nehmen, um einer Asymmetrie entgegenzuwirken.

Die Lösung liegt im Verständnis für den Systemzusammenhang von Anlage und Milieu. Dieser Systemzusammenhang hat alle Organismen und auch unsere Parlamente entstehen lassen. Aber immer noch sitzen die Konservativen rechts und die Sozialisten links auf ihren Bänken.

Tatsächlich kann es sein, dass bestimmte Anlagen in einem ungeeigneten Milieu nicht einmal ihrem Besitzer bekannt werden, dass hingegen auch Minimalbegabungen bei entsprechender Forcierung zu ihrer bescheidenen Entfaltung kommen. Und wo nichts ist, da kann auch nichts entfaltet werden. Die Zwillingsforschung hat einen erwartbaren Gradienten für die Anlage- und Milieuwirkung herausgearbeitet. Die Ähnlichkeit, auch im Psychischen, nimmt zu, ausgehend von Zweieiigen, aufgewachsen in unterschiedlichem Milieu über gleiches Milieu, hin zu Eineiigen (eben gleichen Erbgutes), wiederum: aufgewachsen in unterschiedlichem Milieu über gleiches Milieu. Diese Beobachtung lässt sich frappanterweise bis in Einzelheiten des Geschmacks und der Biografien feststellen. Das Zusammenspiel von Anlage und Milieu ist evident, eine vergleichbare Gewichtung aber unmöglich.

Leider ist das auch schon fast alles, was wir verlässlich wissen. Hinter dem gesicherten Wissen tun sich jedoch einschneidende Vermutungen auf. Beispielsweise gilt es nach Bernhard Hassenstein als wahrscheinlich, dass bei so genannten Durchschnittsmenschen trotz Schulpflicht und den allgemeinen Bildungstendenzen nur ein Bruchteil unserer Anlagen durch das Milieu zur Wirkung kommt. Diese Vermutung ist so wahrscheinlich wie wichtig.

100

Wenn wir uns nämlich vergegenwärtigen, dass wir weder wissen, wie Begabungen zu werten sind, noch, in welchem Maße Milieus ihre Wirkung tun, wir jedoch jeweils den einen über den anderen Aspekt setzen, dann haben wir eben nicht den Menschen, sondern Ideologien im Auge. Und wenn wir auf die genetische Ausstattung kaum Einfluss nehmen können und wo wir es könnten, wir dies vielfach nicht sollten, so steht immerhin das Milieu zur Verbesserung an. Ein solcher Eingriff aber führt bald zu politischen Fragen. Ein Vorgriff auf diese sei darum erlaubt.

1.4. Die Ideologien der beiden „Reichshälften"

Die Ideologien der beiden „Reichshälften" nehmen zunächst den Systemzusammenhang zwischen Anlage und Milieu zu wenig wahr. Es liegt uns eben mehr, von einer einzigen Ursache auszugehen. Zudem ist auffallend, dass die Grundstruktur so gut wie aller Parlamente auf der Überschätzung entweder der Anlage oder aber des Milieus beruht und aus diesem Grund eine Polarisierung erfolgte. Eine Polarisierung, die übrigens auch das Parlament der Europäischen Union einfach übernommen hat. Dabei wäre doch einzusehen, dass der Zusammenhang zwischen Anlage und Milieu nicht aufgelöst werden kann, denn ohne Anlagen gäbe es keinen Umgang mit dem Milieu und ohne Milieu existierten auch keine Anlagen.

Es wird sich zeigen, dass keine der beiden Ideologien in ihrer extremen Ausformung die Praxis menschlichen Zusammenlebens überleben kann, wenn sie nicht das Gegenteil ihrer Doktrin einführt. Mein Argument lautet daher, dass beide Doktrinen nachgerade das Gegenteil ihrer Dogmen zulassen müssen, um dem menschlichen Empfinden näher zu kommen.

Der lupenreine Konservativismus hatte das Dogma des unberührbaren Besitzes aufzugeben. Es geht nicht ohne Umverteilung. Und der lupenreine Sozialismus Leninscher Art, der besagt, alles vom Staat aus zu planen und alle zu bevormunden, musste sich auf Verhandlungen, auf Parlamentarismus und private Initiativen einlassen.

Das aber ist auch noch nicht die Lösung. Offen bleiben die Fragen: Wie viel muss umverteilt werden? Gerade so viel, dass der soziale Frieden gesichert ist? Oder lässt sich errechnen, wie viel man den Tüchtigen wegnehmen darf, bis man beginnt, damit auch den Untüchtigen zu schaden? Am anderen Ende der Verhandlungen stehen die Fragen: Wie viel Planung soll dem Staat bleiben? Darf man die Wasserversorgung einer Stadt einer privaten Firma überlassen, die womöglich Konkurs machen kann?

Die Ideologie der rechten „Reichshälfte", der so genannten Konservativen, baut auf den Besitz von Anlagen. Damit gemeint sind zunächst Gaben, die ein Mensch besitzt. Dem Tüchtigen gehört die Welt. Ist diese Auffassung schon gerecht? Lässt man allen Talenten und Interessen freies Handeln, so wird sich eine glückliche Gesellschaft bilden. Das ist Liberalismus. Natürlich kann eine Häufung von Egoisten (gemäß dem Motto „nach mir die Sintflut") keine humane Gesellschaft bilden. Zumal ich ja wohl auch Anspruch auf den gehäuften Besitz meines tüchtigen Vaters habe. Wer denn sonst? Und diesen Besitz kann ich nach eigenen Bedingungen verleihen. Es entsteht Monopol- oder Turbokapitalismus.

Natürlich funktioniert es so nicht. Das System müsste zu Verantwortungslosigkeit und darüber hinaus zu Imperialismus, Unterdrückung und Unheil führen. Um das konservative System dennoch aufrecht zu erhalten, war die Umkehrung seiner Doktrin einzuführen, und zwar in Form von Umverteilung. Welches aber ist ein gerechtes Maß? Zunächst jenes, das Ruhe schafft. Darin allein kann die Lösung jedoch nicht liegen. Sie muss in einem besser gestalteten Wechselzusammenhang der Interessen von Individuum und Gesellschaft zu finden sein.

Die Ideologie der linken „Reichshälfte", der so genannten Linken, baut auf das Milieu. Denn der sozialistische Genosse will für den Mangel seiner Gaben weder mindere Anlagen noch mangelnde Erbschaft verantwortlich machen. Die Doktrin lautet, dass die Elite der Begabten eine Gesellschaft zu planen habe, die auch den Unbegabten ein glückliches Leben sichert. Diese Vorstellungen sind von einem starken Staat umzusetzen, der Gesellschaft und Einzelne nach guten Vorgaben umgestaltet und auf dem rechten Weg hält. Rein individuelle Freiheit ist ein bürgerliches Vorurteil und ebenso zu beseitigen wie die bürgerliche Gesellschaft selbst. Beidem hat die proletarische Revolution entgegenzuwirken. Das ist

102

Marxismus, je nach Radikalität der Attitüde auch Bolschewismus genannt.

So funktioniert es natürlich auch nicht. Das System würde nun zu Verantwortungslosigkeit gegenüber dem Staat und schließlich ebenso zu Imperialismus, Unterdrückung und Unheil führen. Um das marxistische System dennoch zu erhalten, war die Umkehrung seiner Doktrin einzuführen, und zwar in Form der zureichenden Auseinandersetzung mit anderen Meinungen. Daraus entstanden Sozialismus und Sozialdemokratie. Welches aber ist ein zureichendes Maß der Verhandlung? Zunächst jenes, das Ruhe schafft. Darin allein kann die Lösung wieder nicht liegen. Sie muss, wie schon vermutet, in einem besser gestalteten Wechselzusammenhang der Interessen von Individuum und Gesellschaft zu finden sein.

Die vermutete Lösung ist uns in ihren Grundzügen durchaus bekannt. Schon der Sozialstaat entstand ja nicht erst (oder gar ausschließlich) als „Reparaturbetrieb" des Kapitalismus. Er geht zurück auf die seit jeher nachweisbare Vorstellung, die „Obrigkeit" habe sich um das leibliche wie seelische Heil ihrer „Untertanen" zu kümmern und zwar nicht nur, um sie ruhig zu stellen, sondern vor allem, weil die Sorge um „das Gute" und um ein ethisch wie materiell „gutes Leben" nun einmal Regentenpflicht sei. Es brauchten sich nur noch die Vorstellungen vom politisch Guten und von einem gelingenden „guten" Leben von den Erfahrungen einer jeden Kultur mit ihren – in bester Absicht eingerichteten – Regierungssystemen belehren zu lassen, um vor Augen zu haben, in welche Richtung sich eine abgeklärte politische Kultur angesichts unserer kreatürlichen Ausstattung entwickeln sollte.

Zunächst muss der Einzelne zum Angelpunkt des gesamten Systems gemacht werden: Es gibt das Individuum nicht des Staates willen, sondern den Staat des Einzelnen wegen. Folglich muss ein nachhaltig bestandskräftiges Gemeinwesen so aufgebaut werden, dass dem Einzelnen seine Rechte auf Leben, Freiheit und Streben nach persönlich definiertem Lebensglück gesichert werden können. Dieses wird sich sodann stark in den stammesgeschichtlich in uns allen tief verankerten Dimensionen von Sozialität, Territorialität und Possessivität entfalten. Der Staat muss selbstwählbare Sozialbeziehungen, nicht zu knappen Lebensraum und individuelles Eigentum

103

sichern, darüber hinaus dem Einzelnen Freiheit und ein Streben nach persönlich definiertem Lebensglück gewähren. Das heißt aber auch, ihn ganz persönliche Risiken auf sich nehmen lassen – für die nicht die Gemeinschaft, sondern er selbst haftet. Ein Leiden an der Last der Freiheit kann man nicht verhindern und oft nicht einmal lindern. Allenfalls kann die Gemeinschaft dafür Sorge tragen, dass nicht allzu viele von solcher Last erdrückt werden.

Zu dem Zweck muss für ein evolutionsstabiles Verhältnis zwischen den Schichten der Gesellschaft und der Staatlichkeit gesorgt werden. Diese Schichten – vom Einzelnen bis zur globalen Gesellschaft reichend – sind im Schichtenbau des Sozialen nicht minder verschieden als im Schichtenbau der Natur schlechthin. Subsidiarität scheint dafür das am besten bewährte Prinzip zu sein. Es besagt: Zuständigkeiten und Mittel sollen so weit „unten" wie möglich angesiedelt sein, nämlich zuallererst beim Einzelnen, dann bei seinem Familienverband, dann bei der örtlichen politischen Gemeinschaft und schließlich bei den Regierungen von Provinzen, Staaten und – derzeit im Entstehen – überstaatlichen Bünden. Von der jeweils nächsthöheren Schicht aber sollten nur jene Aufgaben übernommen werden, diese aber sehr wohl, die sich auf der niedrigeren Ebene aufgrund der Natur der Sache oder der Verfügbarkeit der Mittel schwerlich erledigen lassen. Das reicht vom Setzen rechtlicher Rahmenbestimmungen über die Festlegung der Standards für technische Schnittstellen bis hin zur Sicherung des Überlebens kleinerer Einheiten, etwa von Einzelnen im Sozialstaat oder von Staaten in einem kollektiven Sicherheitssystem. Schließlich müssen die einzelnen Systemschichten – vom Einzelnen bis zu den politischen Strukturen der globalen Gesellschaft – durch wechselseitige Loyalität zusammengehalten werden, die ihrerseits in Erfahrungen gemeinsamen Vorteils und geteilter Werte gründet.

Im Übrigen lehrt die geschichtliche Erfahrung, dass nicht alle Spiel- und Gestaltungsregeln menschlichen Zusammenlebens gleichermaßen taugen, um eine Gesellschaft in gutem Zustand und zusammenzuhalten. Am besten haben sich die um das Prinzip des Pluralismus gelagerten Regeln bewährt: Die Vielfalt gilt es zu schätzen und zu schützen; Konflikt zwischen konkurrierenden Interessen wird gesucht und gefördert, zugleich aber durch Verpflichtung auf gemeinsame Grundwerte und faire Spielregeln domestiziert; als

104

Regel der Streitbeilegung wird das Mehrheitsprinzip angewandt und zugleich um das Prinzip des Minderheitenschutzes ergänzt; und als Leitidee des pluralistischen, subsidiär verschachtelten Zusammenwirkens von Einzelnen und Gruppen, von Organisationen und Institutionen wird die Sicherung von Gemeinwohl festgelegt, letzteres verstanden als möglichst gute Realisierung von sozialer Gerechtigkeit und (sozial-)ökologischer Nachhaltigkeit.

So gut wir inzwischen wissen, dass weder der „rechte" noch der „linke" Weg, weder Kapitalismus noch Sozialismus, zum Ziel führt, eine unserer kreatürlichen Ausstattung angemessene Gesellschaft aufzubauen, so gut zu begründen ist die Vermutung, dass auf dem eben umrissenen Mittelweg sehr wohl weiterzukommen ist. Weiterkommen heißt dabei zweierlei: in immer mehr nach rechts oder links „verirrten" Gesellschaften einen solchen, viel besser gestalteten Wechselzusammenhang der Interessen von Individuum und Gesellschaft einzurichten und – als zentrale Aufgabe der nächsten Jahre – den Schichtenbau unserer politischen Systemen in dieser Weise über die Schicht der Nationalstaaten hinaus auf jene Ebene der globalen Wirtschaft und Gesellschaft aufzustocken, von wo aus uns derzeit die schwierigsten Herausforderungen bedrängen.

Freilich sind diese Überlegungen holzschnittartig verschärft, weil es darauf ankommt, den Zusammenhang zwischen Anlage und Milieu überschaubar zu machen. Heute entstehen konstruktive Leitprinzipien, die es ermöglichen, den Wechselzusammenhang der Interessen von Individuum und Gesellschaft auszugestalten. Sie gilt es zu fördern.

Noch einmal knapp zusammengefasst lassen sich die Leitprinzipien folgendermaßen umreißen:

- Das Individuum ist normativer Angelpunkt des Systems. Dieses basiert auf den Rechten auf Leben, Freiheit und Streben nach selbstdefiniertem Lebensglück, das die Befriedigung der sehr tief angelegten Wünsche nach Territorialität und Possessivität berücksichtigt.

- Subsidiarität ist der Leitgedanke, um die Schichten des Systems aufeinander zu beziehen. Alles soll so weit unten wie möglich geregelt werden: Individuum vor örtlicher Gemeinschaft, örtliche Gemeinschaft vor Provinz, diese vor dem Staat, der Staat vor der globalen Gemeinschaft. Auf der nächsthöheren Ebene sollen nur jene Angelegenheiten angesiedelt sein, die auf der unteren Ebene nicht erledigt werden können (wenn es etwa um die Setzung nötiger Rahmenbedingungen geht, z. B. Straßenverkehrsordnung oder Standards für die schon erwähnten Schnittstellen zwischen technischen Systemen); hinzu kommt die wechselseitige Loyalität der jeweils benachbarten Systemebenen.

• Pluralismus ist das Prinzip der Auseinandersetzung um das, was politisch getan werden soll: Legitimität der Vielfalt, faire Spielregeln im Streit, Streitentscheidung durch Mehrheitsbeschluss, vorläufige Akzeptanz dieses Streitergebnisses durch die Minderheit, gewährleisteter Minderheitenschutz durch das Gesamtsystem. Das Gemeinwohl ist als Leitidee des gesamten Streits zu verstehen, konkretisiert durch Versuch und Irrtum und belehrt aus Erfahrung, wobei Gemeinwohl aufgefasst wird als Paarung von „sozialer Gerechtigkeit" und „Nachhaltigkeit".

Davon mögen einige Gedanken „rechts von der Mitte" angesiedelt sein. Worauf es aber ankommt, ist, dass es ausschließlich um den Bürger gehen kann. Alle sich darüber türmenden Institutionen sind als selbstgemachte Dienstleistungsunternehmen aufzufassen – ob Industrie, Wirtschaft, Bank oder politische Fraktion.

Wir werden uns dieser Thematik noch sorglicher annehmen müssen. Vorerst war nur anzudeuten, was uns im Wechselspiel zwischen Anlage und Milieu, Individuum und Gesellschaft noch erwartet. Nun aber mündet unser Thema in das der Gerechtigkeit. Einführend sind wir Fragen der Gerechtigkeit schon begegnet. Sie stellen eben ein genuines Problem der Menschen dar und gehen aus der Wahrnehmung unserer faktischen Ungleichheit hervor.

Wenn man zurücksieht auf die Unterschiede der Individuen, dann sind es die enorme Verbreitung und die geringe Mobilität der Menschen, die zur Entstehung „morphologischer Rassen" geführt haben; ein Vorteil für die Arterhaltung, ein Nachteil für die Verständigung. Die „menschlichen Rassen" sind morphologisch offensichtlich, physisch nachweislich und psychisch fühlbar und erwartbar. Letzteres Charakteristikum ist aber aus methodischen und ethischen Gründen nicht erschlossen.

106

Die „menschlichen Rassen" führen zum typischen Problem der Gerechtigkeit. Welches Verhältnis besteht zwischen Anlage und Milieu? Steht dem in allem Bevorteilten ein höherer Anspruch zu, auch in wirtschaftlicher Hinsicht? Von wem können diese so genannten Gaben kommen? Trägt dagegen der Minderbegabte selbst Schuld an seinen Mängeln, oder beginnt seine Schuld erst mit seiner Faulheit und Indolenz? Wofür und für wen hat die Gesellschaft zu sorgen?

Die rechten und linken „Reichshälften" entwickelten widersprechende Ideologien, die beide dem Zusammenhang zwischen Gesellschaft und Individuum nicht gerecht werden.

Wir müssen erkennen, dass wir kaum vorbereitet sind, fremde Ethnien zu verstehen, und dennoch haben wir Unterschiede wahrzunehmen, zu achten und zu schützen. Das verlangt unser Menschsein und die Arterhaltung selbst. Wir können kaum unsere Anlagen verbessern, sehr wohl aber sind wir imstande, das aufgebaute Milieu zu verbessern und fernab von Ideologien den Wechselbezug zwischen Individuum und Gesellschaft verstehen zu lernen.

Zur Geistes- und Interessengeschichte von „rechts" und „links" siehe Vierhaus (1982) und Schieder (1984). Als Versuch eines Ausbruchs aus den Frontstellungen siehe Giddens (1999) und zur damit verbundenen Diskussion um den Zweck und die richtige Form eines Sozialstaats Goodin (1988) und Spicker (2000). Eine klassische, von der Idee der Freiheit geprägte Staatskonzeption findet sich in Hayek (1971). Die Verbindung von Sozialverpflichtung allen Eigentums mit liberalen Gesellschafts- und Wirtschaftsvorstellungen stellten die Theoretiker der „sozialen Marktwirtschaft" her; siehe im Einzelnen Eucken (1952), Röpke (1958), Müller-Armack (1974) oder auch Erhard (1972). Zum der katholischen Soziallehre entstammenden Prinzip der Subsidiarität siehe die Beiträge in Blickle (2002). Zu den Leitgedanken des Pluralismus siehe Fraenkel (1964).

2. Umgehen mit der Ungleichheit

Unsere Überlegungen betreffen nun eine Thematik, für die, das war leicht vorherzusehen, eine erstaunliche Ratlosigkeit kennzeichnend ist. Es ist berührend, in welcher Weise uns die Kulturgeschichte gleichermaßen unverwechselbar wie konform hat handeln lassen und in welchem Maße Inhumanität mit der eigenen Wehleidigkeit und den eigenen Ansprüchen in einen Zusammenhang getreten ist.

2.1. Über die Ungleichheit der Völker

Über die Ungleichheit der Völker, zunächst einmal der „morphologischen Rassen", machte man sich früh schon Gedanken. Bis ins 17 Jahrhundert rechnete man durchaus mit der Existenz von Zyklopen, einbeinigen Menschen und solchen mit den Augen auf der Brust. Gottes Menagerie war alles zuzutrauen.

Die dunkelhäutigen Menschen beispielsweise waren den Europäern noch in der Aufklärung ein Problem. Ich gebe hierfür zwei der bekanntesten Proben: Von Pierre Moreau de Maupertuis, einem französischen Philosophen, der nach Preußen flüchtete und unter Friedrich II. die Berliner Akademie gründete, besitzen wir aus dem Jahr 1745 eine Studie über „Die physikalische Venus", die zwei Dissertationen enthält, eine „Über den Ursprung der Menschen und der Tiere", die andere „Über den Ursprung der Schwarzen". Etwa zur selben Zeit wurde Soliman, ein Schwarzer, den Fürst Liechtenstein nach Wien gebracht hatte und der bei Kaiser Josef II. als Diener zu Ansehen und Würde gelangte, nach seinem Tod ausgestopft und wie ein livrierter Gorilla ehrenvoll ausgestellt. Das „Präparat" ging bei einem Brand verloren. Heute stopfen wir dunkelhäutige Menschen zwar nicht mehr aus, aber die einen betrachten sie doch noch als Absonderlichkeit, während die anderen es unschicklich finden, die Gipsnachbildung eines „nackten Wilden" ins Museum zu stellen.

Angesichts eines solchen Maßes an Ratlosigkeit ist es kein Wunder, dass Geschäftemacher auf die Idee kamen, farbige Afrikaner in Massen einzufangen und wie das Vieh – oder aus wirtschaftlichen Überlegungen sogar schlechter als jenes – in die entstehenden USA zu schaffen, um sie dort zu Marktpreisen zu verhökern.

Fast ein Jahrhundert später erst, Mitte des 19. Jahrhunderts, wird die Öffentlichkeit auf diese Gräuel christlich und staatlich legitimierten Menschenbesitzes aufmerksam, wie man sie aus Harriet Beecher-Stowes Schilderungen von „Onkel Toms Hütte" und aus den Bänden von Charles Dickens kennen sollte. Tatsächlich wurde die Emanzipation der vier Millionen Sklaven erst von Lincoln im Jahr 1853 durchgesetzt und 1865 in der Konföderation Gesetz. Aber auch die islamischen und chinesischen Kulturgeschichten zeugen schon früh von der Sklavengeschichte. Dort waren es, wie in der Frühgeschichte und in der Antike Europas, Kriegsgefangene, die als Sklaven gehalten wurden. Man möge sich aber ja nicht täuschen. In der alten Form ist Sklavenhaltung zwar abgeschafft, in verkappter Form jedoch schon wieder legitimiert und nach wie vor um und unter uns.

Aufschlussreich sind Mergenbergs „Puch der Natur" (1478), Schedels „Weltchronik" (1493) und Münsters „Kosmographie" (1495); siehe dazu eine schöne Übersicht von Mode (1973). Man erinnere sich des Weiteren an „Venus Physique" von Maupertuis (1745) sowie an Beecher-Stowe (1852). Von Charles Dickens, Begründer des Sozialromans, mag man sein frühes Werk „Oliver Twist" (1838) zur Orientierung herannehmen.

2.2. Arme und reiche Völker

Fragt man mit Blick auf die armen und reichen Völker nach der Gerechtigkeit, so stellt sich unser Thema anders dar. Es treten Relativismen auf, je nach eingenommener Perspektive.

Wenn wir Völker in isolierter Lage vergleichen, scheint die Frage nach der Gerechtigkeit der unterschiedlichen menschlichen Ausstattungen keinen Sinn zu haben. Ist es etwa gerecht, dass es vor kurzem noch Völker gab, die kein Metall verwendeten, die, wie wir uns liebenswürdig ausdrücken, „noch in der Steinzeit leben", während andere zur gleichen Zeit aus klimatisierten Häusern heraustreten, mit Scheckheften in Jets einsteigen und über diese Völker hinwegdonnern? Es ist unwahrscheinlich, dass solche Waldvölker in ihrer Isolation ihre Lage als ungerecht empfanden. Die Frage der Gerechtigkeit stellt sich auf einer anderen Ebene, denn sie konnte nur zwischen Gruppen und Individuen dieser Waldvölker aufkommen, wie wir es von Stammesfeden, Kleinkriegen und der Verfolgung einzelner Individuen wissen.

Von ihren ersten Begegnungen mit unserer Kultur ist bekannt, dass man unsere Repräsentanten als Wundertiere, als eine Art Götter wahrnahm. Ähnlich würden wir wohl gegenüber „grünen Männchen", die uns möglicherweise in ihren Zeitmaschinen herumschickten, unsere bescheidenere Lage auf der Erde nicht als ungerecht empfinden. Die eigene Kultur genügt.

Diejenigen aber, die in Jets über Urwälder fliegen und von solchen Naturvölkern schon etwas gehört haben, werden ihren eigenen Standard wahrscheinlich als gehoben und zu Recht erreicht empfinden. Nur wenige unter ihnen werden sich schon einmal einem Überlebenstraining gestellt haben, beispielsweise essbare Wurzeln ausgegraben und Wasser aus Baumhöhlen getunkt haben, und das als romantische Unterhaltung verstehen. Bei mangelnder Berührung gibt es keine Probleme. Gewiss sollte man den Zustand von Naturvölkern achten und schützen, gleichzeitig aber zur Kenntnis nehmen, dass sich deren Zustand nach der wechselseitigen Berührung ganz anders zeigt. Denn man kann Eingeborenen weder ihren Wunsch nach westlichen Gütern vorwerfen noch sie daran hindern, ihr angestammtes Territorium zu verlassen. Ein „Gehege" führte zu einem menschlichen Tiergarten. Uns bleibt nur ein Dilemma.

Gerechtigkeit bei fortgesetzter Berührung sieht dann schon anders aus. Begehren und Geringschätzung treffen aufeinander. Für den so genannten „Wilden" war eine gebrochene Axt, wie sie bei uns zum Kellerkram gehört, noch von höchstem Wert. Heute wünscht man sich von der Entwicklungshilfe nicht nur Saatgut, sondern auch den geeigneten Traktor.

Auf Seiten der Eingeborenen geht es um den Komfort der Nachbarn und um Bequemlichkeit, auf unserer Seite darum, das Gefälle der Ausstattung sofort und unbedenklich zu nützen. Westliche Forscher ließen sich und Karawanen von Lasten einschließlich eines Konzertflügels für eine handvoll wertloser Glasperlen wochenlang im Urwald herumschleppen. Was im Grunde wie die Maxime des Handels aussieht, die Gefälle zwischen Angebot und Nachfrage zu nützen, hat einzig die Kolonialmächte reich gemacht. Und sollte eine Moral dahinter gestanden haben, so war es die, eben jenen „Wilden" unseren Gott und Kultur näher zu bringen. Davon gibt die *missionary position*, die sich herumgesprochen hat, ein weiteres Zeugnis.

Bekanntlich hatte die Weltumsegelung der „Beagle", die durch den Passagier Charles Darwin berühmt wurde, auch die Aufgabe,

110

einige vor Jahren eingefangene Feuerländer, denen man in England die Segnungen Eatons, Kleidung und Tischkultur beigebracht hatte, mit Geschirr, Hut und Krawatte in ihrer ehemaligen Heimat wieder auszusetzen. Freilich wurde deren neuer Besitz bald zerschlagen, sie selbst wurden vertrieben, vielleicht getötet. Und sogar der liberale Darwin berichtete entsetzt von den Scheußlichkeiten der niederen Lebensart ihrer heimischen Gesellschaft. Gerechtigkeit steht nun ganz im Zwielicht. Es ist nicht belegbar, dass wir aus dem Ethos unserer Gesellschaft irgendwelche Rechte abzuleiten hätten. Weltkriege stehen gegen Stammesfeden. Selbst das Verhältnis von Angebot und Nachfrage geht bei steilem Gefälle in Plünderung über.

Im internationalen Zusammenhang wird dieses Gefälle heute besonders deutlich. Der Kolonialismus der „Schutzmächte" löste sich auf. Die Gewinner des zweiten Weltkriegs, die USA, propagierten auf der Basis eines Wirtschaftsliberalismus Freiheiten, und den kolonialisierten Völkern wurde gegeben, was manche eben „Freiheit" nennen. Der Kolonialismus aber setzte sich in wirtschaftlicher Weise fort; heute in einer Art Neokolonialismus.

Da sich das Gefälle zwischen den Armen und Reichen der Völker durchaus nicht ausglich, sondern vielfach noch erhöht wurde, begann man die Gründe der „Schicksale menschlicher Gesellschaften" zu rationalisieren.

In der Folge könnte man meinen, es wäre neben den Zufällen der Bodenerträge auch an der unterschiedlichen Pfiffigkeit der Völker gelegen, in einem Falle nichts, im anderen aufeinander folgend Landwirtschaft und Organisation, Technik, Armeen und Demokratie eingeführt zu haben. Man mag auch nicht vergessen, welche Anleitung aus der militanten Lehre Johan Calvins (1509-1564) namentlich im Kalvinismus Nordamerikas gezogen wurde: Man sei ein „Volk der Erwählten", und die Reichen erwerben ihren Reichtum durch Gottes Gnaden.

Freilich hielten solche Darstellungen zum Zweck der Selbstberuhigung nicht an. Heute kann man enthüllende Einsichten über das Verhältnis von „Wirtschaft und Gewalt" und über die Paradoxie einer „politischen Ökonomie der Menschenrechte" beispielsweise bei Noam Chomsky nachlesen.

Im Wesentlichen geht es aber um jene Niedertracht im Namen einer „politischen Korrektheit", die von einem noch passablen Neoliberalismus ausgehend, nachzulesen etwa bei Hayek, in den puren Kapitalismus einmündet, heute bekannt als sich selbst antreibender so genannter Turbokapitalismus, der gemäß dem Leitspruch agiert: „Wer die Macht hat, hat das Recht." Da bleibt uns erst recht dazu zu lernen.

Tatsächlich stehen hinter den Asymmetrien der Wirtschaftsbeziehungen in der Regel auch Asymmetrien der Machtverteilung. Freilich sind sie oft nicht (nur) von jener linearen Art unmittelbar wirkender Kausalität, die schon vom kreatürlichen Menschenverstand eingesehen wird. In viel tieferen und schwerer „korrigierbaren" Schichten wirken hier die folgenden Zusammenhänge: Wenig durchgreifende staatliche Strukturen in Ländern der „dritten Welt" eröffnen nicht nur der – für fremdstaatliches Profitstreben höchst nützlichen – Korruption freie Bahn, sondern sie ziehen wirtschaftlich gestützte Machtentfaltung nachgerade an, als notwendige Substitution der fehlenden oder unzureichenden staatlichen Autorität. Was auf den ersten Blick vor allem als Problem westlicher Wirtschaftsdominanz erscheint, entpuppt sich auf den zweiten Blick sehr stark (auch) als Problem des Fehlens leistungsfähiger Staatlichkeit in Entwicklungsländern.

Hinzu kommt, dass viele transnationale Unternehmen ohnehin mächtiger sind als der größte Teil der Staaten und ihrer Regierungen. Ein Sachverhalt, der wiederum nur mit den Mitteln der Politik korrigierbar ist: durch Errichtung supranationaler Regelungsstrukturen und „internationaler Regime", die eine Reihe von Staaten zu gemeinsamer Stärke führen.

Im Zusammenhang mit der „Herleitung des Rechts" sind wir dieser Einsicht schon begegnet. Wir befanden, dass der Machtgewinn, der von der Antike bis zum Kolonialismus auf Landraub beruhte, nun durch Kapitalraub ersetzt worden sei.

Aber auch das ist zu knapp formuliert. Der harte Kern des Arguments besagt, dass Macht heute weniger aus Landbesitz, sondern aus der Verfügungsgewalt über Kapital erwächst. Zudem kann Machtentfaltung durch Kapitalakkumulation offensichtlichen gänzlich ohne Raub funktionieren. Was es im Einzelnen an echtem Raub ge-

112

ben mag, fällt diesem Prozess gegenüber nicht allzu sehr ins Gewicht, so empörend jeder Einzelfall auch sein mag. Mann kann auch sagen: Nicht der Kapitalraub substituiert den früheren Landraub, sondern die Fähigkeit, jene Kapitalillusion aufrechtzuerhalten und mit ihr Machtspiele zu treiben.

Wir haben hier ein überaus wichtiges und komplexes Feld betreten und bemühen uns um ein Sichtbarwerden der von Spezialisten gut bearbeiteten Oberfläche von Phänomenen, für deren Tiefenverständnis man andere Kompetenzen als solche in politischer Ökonomie und Politikwissenschaft braucht. Gefragt sind jene Kompetenzen, die wir aus dem evolutionären Ansatz kennen. Es fehlt uns einfach die kreatürliche Ausstattung für den Umgang mit großen Zahlen, für exponentielle Entwicklungen und überhaupt für das Umgehen mit jenen virtuellen (Kapital-)Wirklichkeiten, die unsere Realwelt mitbestimmen.

Das bedeutet, dass sich die Mächtigen nicht mehr geschlossene Ländereien einverleiben, sondern nunmehr global und – auf eine nicht gleich durchschaubare Weise – in jenen wirtschaftlichen und militärischen Niederungen ihre Macht ausweiten, aus denen mit Pression wirtschaftlicher und strategischer Vorteil gezogen werden kann.

In der Wirtschaftswelt, so wird von meinem Freund Manfred Sliwka geraten, kann man fünf Ebenen der Moral unterscheiden:

Auf der ersten Ebene befindet sich die reine Markwirtschaft, im Idealfall verstanden von Adam Smith, gegen sie ist nichts einzuwenden; sie lässt alle mitwirken und mitdenken.

Auf der zweiten Ebene wird schon versucht, Spielregeln punktuell außer Kraft zu setzen. Das ist eine Ebene, auf der Konzerne und Großunternehmen anfällig werden. Hier versucht man, sich über politischen Lobbyismus Subventionen und Sonderrechte zu verschaffen.

Es folgen auf der dritten Ebene zwei Phänomene, die der Markt nicht lösen kann: das soziale und das ökologische Problem. Beide bieten sich für gnadenlose Ausnützung an. Hier kommt es darauf an, dass die Politik stark genug ist, um über Maßnahmen, die unbedingt notwenig sind, nicht zu verhandeln.

Auf der vierten Ebene werden die internationalen Spielregeln schon komplizierter, weil nicht bestimmt ist, wie viel Freihandel und wie viel Schutz gegeben sein soll und welchem Maß an übernationaler Pression nachgegeben werden kann. Auf dieser Ebene kann es schon zu Plünderungen kommen; noch nicht zu Wirtschaftsterrorismus, aber doch zu wirtschaftlicher Schädigung und Plünderung aufgrund von politischer Macht. Es fehlen noch akzeptierte und durchgesetzte internationale Regeln.

Auf der fünften Ebene braucht man sich an keine Regeln mehr zu halten. Es genügt der Einsatz militärischer Macht. „Der Krieg ist die Fortsetzung der Politik mit anderen Mitteln", sagte Clausewitz. Allein Handelsembargos, der Einsatz paramilitärischer Gruppen und die Ausstattung mit Waffen haben noch immer wirtschaftlichen Interessen gedient.

Zweifellos verdient dieser Zusammenhang noch gediegener Studien, weil der Verdacht besteht, dass Wirtschaftsterrorismus die Ursache des Bombenterrorismus sein kann, der uns heute sehr beschäftigt.

Wo also befinden wir uns? Es ist zu erkennen, dass es um ein neues Wirtschaftsethos geht, eigentlich um die Renaissance eines Handelsethos, das schon an der Wiege unserer Kultur stand, und das sich in Europa Jahrhunderte, außerhalb Europas zum Teil zwei Jahrtausende erhalten hat. An der Zivilisationsgeschichte von Geld und Kapital und vor allem den Formen des Zinses anschaulich gemacht, wird darauf noch zurück zu kommen sein.

Darwins Bericht von der Reise auf der „Beagle" wurde 1850 veröffentlicht; die verwendete deutsche Ausgabe stammt von 1962. Von Hayeks Büchern siehe insbesondere „Die Verfassung der Freiheit" (1991), von Diamond „Arm und reich" (2000). Besonders beachte man Chomsky (2000 und 2001) sowie jüngst Hingst (2003). Kritik an der Entwicklungshilfe übt Erler (1985). Zu den Folgen des Kapitalismus konsultiere man ebenfalls Chomsky (2001) sowie Kurz (1999) und Barber (2001).

Die klassische Imperialismustheorie (Hobson 1968, Lenin 1921) hob ab auf die Kapitalverwertungsinteressen der kapitalistischen Staaten. In den strukturalistischen Imperialismustheorien (Senghaas 1972, Galtung 1978) sind dauerhafte Abhängigkeitsverhältnisse zwischen den „Metropolen" und den „Peripherien" der Welt erörtert. Demgegenüber machen die peripherieorientierten Imperialismustheorien seit jeher auf die Sogwirkung schwacher Staaten aufmerksam, wobei der dominanzdemonstrierenden Flagge alsbald der dominanzsichernde Handel folgt (siehe etwa Amin 1975). Die große Machtstellung transnational agierender Unternehmen wird von Monbiot (2003) behandelt. Zum so unübersehbaren Schichtungscharakter des

114

internationalen Systems siehe Mander/Klein (2002) beziehungsweise Elsenhans/ Schubert (1999) und zum Versuch, hier stabilisierend und ausgleichend durch „internationale Regime" einzugreifen, Zürn (1998).

2.3. Die ungleiche Behandlung der Individuen in Europa

Die ungleiche Behandlung der Individuen in Europa hat sich generell schon an der „Zweiteilung unserer Gesellschaft" gezeigt.

Das Treiben, das wir von der Schimpansenhorde kennen, wird sich bei den Frühmenschen als eine Art Faustrecht, das sie von ihren äffischen Vorfahren übernommen haben, fortgesetzt haben. Es handelte sich dabei nicht nur um den Genuss von Körperkraft, sondern auch um Ordnung und Schutz der Gruppe. So sind selbst in unserer Gesellschaft die Rabauken eher von kräftiger Statur. Und als ein Relikt haben in aller Welt die Gardesoldaten und unter den Berufsgruppen die Diplomaten durchschnittlich die größte Körperlänge.

Sobald organisierte Kräfte auftraten, hatten wir es, wie erinnerlich, mit Sklavenhaltung zu tun. Es folgte das System der Lehnsherren und Leibeigenen, das gegen das 18. Jahrhundert hin in den Feudalstaaten mit ganzen Hierarchien von Ungleichheiten und Unfreiheiten einer neuen Geistigkeit unerträglich wurde.

„Freiheit, Gleichheit und Brüderlichkeit" proklamierte die Französische Revolution. Durchgesetzt wurde das Prinzip allerdings gegenüber dem randalierenden Mob. Die Folge waren Massen absurder Exekutionen und Königsmord.

Vorbereitet worden war die Französische Revolution durch Anmaßungen und Übergriffe der Aristokratie und des hohen Klerus und im Gegenzug durch Intellektuelle, darunter waren wieder Aristokraten; zunächst Montaigne mit seiner freien Denkungsart, die Philosophie der Aufklärung, französische und englische Empiristen sowie Montesquieu mit seinem Vorschlag der Gewaltenteilung. Es ist aufschlussreich, dass man Montesquieu nicht wegen dieses Vorschlags, sondern wegen seiner liberalen Betrachtung der Religion verfolgte. Und Condorcet, den ich auch schon erwähnte, der entscheidend an der neuen Verfassung mitwirkte, wurde am Ende dieser Turbulenzen, weil er sich gegen den Königsmord gestellt hatte, verfemt. Er musste flüchten, verkroch sich nächtelang in einem

Steinbruch, wurde aufgegriffen und starb unerkannt in der Zelle eines Gemeindekotters. Dennoch entstanden Republiken.

Was hier nachdenklich stimmt, ist der Vorgang selbst, der zu mehr Humanität führen sollte, ausgedrückt durch das Verhältnis von intellektueller Einsicht und rabiater Exekution. Auch die zeitgleich erreichte Abspaltung der amerikanischen Kolonien von England, der Sezessionskrieg, war von zahllosen Toten begleitet. Nicht minder wurde die Lösung der marxistischen Volksbefreiung nur dadurch erreicht, dass die Bolschewiki die Menschewiki reihenweise niederschossen. Man möchte sich wünschen, dass wir mit einer neuen Wandlung der Geschichte daraus lernen können. Solches Lernen verlangt aber einen kritischeren Geschichtsunterricht.

Die Freiheit zur Ungleichheit ist in jener französischen Verfassung nicht niedergeschrieben worden. Unter Gleichheit war natürlich nur jene der Geburt, vor Gott und vor dem Richter gemeint. Aber was für eine Freiheit wäre das, die verlangte, dass man sich individuell nicht unterscheide? Dekretierter Konformismus wird bald unerträglich.

Als der so genannte Sozialgradient zu betrachten war, der ein Maß für das Verhältnis zwischen Unverwechselbarkeit und Zugehörigkeit, Freiheit und Schutzsuche darstellt, sind wir dem Thema schon begegnet. Das Mindeste, das wir Menschen erwarten, ist, einen Namen zu haben. Selbst als Toter wünscht man, identifizierbar zu sein. Soldaten, die damit rechnen müssen, dass sie in Stücke gerissen werden, tragen ihre metallenen Marken um Hals oder Handgelenk.

Demgegenüber ist unser Bedürfnis, einer Gruppe, einem Volk, ja, zumindest einem Ethnos und einer Kultur anzugehören, ebenso unverkennbar. Und das will auch ausgedrückt sein. Dieses Bedürfnis beginnt mit der demonstrativen Zurschaustellung von Haarschnitten und Kleidung unterschiedlicher Jugendgruppen und Gangs und wird auf der Ebene der Kulturen zum ernsten Anliegen. Indische Zeitungsverkäufer tragen, wie wir schon wahrgenommen haben, in europäischen Städten ihre Turbane, algerische Mädchen setzen ihre Kopftücher durch, wiewohl sie sich damit in französischen Schulen Schwierigkeiten einhandeln.

Damit verbunden sind Ausgliederungen. Man kann sich fragen, was gegen die Kopftücher algerischer Schulmädchen spricht. Offen-

116

bar will eine französische Kultur ihren geschlossenen Stil beibehalten. Wir sind angesichts solcher Auffassungen beim Problem der Minderheiten gelandet, das nur mit Toleranz zu lösen ist. Und eine Kultur hat Mühe, mit Toleranz umzugehen. Klassisch ist das Beispiel des Ethnos der Juden. Man hat die Juden seit ihrem unfreiwilligen Auszug aus Ägypten überall in Europa und über Jahrhunderte hinweg verfolgt, isoliert oder vertrieben. Dies mündete mit dem Rassenwahn der Nazis und in deren Massaker. Was unserer Kultur abgeht, ist die Einsicht, dass Diversität, nämlich sowohl der Ethnien als auch der Individuen, wahrgenommen, geachtet und geschützt werden muss.

Ein Verstecken in der Gleichheit ist jedoch die nahe liegende Konsequenz. Man hat darauf gedrängt, anzuerkennen, dass die genetischen Unterschiede innerhalb eines Ethnos größer sind als zwischen denselben und dass es in diesem Sinne gar keine „Rassen" der Menschen gibt. Diese Auffassung dient der Beruhigung der Lage oder zum Gewinn ethisch-zeitgemäßen Kleingelds. Mit Blick auf unser geringes Wissen über die Erblichkeit von Charaktereigenschaften und die schon besprochene methodische und ethische Belastung solcher Untersuchungen, ist das anzuerkennen. Die Behauptung, es gebe keine „morphologischen Rassen", ist jedoch, wie ich bereits ausführte, falsch.

Vom Nutzen der Diversität der Rassen im Organismenreich war schon die Rede. Mit der Reinzüchtung von Nutzpflanzen zur Gewinnmaximierung ist sogar deren lebenserhaltende Funktion deutlich geworden. Entwicklungshelfer verstanden, dass die Andenbevölkerung hungert, weil deren Kartoffelrassen oft nur kirschgroß sind, also hieß es: austauschen mit der großen amerikanischen Saatkartoffel. Bis man bemerkte, dass damit das genetische Reservoir eines Grundnahrungsmittels der Menschheit gefährdet wird. Ein einziger Virus genügte, um die verbliebene Rasse zu vernichten.

Ich bin aufgrund dieser Erfahrung der Meinung, dass analog dazu eine ethnisch uniforme Menschheit durch einen einzigen kulturellen Virus zugrunde gerichtet werden kann. Pogrome in unserer Geschichte haben das gelehrt. Erst Diversität, die Verschiedenheit der Ethnien und stete Verhandlungen zwischen diesen stellen eine Chance dar, die Probleme unserer Gesellschaft lösen zu lernen.

Diese aus Einsichten in die Evolution all unserer natürlichen und sozialen Strukturen ableitbare Forderung wird innerstaatlich gut eingelöst in den Spielregeln und Institutionen des gesellschaftlichen und politischen Pluralismus, wie sie bereits umrissen wurden. An interner Diversität leiden jedenfalls jene Länder keinen Mangel, die Pluralismus praktizieren.

Auf der Ebene der globalen Gesellschaft indessen fehlt es noch allzu sehr an jenem Minimalkonsens über gemeinsame Werte, Verfahren und Institutionen. Ein solcher Minimalkonsens könnte allerdings – so, wie das innerstaatlich oft schon gelang – jene Risiken eindämmen, die aus der Verschiedenheit, aus dem Zusammenprall und aus der (nach dem Ende der westlichen Dominanz wieder erwachenden) Konkurrenz der Kulturen offenkundig erwachsen. Die Herausforderungen in dieser Lage sind klar: Es gilt zu verhindern, dass ein einziger Zivilisationstyp die kulturelle Diversität der Menschheit einebnet; man muss dem wehren, dass koexistierende Kulturen einander ausschließlich als Konkurrenten, gar als Feinde behandeln; und es ist dringend an jenen, eines Tages gemeinsamen Werten und Institutionen zu arbeiten, die als Minimalkonsens eine auf Dauer pluralistische Weltgesellschaft friedlich zusammenhalten können.

Im Rückblick möge uns noch die Ratlosigkeit in Bezug auf den Umgang mit anderen Ethnien deutlich sein sowie die Tatsache, dass fast bis in die Gegenwart herein die Formen der Sklaverei legitimiert wurden.

Man erinnere sich, dass bei isolierten, doch unterschiedlichen Ethnien kein Problem der Gerechtigkeit auftritt, vielmehr erst bei Berührung und noch mehr im internationalen Zusammenhang, und dass das Problem der Ungleichheit in Europa zwar Gleichheit, Freiheit und Brüderlichkeit durchzusetzen lehrte, dieses Ethos Freiheit auf Ungleichheit aber nicht miteinschloss. Freiheit auf Ungleichheit ist jedoch ein lebendiges Bedürfnis des Menschen. Rassenverfolgung führte zu einem Verstecken der Diversität in der Gleichheit. Dieses Verhalten ist zwar verständlich, entspricht aber nicht uns Menschen und kann daher nicht die Lösung sein.

Wir müssen lernen, jenseits der extremen Eindrücke von Absonderlichkeit und Schicklichkeit die Unterschiede der Menschen anzuerkennen. Es gilt wahrzunehmen, dass sich die Sklaverei neue Formen ge-

118

schaffen hat; dass legitimer Handel in Plünderung ausarten kann und daher ein neues Wirtschaftsethos erforderlich ist; dass wir Schutzansprüche haben in Bezug auf ein für jeden Menschen genuines Bedürfnis nach ethnischer und individueller Unverwechselbarkeit; und dass eine kritischere Geschichtsschreibung notwendig ist, die uns intellektuelle Lösungen von den gewalttätigen Durchsetzungen unterscheiden lehrt.

3. Wir und unsere Institutionen

Zunächst erschien es richtig, unser Umgehen mit den Ungleichheiten im Allgemeinen zu betrachten. Wir mussten aber zur Gliederung unserer Gesellschaft weitere Systeme schaffen, die neue Ungleichheit produzieren: die Institutionen.

Für den Umgang mit Institutionen bringen wir aus unserer Sozialisierung in der Kleingruppe wenig mit. Es ist in unserer Massenzivilisation wohl noch der Wunsch nach Einnischung und nach Rängen vorhanden, der sich am Aufbau von Hierarchien zeigt. Der Sozialgradient zeigt an, in welchem Maß wir uns zwischen Freiheitsgefühl und Sicherheitsbedürfnis situationsgemäß einpendeln. Und schließlich gibt es so etwas wie ein Kulturbedürfnis. Im Ganzen haben sich die Institutionen aber nach Eigengesetzen über uns hinweg selbständig gemacht, sie sind kulturtragend geworden und bedürfen dort, wo sie mit Gängelung und Bevormundung, selbst mit Repression zu tun haben, unserer Aufsicht.

Mit dem Wachsen der Staaten nach Zahl und Größe hat ein Doppelspiel von Gleichmacherei und Differenzierung begonnen. Die Vielfalt der Mundarten wurde unter eine einheitliche Grammatik geordnet, die Medien begannen Einheitsmeinungen zu produzieren, Schuluniformen wurden ausgedacht und die Trachtenvielfalt geriet unter den Druck der Einheitskleidung. Es bedarf des Bewusstseins, der Achtung und der energischen Bewahrung langer Tradition, wenn noch jedes Städtchen wenigstens seine eigene Trachtenkapelle erhalten will.

Andererseits ist die Differenzierung der Organisationen und Institutionen enorm ins Kraut geschossen. Glaubensbekenntnisse, Industrien, Banken, Versicherungen, Parlamentsfraktionen, in Österreich von den so genannten Clubs unterstützt, Polizeiämter, Schultypen, Spitäler, Asyle sowie Kaufhaus-, Transport- und Nahrungsketten haben die Zivilisationen überzogen. In ihren hierarchischen Strukturen verläuft sich die Ameisenwelt von uns Menschen in Schachtelsystemen von Rängen und Würden, die aber nicht unsere Individualität und Weltsicht differenzieren. Wir bleiben austauschbar, trotz der Behandlung, der wir in so ungleicher Weise ausgesetzt werden.

3.1. Individuum oder Institution

Individuum und Institution stellen ein oppositionelles Verhältnis dar, dem nicht zu entkommen ist. Wir waren nicht imstande, unabhängig von den politischen Strukturen Massenzivilisationen anders zu ordnen. Die Ausbrecher aus dieser gesellschaftlichen Klammer, Aussteiger, Wandersänger, Einsiedler, sind rar und stets in Gefahr, von den etablierten Institutionen wieder eingefangen zu werden.

Die sozialwissenschaftliche Institutionenlehre sieht das freilich anders. Und es ist zuzugeben, dass noch keine Massengesellschaft ohne Institutionen ausgekommen ist, vielmehr erst mit Hilfe von Institutionen hat entstehen können. Kritik an ihnen löst die Erfahrung aus, dass wir auf sie nicht vorbereitet sind. Man möchte sich einen paradiesischen Zustand vorstellen, sollte es einen solchen geben, ohne Institutionen. Allein die sich türmenden institutionellen Hierarchien sind dem Naiven zuwider. Auch diesen ist nicht auszukommen. Psychologen weisen nach, dass wir Menschen nur mit einer überschaubaren Anzahl von Menschen zu verkehren wünschen; dies zieht allein in der Masse schon eine hierarchische Struktur nach sich.

In solchem Zusammenhang ist die Frage aufgetaucht, ob nicht wenigstens die Hierarchien in so genannten egalitären Gesellschaften einen flacheren Bau haben müssten als in den kapitalistischen. Davon war schon die Rede. Das Ergebnis ist, wie man sich erinnert, aufschlussreich: Nicht das politische System bestimmt den Grad der Steilheit der hierarchischen Pyramide einer Institution, ihr Alter bestimmt die sie. Wir scheinen diesem Entwicklungsgesetz nicht auszukommen.

120

Was aber zu bedenken bleibt, ist der Umstand, dass alle Institutionen unter dem Druck der Belastung unverlässlich sind und sich gegen unsere Interessen wenden werden. Die Institutionen bedürfen also nicht nur einer Aufsicht von innen, vielmehr auch einer von außen.

Man sollte fragen: Falls es das Gute gibt, wo wäre es zu finden? Im Individuum oder in der Institution? Hat es überhaupt Sinn, so zu fragen? Jegliche Institution ist letztlich von Menschen gemacht, und sollten Institutionen das Gute enthalten, dann müsste es aus dem Guten jener Menschen stammen, die sie gemacht haben. Oder aber waren wir Menschen nicht gut genug, und es bedurfte der Institutionen, um uns zu bessern? Die „Besserungsanstalten" haben daher ihrer Namen.

Hier führt der Weg zunächst weiter in den Bereich der „totalen Institutionen", die den ganzen Menschen umfassen und prägen wollen, vom Kloster bis hin zum Zuchthaus. Der Endpunkt dieses Gradienten ist mit den Institutionen einer totalitären Diktatur erreicht. Diese sollen den Menschen gegen ihr Widerstreben ein neues und, wie behauptet würde, den Menschen wie die Gesellschaft verbesserndes Wertesystem aufzwingen.

Da es nun einmal ohne Institutionen nicht geht, wenden wir uns ihrem Nutzen zu. Eine fruchtbare Denkfigur stammt von Arnold Gehlen: Institutionen wirken für den Menschen „daseinsentlastend". Und zwar deshalb, weil jedem Einzelnen die Lenkung von Zivilisationen längst über den Kopf gewachsen ist. Institutionen sind sozusagen die Verlängerung der kreatürlichen Adaptationsleistung im sozialorganisatorischen Bereich, weswegen es auch sinnvoll ist, die Evolution von Gesellschaftsstrukturen inklusive der Institutionen entsprechend der Analyse der natürlichen Evolution zu betreiben.

Institutionen sollten sich alle am Ziel einer besseren, humaneren Welt orientieren. Die Mutterliebe, von der schon die Rede war, scheint mir hierfür die verlässlichste Anlage. Sollte die Mutter-Kind-Beziehung bereits die erste und einfachste Institution von uns Menschen sein, dann könnte man dort Maß nehmen.

Die Gefahr der Institutionen besteht darin, dass deren Machtentwicklung und Machtentfaltung Eigengesetze mit sich bringen, die

121

weit von jenen Intentionen einer besseren Welt abheben können und nichts mehr mit dem Individuum und der gesuchten Humanität zu tun haben, sondern vielmehr auf Selbsterhaltung drängen. Die folgende Geschichte soll das Problem exemplarisch vorführen: Was Institutionen geschieht, die in Not sind, schildert am Überzeugendsten die Geschichte vom Großinquisitor. Sie stammt aus Dostojevskis Werk „Brüder Karamasov". Das Szenario: andalusische Stadt, Mittelalter, Abend der Hexenverbrennungen, Gedränge, Gestank und Geschrei. In der Menge tritt ein Mann in Sandalen auf, ein Seil um die Mitte seines Kapuzenmantels gebunden. Er legt bresthaften Kindern seine Hände auf und wird zu weiterer Wohltaten in die Kathedrale gedrängt. Oben, in der Empore, befindet sich der Großinquisitor. Er fragt, was da unten los sei. „Ein Unruhestifter", wird gemeldet. Also lautet der Befehl „einsperren". Nachts, als der Großinquisitor begreift, wen er da einsperren hat lassen, geht er in die Zelle.

Was sich wie ein Gespräch der beiden Menschen liest, ist ein Monolog, denn Jesus antwortet nur mit Lächeln, Zuwenden und Neigen des Kopfes. Der Großinquisitor sagt zu seinem Gegenüber: „Was fällt dir denn ein! – da noch einmal herunter zu kommen! – Hast du denn nicht gesehen, was du uns für ein scheußliches Amt überlassen hast! – Hast du nicht noch den Gestank von verbranntem Fleisch in der Nase, das Geschrei von den Scheiterhaufen im Ohr – und da kommst du nochmals herunter und legst Hände bresthaften Kinder auf?"

Keine Frage, dass Jesus neben einer großartigen Idee auch ein Amt hinderlassen hat, für das viele zu leiden hatten, das Paulus und Petrus und viele andere zu Märtyrern machte. Es entfaltete sich zu einer Organisation prunkender bis korrupter Macht, die nun selber ihre Märtyrer schuf, angeführt von der Mission, allen das Heil zu verkünden.

Dass die Institutionen der politischen Fraktionen in gleichem Maße heere, humanitäre Missionen tragen, sei nicht behauptet. Sicher ist aber, dass sie, ursprünglich zum Schutz der Menschen gedacht, in Bedrängnis geraten und dann Menschen sogar niederschießen lassen. Wie humanitär die Institutionen der Banken und Versicherungen auch gedacht sein mögen mit der Aufgabe, unseren

122

kleinen Besitz zu sichern. Einmal in Bedrängnis geraten, werden sie alle nicht zögen, uns zu täuschen und zu plündern, weil sie ansonsten unsere kleinen Vermögen nicht mehr sichern könnten. Es sind die internen Absprachen und vermeintlichen Ansprüche, und es ist die Summe der Macht. All das verlangt unsere Aufsicht.

Aber wessen Aufsicht wird benötigt? Sicher ist, dass Institutionen am Horizont unserer in der Kleingruppe entwickelten Sicht verschwinden. Sollte man annehmen, dass sich Institutionen im Mehrheitsbesitz der Bürger besser verhielten? Hätte die Mehrheit der kleinen Geistlichen in einer demokratisch gedachten Kirche die Inquisition verhindert? Oder die Mehrheit der Bürger? Ihre Verleumdungen haben, wie man von Emmanuel Le Roy LaDuries Aufarbeitung der mittelalterlichen Prozessakten weiß, im Gegenteil auf so genannte Hexen aufmerksam gemacht, um deren Besitz einzuheimsen. Würde sich ein „abgeklärter Bürger" heute besser verhalten? Können unsere Soziologen eine Lösung anbieten?

Ich will weiter unten einen Vorschlag unterbreiten, der die Form der „direkten Demokratie" favorisiert.

Institutionen können Staaten erpressen, wenn sie über genügend Macht verfügen. Dass die Kirche zur Zeit ihrer großen Machentfaltung Kaiser und Könige dirigierte, ist bekannt; dass sie, bei solcher Verklammerung zweier mächtiger Institutionen, wenn die Machtverhältnisse einmal umkippten, bis in ihren Kernbereich hinein von Kaisern und Königen dirigiert wurde, wird schon weniger gewusst. Doch weil das nun einmal ein ganz zentraler Zug des Zusammenwirkens von Institutionen ist, gibt es Gleiches auch in unserer säkularen Welt allenthalben. Wenn ein Konzern einem zureichenden Prozentsatz der Bürger ein Einkommen sichert, kann er es darauf anlegen und wird doch nicht zugrunde gehen. Der Staat wird sich hüten, ihm zu schaden. Das gilt im Falle der „Multis", der multinationalen Konzerne, sogar auf globaler Ebene.

So muss es kommen, dass uns Bürgern zwar die Wahl zwischen verschiedenen politischen Fraktionen bleibt, unsere Staatenlenker aber von Großkonzernen, Öl- und Stahlmultis, Großbanken und Kapitalflüssen gelenkt werden. Es kann vorkommen, dass auch große Staaten und deren Regierungen von der Liquidität und sogar von der Erhaltung der Großunternehmen abhängen. Staat und

123

Wirtschaft setzen für einander nun einmal die Rahmenbedingungen wechselseitiger Existenz und Wirksamkeit.

Allerdings spielt sich das Wirtschaftsleben auf einer tieferen und fundamentaleren Schicht der gesellschaftlichen Wirklichkeit ab, als auf jener, auf welcher der Staat und sein Institutionengefüge agieren. Marx brachte das einst auf das Begriffspaar von der sozioökonomischen „Basis", auf der sich der politisch-institutionelle „Überbau" erhebt. Es ist also keine der Globalisierung anzulastende Neuheit, dass der politische Überbau (und sei es auch ein auf demokratische Wahlen zurückgehender) versucht, der gesellschaftlichen Entwicklung der Produktionskräfte und Produktionsverhältnisse Ketten anzulegen, und andererseits selbst wie eine Fessel wirkt, die von der Dynamik sozioökonomischer Entwicklungen gesprengt wird.

Die Wirkungen der tieferen Schicht des Wirtschaftslebens reichen bis hin zu den oberen Schichten der Politik. Und wie alle Dynamiken tieferer Wirklichkeitsschichten können sie von den oberen Schichten allenfalls überlagert oder gefesselt, keineswegs aber wirkungslos gemacht werden. Die Empörung darüber, dass Politiker das Wirken der tieferen Wirtschaftsschicht ignorieren, ist darum genau so sinnvoll wie die Klage darüber, dass die meisten Menschen in ihrem Leben irgendwann unter Bandscheibenbeschwerden leiden werden: Die Rückensaite (*Chorda dorsalis*) eines Wasserbewohners – von dem unsere Spezies stammt – wurde nun einmal nicht für ein sitzendes Schreibtischleben gemacht.

Es greift wohl zu kurz, sich wirtschaftlich sinnvolle, doch bei Hintanstellung wirtschaftlicher Vernunft völlig unnötige politische Maßnahmen einfach als „Erpressung der Staaten durch die Wirtschaft" vorzustellen. Viel eher geht es um Ausübung der Selektions- und Prägekraft von Umwelten auf die sich in ihr entwickelnden Systeme. Und das heißt im Grunde nur: Wer die (wirtschaftliche) Realität verdrängt, der wird bald selbst von der Realität verdrängt werden.

Natürlich wirkt jedes System auch auf die Umwelt, in die es eingebettet ist. Für politische Systeme ist das sogar die ihnen übertragene Aufgabe. Das „Realitätsprinzip" zu vertreten heißt also in der Politik gerade nicht, den Dingen ihren Lauf zu lassen. Es meint vielmehr, in der – bestmöglich verstandenen – wirklichen, „da draußen" bestehenden Realität die Dinge wirksam mitzugestalten. Es geht also

124

auch bei der „Erpressung der Politik durch die Wirtschaft" nur um die – für die Evolution typische – Aufgabe einer Generierung von (politischen) Ordnungsstrukturen. Gemeint sind Ordnungsstrukturen einer Wirtschaftswelt, die Veränderungen in der Umwelt nicht nur erzeugt, sondern diesen auch gerecht werden muss. Im Zuge dessen wird, wie in allen Evolutionsprozessen, nicht jede einmal entfaltete politische Steuerungsstruktur mit einem neuen Entwicklungszustand der Produktivkräfte kompatibel sein. Die Hoffnung, eine wirkungsvolle politische Steuerungsstruktur durch Versuch und Irrtum ausfindig zu machen, muss man aber dennoch nicht fallen lassen. In der Regel tut man besser daran, bewährte Ordnungsstrukturen zu diesem Zweck weiterzuentwickeln, als blindlings – gleich welche – Regeln zu setzen.

Dennoch bleibt das Zufall-Irrtum-Spiel zu relativieren. Irrtümer produzieren Unheil, das in der Natur mit dem Tod einer Mutante zu Buche steht, bei der Gesellschafts-Mutante aber geht es um Unheil und um den Tod sehr vieler Menschen. Es ist auch so, dass eine zufällige Änderung an meinem Fahrrad andere Folgen haben muss als an meinem Computer. Die vorgegebene Ordnung schränkt die Möglichkeiten des Zufalls ein. Es ist darum auch die jeweilige Kultur, die dieses Spiel dirigiert. Aber zurück zum Thema.

Verständliche Empörung gibt es, wenn gar nicht glaubhaft gemacht werden kann, dass sich irgendjemand wirklich bemühe, jene notwendigen politischen Ordnungsstrukturen zu schaffen, die der globalisierten Wirtschaft angemessen wären. Umso empörender sind tatsächliche Versäumnisse als überhaupt erst solche globalen politischen Strukturen einen Ordnungsrahmen abgeben werden, der die Kraft der entfesselten Wirtschaft ins Räderwerk eines auf soziale Gerechtigkeit und ökologische Nachhaltigkeit ausgerichteten Staates lenkt.

Das Fehlen eines solchen Ordnungsrahmens, das Fehlen von ernsthaften Bemühungen um seine Schaffung sowie der Zorn über solche Versäumnisse sind der Hintergrund jener Krawalle, die in aller Welt die Globalisierungstreffen der Wirtschaftsminister begleiten. Sie zeigen, wie intensiv der Widerstand gegen ein Laufenlassen der Dinge ist. Doch tragfähige institutionelle Lösungen werden auch von den Globalisierungsgegnern noch nicht angeboten. Vielleicht macht Empörung allein ja auch blind – blind etwa dafür, dass man mit den bewährten Binnenstrukturen von Verfassungsstaaten mit repräsentativer Demokratie durchaus auch oberhalb der nationalstaatlichen Ebene politische Ordnungsstrukturen aufbauen kann, die der Macht der Wirtschaft Schranken setzen, ohne zu Fesseln der Produktivkräfte zu werden. Eine Utopie? Das muss nicht sein!

Zu den Hexenprozessen siehe LaDurie (1982). Zur neueren politikwissenschaftlichen Institutionenlehre siehe Göhler (1994), Scharpf (2000) und DiMaggio/Powell (1991). Als Einführung in die politische Ökonomie zumal der internationalen Politik siehe Frieden/Lake (2000) und Gilpin (1987). Über die politischen Mitspracheforderungen der bereits entstandenen transnationalen Gesellschaft bei der Ausgestaltung internationaler Verträge und Regime informieren Higgott (2000) und Brunnengräber (2001); über die Versuche, oberhalb der Ebene der Staaten politische Steuerungsstrukturen zu errichten, Wendt (1992) und Ruggie (1993).

3.2. Die Institution des Kapitals

Die Geschichte der Institution des Kapitals beginnt mit dem Geld. Geld ist für den Tausch und Handel nützlich und gut, wenn man's hat. Es erweist sich in Mengen als eine Form der Macht, für die unser Sinnesapparat nicht adaptiert ist. Geld besitzt weder Körperkraft noch repräsentiert es eine soziale Hierarchie, Prachtentfaltung oder Gesetzestafeln. Geld ist versteckbare, heimlich häufbare, unverrottbare, verschiebbare und sofort in alles transformierbare Macht, die noch dazu Zinsen tragen, sich also autonom vermehren kann.

Die Geschichte, die vom Geld zum Zins führt, beginnt mit Fragen der Moral und mit dem Zinsverbot. Schon Aristoteles verstand, dass es sich nicht gehört, nach der Ausgabe einer Armensuppe demnächst zwei Armensuppen zurückzufordern. Das Zinsverbot ist zwar in der Bibel und im Koran nicht festgeschrieben, wird aber in beiden Werken angedeutet und ist bald von Gelehrten der beiden Konfessionen als Verbot von Wucher oder Zinsnahme überhaupt interpretiert worden.

Die kirchliche Gesetzgebung erließ zunächst für Geistliche, bald auch für Laien ein allgemeines Zinsverbot im Sinne jenes Wucherverbots. Ähnlich verfuhren islamische Gelehrte wie Ibn Rusd im

126

Mittelalter, die das Wuchern aus sozialen und aus wirtschaftlichen Gründen untersagten. Das kanonische Zinsverbot namentlich für Konsumtivkredite – freilich schon unterlaufen von den christlichen Lombarden in der Renaissance – gilt im Prinzip heute noch. Es wird allerdings noch mehr unterlaufen und zwar mit dem Vorbehalt zugunsten des im „positiv rechtlich" erlaubten Zinses. Das Zinsverbot galt nicht für Juden, die als Pfandleiher auftraten. „Im Zeitalter des Absolutismus haben", laut Brockhaus (1974), „die Hofjuden (Hof-Faktoren) zur Ausbildung des modernen Finanzwesens mit seinem Zins beigetragen." Nach Einsicht in den Nutzen des Zinses verlangen ihn nun alle, absolutistische wie demokratische Herrscher und Systeme und auch die Bank des „Heiligen Stuhls".

Ein halbes Dutzend Typen von Zinstheorien liegen heute zur Rechtfertigung vor. Einige argumentieren mit dem Nutzen des Bodens, mit Produktionssteigerung, selbstständiger Wirtschaftsbedeutung, Konsumverzicht oder mit dem Verhältnis von Gegenwarts- und Zukunftsgütern, also mit Wirtschaftsnutzen. Andere Theorien nehmen den Besitz von Geld als Wert an. Er entspricht einem psychologisch erklärbaren Liquiditätsbedürfnis des wirtschaftenden Menschen. Nur Marx nennt Zins bekanntlich den dem Arbeiter vorenthaltenen Mehrwert. Oder ist Zins nichts anderes als der Preis für geliehenes Geld? Tatsächlich setzt sich die Diskussion auch heute noch fort.

Das ist an sich schon merkwürdig. Offenbar hat sich keine der Theorien durchgesetzt. Sie klingen, über die Jahrhunderte ihrer Geschichte hinweg, wie verschiedene Entschuldigungen für ein und denselben Zustand, formuliert nach dem jeweiligen Zeitgeist der Markttheorie.

Was wohl feststeht, ist, dass Zins und noch mehr der Zinseszins notwendigerweise zu Wachstum entweder der Menge an Geld oder an Gütern führen. Das ist vielleicht eine auf den ersten Blick harmlos erscheinende, im Grunde aber die dramatischste Wirkung des Zinses auf unsere Gesellschaftsentwicklung. Denn alle Systeme, die sich nur durch Wachsen erhalten können – man kann das nicht oft genug sagen –, müssen allein an ihrem eigenen Wachstum zugrunde gehen. Alle Wertschöpfung, die, und zwar naturgesetzlich, letztlich auf Grundbesitz und Arbeit zurückgeht, wird wieder konsumiert

127

oder aber bleibt entweder als Geld und Macht oder als Kultur erhalten. Gegenüber den Gesetzen der Natur bedeutet Zins und das notwendige Wachsen von Kapital. Das ist ein geradezu tödlicher Unterschied.

Wohl bleibt ein fairer Marktpreis vom Wucherzins zu unterscheiden. Doch kein verlässliches Regulativ, außer dem Markt und der Notenbank, ist zu sehen. Wo immer das Gefälle zwischen Besitz und Mangel sehr steil wird, legt sich auf dem Markt der Wucher nahe. Und wer am Verhungern ist, muss dem Halsabschneider seine Haut verkaufen, bloß um zu überleben.

Es mag schon sein, dass es in einer Industrie- und Massengesellschaft ohne Zins nicht mehr geht. Aber seine gerechte Beurteilung bleibt ein Desiderat. Tatsächlich handelt es sich vielmehr um versuchte Legitimationen für die jeweilige Wirtschaftstheorie, die wieder als eine Legitimation für das Verhalten des jeweils Stärkeren erscheint. Das aber ist Ideologie, wie wir sie von den beiden „Reichshälften" schon kennen. Der Systemzusammenhang zwischen Individuum und Gesellschaft hat im Vordergrund zu stehen. Es geht um eine „Theorie der Ökonomie, als ob es auf die Leut' ankäm'", wie sich E. F. Schumachers Untertitel zu seinem Buch „Small is beautiful" übersetzen ließe. Und tatsächlich kann es auf niemand anderen ankommen.

Nun ist der Zusammenhang zwischen Wirtschaft und Wohlstand nicht zu verkennen. Diese Einsicht scheint trivial. Der Zusammenhang zwischen Prosperität und Lebensqualität kann sich, wie wir bereits sahen, dagegen vom Positiven ins Negative verkehren. Sicher aber sind die Lösungsvorschläge, die die linken und rechten „Reichshälfte" unterbreiten, einseitig.

Die natürliche Folge der Zinsnahme ist Wirtschaftswachstum und eine Zunahme des Gefälles zwischen arm und reich, weil die Einheit „Macht/Geld" des geschickten Darlehengebers notwendigerweise wachsen muss. Bei Darlehennehmer ist das aber meistens nicht der Fall, seine Verschuldung kann hingegen zunehmen. Was wäre die Folge eines neuen Zinsverbots? Und wer könnte das durchsetzen? Ökonomen kennen Erfolgsfälle zinslos geführten Wirtschaftens. Würden sie uns eine generelle Lösung bieten können? Man wird zeigen müssen, dass das auch im Großen möglich sein sollte.

128

Der Weg vom Zins zum Kapital führt vom Geld zu dessen Eigengesetzen, beispielsweise aufgrund von Fließbedingungen. Unter diesen kennt man allgemein das, was man Kapitalflucht nennt. Hier „fließen", wie man sich ausdrückt, die Kapitalströme „bergauf". Das heißt, sie folgen nicht den in- und ausländischen Ertragsaussichten, weil die Motive der Kapitalflucht stärker sind als die örtlichen Erträge. Die Kapitalströme fließen immer von den vermeintlich Ärmeren zu den mutmaßlich Reicheren. Man redet von „hot money". Deutschland hat 1931 eine Fluchtsteuer erlassen, und international wurde eine Tobin-Steuer vorgeschlagen. Erstere wurde bald aufgegeben, auch letztere hat sich nicht durchgesetzt. Der Gegendruck war zu mächtig. Die Möglichkeiten des Transfers haben bekanntlich durch bargeldlosen Verkehr und Computertechnik die Kapitalmärkte beflügelt und deren Einrichtungen zu den zentralen Institutionen der Weltwirtschaft gemacht. Die Beeinflussung ist so groß, dass weltweite Kapitalströme nicht nur sofort entstehen, sondern sich auch sofort umkehren können.

Eine neue Freiheit ist entstanden, deren Mangel an Ethos und Moral schon wiederholt angeprangert wurde. Sie kurbelt nicht nur alles Wachstum an, sondern führt nun, über sämtliche Landesgrenzen hinweg, zu den Unterdrückungen im neuen Kolonialismus. Noam Chomsky nennt dieses mit der Globalisierung entstandene Prinzip „die Freiheit zu Raub und Plünderung". Nach meiner Meinung kann ihr nur mit einer weiteren Freiheit begegnet werden, mit einer, die wir uns erst wieder schaffen müssen. Gemeint ist „die Freiheit zur Autonomie". Werden die Wissenschaften und die Praxis der Betriebswirtschaft und Nationalökonomie zeigen können, dass wir über diese Freiheit zu einer besseren und humaneren Welt gelangen? Das mag zu hoffen sein.

Siehe dazu Winter (1989), Martin/Schumann (1996), Dönhof (1997), Kurz (1999), Barber (2001) und nochmals Chomsky (2001 und 2001).

3.3. Die Institution der Kunst

Von der Kunst war schon vermutet worden, dass sie, gegenüber den Schwierigkeiten, welche Religion und Wissenschaft unserer Gesellschaft zufügen können, noch die harmloseste sei. Im Grund mag das, so alt die Kunst ist, stimmen.

Begonnen mit Tanz, Körperbemalung und Verzierungen auf Hausrat, hat der künstlerische Ausdruck bereits einem Bedürfnis entsprochen, Ordnung und Deutung aus sich ausfließen zu lassen. Das wurde schon bedacht.

Kultische Absichten sind der Kunst nicht fremd. Schon in aufwändigeren Dokumenten, wie in den Höhlenmalereien, kann man sie vermuten. Wir finden die Kunst dann wieder als Ausdruck der Verherrlichung von Macht, in den Gräbern der Noblen in Ägypten, in Darstellungen von Göttern, Potentaten, Helden und Heerführern der Griechen und Römer und weitere Jahrhunderte später in der Geschichts- und Legendenverehrung der sakralen Kunst, bis in der Neuzeit die Verehrung und Deutung der Natur und des Menschen ihre eigne Rolle zu spielen begann.

Die künstlerische Deutung der jeweiligen Welt reicht von der Lenkung des Zeitgeistes bis zur Indoktrination. Druck kann sowohl vom Auftraggeber „Kirche" als auch von Regimen ausgeübt werden, wie man es von der Staatskunst der Nationalsozialisten und des marxistischen Russlands kennt. Der Wirkung des Zeitgeists eingedenk, kann die Zuneigung der Bürger hinsichtlich der Deutung von Natur und Mensch dennoch aus den Kultverehrungen herausführen, und zwar dann, wenn die Menschen unabhängig von diesem Zeitgeist das an die Wand hängen möchten, was ihrem natürlichen Empfinden entspricht.

Aber auch neue Systemgesetze haben die Kunst zu lenken begonnen. Wenn Kunst infolge des Künstler/Auftraggeber-Verhältnisses zum Spekulationsobjekt verkommt, wird dieser Prozess besonders deutlich. Es bilden sich dann Kreisläufe von Interessen, die vom Künstler über Kritiker, Galeristen und Medien wieder zum Künstler zurückführen. Alle möchten damit ihre Geschäfte machen. Sie können zunächst das Publikum aus ihren Interessen ausschließen und es dann je nach Beliebigkeit und Grad der Absurdität wieder miteinbeziehen.

Derlei hat sich in der Moderne im Zuge der Entwicklung der abstrakten Malerei und Bildhauerei abgespielt. Auch wenn man bei ihren Gründern, Duchamps, Dubuffet und Picasso, nachlesen kann, dass sie sich alle absichtsvoll über ihr Publikum lustig machten, möchte man das, nach der Etablierung einer nun über hundertjährigen „Avantgarde", nicht für möglich halten. Es kann dazu kommen, dass sich mündige Bürger angesichts der Darbietung gegenstandsloser Kunst ihre Ratlosigkeit eingestehen und zugleich ebendiese Kunst, die sich als entropisch ausgibt, als Chaoskunst, als Bürgerschreck oder Antikunst, wieder zur Deutung von Mensch und Welt verwenden. Dass aber auf diese Weise Systemgesetze einer neuen Geschäftswelt entstehen, Ränge des erlaubten Urteils und dirigistische Eigendynamik, sei nicht verkannt.

Angesichts der Fülle der Darstellungen zur Kunstgeschichte mag man sich zunächst bei Kultermann (1966) orientieren. Ein heiteres Bändchen von Kishon (1992) sei empfohlen; vergleiche Riedl (1988 und 1993).

3.4. Die Institution der Wissenschaften

Die Institution der Wissenschaften verdient insofern unsere Aufmerksamkeit, als Teile von ihr zu einem ungemein mächtigen Apparat geworden sind und tief in den Zustand dieser Erde eingreifen. Zumal die Entwicklung exponentiell erfolgte, dies meint, dass derzeit mehr Wissenschaftler leben, als in all den zwei Jahrtausenden ihrer bisherigen Geschichte zusammen.

Die Wissenschaften Ägyptens, Mesopotamiens und Indiens haben früh auf das Einfluss genommen, was am Anfang der westlichen Kultur stand: auf die griechische Zivilisation, auf ihre Philosophie, Technik und Staatskunst. Noch, freilich, galt die Technik mehr als Handwerk denn als Wissenschaft, und beide, sowohl Handwerk als auch Wissenschaft, traten im späteren römischen Reich, was ihr Ansehen betrifft, zurück hinter die praktischen Fertigkeiten der Kriegskunst, Verwaltungskultur und wirkungsvoller Rede.

Die islamische Welt wurde im von ihr im 7. Jahrhundert mit Waffengewalt eroberten östlichen und südlichen Mittelmeerraum zur Erbin jener hellenistisch-römischen Kultur und bewahrte viele ihrer

Errungenschaften, die – in mehreren Wellen – im eroberten germanischen Nord- und Westteil des römischen Reichs verflachten, in Vergessenheit gerieten oder gar zerstört wurden. So kam es, dass die Kulturen des oströmischen Reichs und der islamischen Welt jahrhundertelang jener abendländischen Kultur überlegen waren, die später einmal die Erde umprägen sollte. Heute kennen wir ihren us-amerikanischen Ableger. In allen diesen Kulturen aber trat die Auslegung des jeweils „heiligen Buches" – der Bibel beziehungsweise des Korans – zunächst in den Mittelpunkt wissenschaftlicher Bemühungen. Wissenschafts- und Bildungsstätten einerseits und Stätten religiöser Unterweisung und Erfahrung andererseits waren kaum zu trennen.

Die oströmisch-byzantinische Kultur wurde durch die islamisch-türkische Expansion immer mehr beschnitten. Was heute von ihr noch in Griechenland existiert, ist nur mehr Abglanz früherer Größe. Die islamische Kultur, materiell und wissenschaftlich führend, in vielen Disziplinen Lehrmeisterin der abendländischen Kultur, ungleich der byzantinischen Kultur auch machtpolitisch in der Offensive, wurde in intellektueller Hinsicht selbstgenügsam: Die Vervollkommnung und Auslegung des Erreichten, nicht die Erkundung neuer Wissensmöglichkeiten und Techniken war ihr zentrales Anliegen. Der Geist von Kritik und Innovation, die Lust, Bisheriges in Frage zu stellen, verlor sich seit dem 9. Jahrhundert mehr und mehr.

Hingegen erwachte solcher Geist seit der Renaissance in der abendländischen Kultur. Diese begann sich nun auch ohne Umweg über die islamische Vermittlung ihrer Wurzeln in der antiken Welt zu vergewissern. Kritik und die auf ihr gründenden Erkenntnismöglichkeiten wurden kultiviert: als philologische Textkritik, als – von der Reformation durchgesetzte – freie Deutung der heiligen Schrift, seit dem 18. Jahrhundert als geschichtswissenschaftliche Historisierung und seit dem 19. Jahrhundert als sozialwissenschaftliche Dekonstruktion von ansonsten leicht als „natürlich" geltenden gesellschaftlichen Sachverhalten.

Überdies entwickelten sich in der abendländischen Kultur – und zwar ganz anders als in den Kulturen der Antike, Indiens oder Chinas – die Naturbeobachtung und die Technik zu als solche ver-

132

standenen und akzeptierten Wissenschaften. Naturbeobachtung und Technik wurden seit dem 19. Jahrhundert sogar zum Kernbereich wissenschaftlichen Selbstverständnisses und Erkenntnisfortschritts. Bereits dem Zeitalter der abendländischen Entdeckungsreisen und des Kolonialismus lagen naturwissenschaftlich-technische Vorsprünge der europäischen Machtprojektion zugrunde, im Imperialismus des 19. und frühen 20. Jahrhunderts erst recht.

Keine andere Kultur hat jemals diese Art von Wissenschaft so groß und gar zum Angelpunkt einer „naturwissenschaftlich-technischen Zivilisation" werden lassen, keine andere hat dabei auch die Welt so gründlich verändert. In keiner anderen Kultur koppelten sich die Institutionen technisch-naturwissenschaftlicher Kompetenzproduktion so sehr von den sinnstiftenden Institutionen der Gesellschaft ab wie in der westlichen. Darum muss diese Kultur und Wissenschaft unser Thema sein. Nirgendwo sonst wurde jenes Grundproblem der Weiterentwicklung unserer Art so groß, dass sich heute eine Diskrepanz zwischen der kreatürlichen Ausstattung der Menschen und der wachsenden Anonymität jener Institutionen ergibt, mittels welcher menschliche Gesellschaften ihre Handlungsmacht überhaupt erst akkumulieren und vergrößern können.

Freilich ist auch das Humboldtsche Bildungsideal in einem Maße zerfallen wie die Wissenschaften selbst. In 19. Jahrhundert spalteten sich Natur- und Geisteswissenschaften in zwei einander widersprechende Kulturen, hinzukamen so genannte „Orchideen-Fächer" und solche, die der Wirtschaft Kapital erbringen. Das Ethos der Wissenschaften, alle Erkenntnisse allen zu Kritik und Verwendung zu stellen, pervertiert zu einem gewinnbringenden Geschäft, indem Erkenntnisse zunächst in den Tresoren der Konzerne landen, um dann patentiert auf den Markt zu kommen. Man hat den Grundsatz verlernt, in historisch gewordene Komplexität nicht eingreifen zu dürfen, und träumt – schrecklich zu sagen – von einer reparierbaren Welt.

Bislang von den Interessen des Islam und der Kirche, dann von Potentaten, Landesfürsten und schließlich von Nationalstaaten gefördert, ging es immer noch um die Bildung eines widerspruchsfreien Weltbildes. Heute werden die Großinstitute der Wissenschaften vom internationalen Kapital dirigiert. Und der wahrscheinlich mächtigste Apparat unserer Zivilisation wird zu einer, wenn nicht

133

unverantwortlichen, so doch unverantworteten Macht, die nicht minder unserer Aufsicht bedarf.

Das sei hier nur einmal vorweggenommen. Von dieser Einsicht wird noch einiges zu zeigen sein. Das Problem ergibt sich wieder aus der Diskrepanz zwischen unserer Ausstattung und der wachsenden Anonymität der Institutionen.

Riedl (2004, dort die weiterführende Literatur).

Die Entwicklung und Zergliederung der Wissenschaft beginnt mit den Vorsokratikern, den schon vor Sokrates lebenden Denkern des griechischen Altertums. Über einige Turbulenzen hinweg schied man zunächst „Glauben" und „Wissen", also was man zu wissen glaubt oder aber zu glauben weiß. Dann fand man den Unterschied zwischen dem, was einem die Vernunft oder aber die Erfahrung lehrt. Später nannte man diese beiden Richtungen Rationalismus und Empirismus, woran sich später ein Idealismus und ein Materialismus anschlossen. Das sind Trennungen, die unsere Denkwelt heute noch teilen. Als Drittes, wie schon erwähnt, trennte sich die Philosophie von den übrigen Wissenschaften. Dies in dem Sinne, als heute alle Wissenschaften emanzipierte, nämlich emanzipiert undankbare Kinder der Philosophie sind, begonnen mit der Astronomie, Mathematik und Logik, Biologie und Medizin, Chemie im Mittelalter bis hin zu den Kultur- und Sozialwissenschaften in der Neuzeit. Erst im 19. Jahrhundert, bedrängt durch den Boom der Physik, schlossen sich letztere zu den Geisteswissenschaften zusammen und gegen die Naturwissenschaften ab.

Ich vermute, dass die Art unserer westlichen Sprachen und die aus ihr entstandene „definitorische" Logik, der Glaube an den Vorrang von Unterteilungen, diese Zerteilung unserer Weltsicht mitverursacht hat. Die vom Westen noch unberührte Wissenschaft und Weisheit in China kannte diese Teilung jedenfalls nicht. Nun war von Sprach- und Kulturrelativismus schon die Rede.

An dieser Stelle interessieren uns die Folgen der Teilung. Da ist zunächst die Wunderlichkeit zu nennen, dass Wissenschaften jahrhunderte unangefochten nebeneinander wirken und jeweils darauf bestehen, die Welt nur aus Geist und Zwecken oder aber nur aus

134

Materie und Kräften erklären zu können. Das bekommt den Anschein eines intellektuellen Spiels, und so mag ja vieles begonnen haben. Aber heute, wo aus alledem Ideologie gemacht, die Wissenschaft gegängelt und rundum tief in die Gesellschaft wie in die Biosphäre eingegriffen wird – man erinnere sich an die Vorwürfe von Lord Snow –, gehört sich das nicht. Wenn Weltbilder-Spiele einander widersprechen, dann muss eines falsch oder müssen beide unzureichend sein. Wenn uns aber Weltbilder verantwortlich für unser Handeln in dieser Welt machen wollen, dann ist zu protestieren. Und wenn wir es eben nicht besser schaffen, mit dieser Welt umzugehen, dann sind Abklärung und Einsicht in unsere geistigen Grenzen zu fordern, Umsicht und Vorsicht beim Eingreifen, und nicht aufklärerische Überheblichkeit.

Den Wandel von der Bildungs- zur Ausbildungsstätte haben so gut wie alle Universitäten mitgemacht. Von den alles verbindenden Philosophenschulen im Altertum, über das Mittelalter bis in die Renaissance galt es, das Wissen um die Zusammenhänge der Kultur – gemeint ist annähernd das, was wir unter Bildung verstehen – zu vertiefen und zu verbreiten.

Heute ist Philosophie zu einem „Orchideen-Fach" geworden. Viele Fächer sterben. Andere empirische Wissenschaften sind dagegen durch die Förderung von Spezialerfahrungen, den so genannten „Tiefbohrungen", so aufgequollen, dass sie vom Einzelnen kaum mehr überblickbar sind. Das liegt auch an einem Mangel an Synthesen, die zudem nicht mehr geachtet sind. Um die Veröffentlichungen beispielsweise der Tierkunde, die innerhalb eines Jahres erscheinen, zu lesen, benötigte man bereits hundert Jahre. An den Zusammenhang der einzelnen Fächer zu denken, bietet sich schon gar nicht mehr an. Und nur wenige versuchen noch, dem Humboldtschen Bildungsideal, von dem zwar alle reden, nahe zu kommen. Offensichtlich handelt es sich dabei um Außenseiter.

Triviale Ursache des Zerfalls ist dieser Wissenswust. Ich habe in einem Kolleg „Über Gott und die Welt", in dem alles gefragt werden durfte, die Erfahrung gemacht, dass es existenzielle Fragen sind und solche des Zusammenhangs der Dinge, die unsere Jungakademiker wirklich bewegen. Diese Anliegen werden in den Fächern nicht mehr unterrichtet und von den Studiosi auch nicht mehr abgefragt.

Diese machten die Erfahrung, dass nur mehr Fachwissen angeboten wird.

Gerade noch trivial ist die Einsicht, dass die Seele auch dem Wissenschaftler nahe legt, sich in einer überschaubaren Gruppe und im geläufigen Rotwelsch, dem speziellen, kleinen Fachjargon, zu schützen, um nicht nur vermeintlich präziser, sondern auch von außen nicht angreifbar zu sein. Schon gar nicht mehr trivial ist jedoch der Umstand, dass man mit seiner Spezialisierung nicht nur achtbar wird, sondern auch für das Ganze immer weniger verantwortlich ist. Eine solche absichtliche Haltung will ich keinem meiner Kollegen unterstellen. Die Einladung, dieser Haltung nachzugeben, ist aber zu verständlich. Zuletzt ist niemand mehr für das ganze Treiben verantwortlich.

Nachdem aber die Wissenschaft, von der heute alle Innovationen abhängen, zur mächtigsten Institution unserer Zivilisation geworden ist, entsteht eben das grausige Bild einer riesigen „unverantworteten Macht".

Die nobelierten Erfinder des DDT kümmerten sich nicht um Hydrogeologie und Fließgewässer, die den Stoff aus den Feldern weiterschaffen, um deren Adsorption im marinen Phytoplankton und die sechsgliederige Nahrungskette, die das Gift in millionenfacher Verdichtung über die Fischnahrung wieder in unsere Organe schafft. Nun sollten dringlicher Nobelpreise für die Lösung der Frage vergeben werden, was denn gegen das DDT zu machen sei. Ein anderes Beispiel: Die nobelierten Erfinder der „friedlichen Kernreaktionen" kümmerten sich nicht um die Politologie und die Soziologie der Macht, um den Schleichhandel mit spaltbarem Material, um die Pathologie und um die Deponierung des Atommülls oder das Kippen in den Ozean. Und noch kein Nobelpreis, auch kein Friedensnobelpreis wurde für die Lösung der Frage vergeben, was denn nun gegen dieses Chaos zu machen sei.

Die Lösung des Debakels ist als Modewort von Festreden wohlbekannt – „Interdisziplinarität". Aber wenn weder die Fakultäten noch die Unterrichtsverwaltungen die Macht haben, Interdisziplinarität durchzusetzen, dann kann man sich interdisziplinäre Synthesen, die Bildung voraussetzen, bestenfalls selbst schaffen. Auch wenn aus der Kombination von Interdisziplinarität und Bildung noch kein unmittelbarer Gewinn erwächst, kann der Gewinn durch Bildung doch nicht übersehen werden, und zwar für den Einzelnen wie für den Fortgang seiner Gesellschaft. Das Übel liegt in der wirtschaftlichen Konkurrenz der Staaten und Konzerne. Dort ist anzusetzen. Dahinter steckt die „unheilige Allianz" von Forschung und Wirtschaft, von Machbarkeit und unmittelbarem Gewinn. Zunächst betreiben Konzerne ihre eigene Forschung, in die weltweit mehr investiert wird als in die laufenden Budgets der Universitäten. Und jeder neue Kniff wird sofort geheim gehalten oder patentiert. Aber auch die „freie Wissenschaft", die immerhin noch das Ethos kannte, alle Erfahrungen allen umsonst zur Verfügung zu stellen, ist in den Sog der Konzerne geraten. Wissenschaften, aus deren Erkenntnissen Konzerne Gewinn machen können, werden massiv gefördert. Das schreibt der mörderische Konkurrenzkampf vor, in dem Konzerne ihr Überleben zu sichern wünschen. Man schätzt, dass das Budget jener einschlägigen Universitätsinstitute zu neunzig Prozent und mehr von der Industrie subventioniert wird. Manche Akademie-Institute werden zur Gänze von der Industrie unterhalten.

Das bringt allen Beteiligten Gewinn. Tausende Forscher ernähren damit ihre Familien, den Institutsdirektoren wachsen Einfluss und Ansehen zu, und Industrien erhöhen innerhalb kurzer Fristen ihre Erhaltungschancen. Dabei geht es um unglaublich viel Geld. Man bedenke, dass der Umsatz manches Konzerns denjenigen eines kleinen Staates erreicht. Nun sei nicht verkannt, dass in diesem Zusammenhang auch viel Gutes geschieht. Durch Pharmakologie, medizinische Diagnostik und Technik, einschließlich Wetterprognose ist die Befindlichkeit der Menschen in einigen Teilen der Welt wesentlich verbessert worden. Und es sei auch nicht vergessen, dass noch sehr viele Wissenschaftler hingebungsvoll, doch von der Öffentlichkeit übersehen, still ihrer Arbeit nachgehen. Aber sie spielen im Gesamtbetrieb keine Rolle. Kritische Geister, so sie sich hörbar machen, geraten in konzertierten Unternehmungen auf so genannte Abschusslisten.

Es ist jedoch nicht zu verkennen, dass Dirigismus die Folge sein muss. Natürlich wird nicht nur gefördert, was sofort Geld bringt. Einige Weitsicht ist den Förderern und Geförderten schon zuzutrauen. Aber selbst wenn der Eindruck entstehen kann, dass sogar die so genannte Grundlagenforschung gefördert wird, sind es doch gewiss nicht die Grundlagen der Numismatik oder der Altbyzantinistik. Das Ungleichgewicht hat Methode.

Noch ein zweites Merkmal gilt: Es geht um das Machbare, also ausschließlich darum, erfolgreich in diese Welt einzugreifen. Das ist freilich eine Möglichkeit der Wissenschaft, aber eben nur eine. Wenn man jedoch in einer Aura des Machbaren seine Belohnungen gewinnt, geschieht es Förderern wie Geförderten, wahre Wissenschaft und gediegene Einsicht in nichts anderem als im Handhabbaren zu sehen. Handhabt nicht auch die Natur? Erforscht man sie denn nicht fast ausschließlich durch Eingreifen und vermittels Experiment? Wir befinden uns an einer weltanschaulichen Schwelle.

Da verlangt unser Thema einen Ausflug in die Wissenschaftstheorie, mit der Frage, wie die Welt verstanden und wie mit ihr umgegangen werden darf. Vier Begriffe spielen eine Rolle: Reduktionismus, Holismus, Emergenz und Historizität. Einigen Ansätzen zu diesen Themen sind wir schon begegnet.

Im Reduktionismus wird die Ansicht vertreten, dass Systeme auf ihre Teile reduzierbar sind und aus den Eigenschaften ihrer Konstituenten verstanden werden können. Die reduzierende Analyse, behauptet Peter Medawar, gilt als das Verfahren, mit dessen Hilfe sich erkennen lässt, wie die Welt nötigenfalls verändert werden kann. Es enthält die Einladung zum Eingreifen. Dabei spielt der Hintergedanke eine Rolle, dass sich Zerlegtes auch wieder zusammensetzen und Zerstörtes reparieren ließe.

Tatsächlich trifft diese Annahme für komplexe Systeme nicht zu. Und nachdem wir Menschen selbst komplexe Systeme sind und nur im Umgang mit komplexen Systemen existieren können, ist diese Einsicht von Belang. Erstens trifft Medawars Denkansatz für die Analyse nicht zu. Ein Molekül lebt nicht, und eine Nervenzelle vermag nicht zu denken, wiewohl sich alles Lebendige nur aus Molekülen und unser Gehirn nur aus Nervenzellen zusammensetzt. Es tauchen in Systemen, wie der Holismus nachweist, neue Eigenschaften auf und werden „emergent". Dabei handelt es sich um Eigenschaften, die auch in Spuren in den Bauteilen selbst nicht vorkommen. Zweitens trifft Medawars Denkansatz auch für Reparaturen nicht zu. Eine Orange, wie sich Hans Mohr lustig macht, wird nicht mehr ganz, wenn man den herausgepressten Saft wieder in die Schale

138

zurückgießt. Sie ist auf einem langen, historischen und nicht mehr wiederholbaren Weg entstanden. Das ist Historizität, unwiederbringliche Geschichtlichkeit.

Akzeptiert man diese Einsichten nicht, entsteht jenes grausige Bild von einer reparierbaren Welt, wo in komplexe Systeme eingegriffen wird, noch bevor sie verstanden sind. Eine Übertreibung jener aufklärerischen Ermutigungen, wie sie zur Zeit Condorcets noch eine Hoffnung sein mochte, die aber nach den heutigen Kenntnissen und dem Ausmaß, in dem wir bereits in der Welt herumfuhrwerken, längst einer Abklärung zu weichen hat.

Die Industrie erhält von den Kapazitäten der reduktionistischen Wissenschaft also zweierlei: neue Möglichkeiten, in komplexe Systeme einzugreifen, sowie die Legitimation, das auch unbeschadet tun zu dürfen. Gegen ein solches Vorgehen kann nur erweiterte Bildung helfen, die bis in die Direktionszimmer und Chefetagen zu reichen hat. Die Wissenschaft muss dem Druck der Wirtschaft, des Reduktionismus und der Institutionen standhalten, also dem Ideal von der Gewinnmaximierung und einer reparierbaren Welt, sowie dem Drängen auf Selbsterhaltung der Institutionen widerstehen. Es kann nur um unsere eigene Selbsterhaltung gehen. Wahrscheinlich ist dies die dringlichste, aber auch am schwersten zu bewältigende Aufgabe.

Siehe dazu Riedl (2002), Bultmann (1978), Bultmann/Schmithals (1994). Man vergleiche die Texte von Medawar/Medawar (1986) mit den Positionen der Biologen Mohr (1981) und Riedl (1985). Zur Komplexität siehe Riedl (2000 und 2004).

3.5. Die Institution der Politik

In diesem Abschnitt geht es allgemein um die Lebensform einer Gemeinschaft und zwar im Sinne der griechischen „theoria" und „politeia". Heute versteht man darunter bekanntlich Staatsgeschäfte: die ordnende Gestaltung eines Gemeinwesens inklusive der Verhandlung konfligierender Interessen. Die Form, in der ein solches Zusammenleben entworfen wird, muss von dem Menschenbild abhängen, das ihm zugrunde liegt. Wir sind nur mehr selten der Ansicht, dass ein Despot die Massen zu Ordnung zwingen sollte, oder umgekehrt, dass die Masse allein neue Ordnung zu schaffen hätte. Die unter vielen Mühen geschaffene parlamentarische Demokratie scheint uns heute die geeignete Staatsform zu sein, weil sie noch am ehesten jeden Bürger und diesen sogar mit Teilen seiner Interessen und Ansichten wahrnimmt.

Aber die Interessen des „kleinen Mannes", von Gesetzgeber und Exekutive liegen weit auseinander. Wir haben es nicht leicht, uns zu verständigen.

Mit Blick auf Recht und Besitz traten schon früh interessante Fragen auf. Die amerikanische Demokratie wurde mit der von ihr gewünschten Vorbildwirkung auf der Basis der Prinzipien gegründet, dass alle Menschen das Recht auf Leben, Freiheit und Streben nach selbstdefiniertem Lebensglück hätten; Regierungen sollten zu keinem anderen Zweck eingerichtet werden, als das alles zu gewährleisten.

Nun stand es mit der Freiheit der Afro-Amerikaner und dem Streben nach selbstdefiniertem Lebensglück der Indianer durchaus nicht so, wie es den selbstgesetzten Prinzipien entsprechen sollte. Das ist wieder ein Beispiel dafür, wie sehr einmal etablierte Systeme sich der raschen Neugestaltung entlang vernünftiger Prinzipien entziehen. Hier aber geht es um Allgemeines, nämlich darum, wie sich Freiheit und Streben nach selbstdefiniertem Lebensglück sichern ließen. Die französische Erklärung der Menschen- und Bürgerrechte nahm wenig später zu diesem Zweck gleich auch noch das Recht auf Besitz in den Grundrechtekatalog auf. Freilich setzte auch in diesem Fall das bereits bestehende System einem vernünftigen Prinzip Grenzen und schuf Glaubwürdigkeitsprobleme: Der Schutz des Eigentums wird umso mehr privilegiert, je größer der verfügbare Besitz ist, während die Besitzlosen leer ausgehen. Natürlich werden diese das als Ungerechtigkeit empfinden und gegen die Besitzenden nach Möglichkeit vorgehen.

Die Lage wird dann besonders brisant, wenn zudem ein demokratisches System eingerichtet werden soll und die Stimme des Besitzlosen ebenso viel zählt wie die des Besitzenden, sodass sich für die Besitzenden die Frage stellt, ob und wie viel Demokratie sich mit ihren eigenen Interessen vernünftigerweise verbinden lässt. In den sich bildenden USA war das ein genauso wichtiges Thema wie Jahrzehnte später in den europäischen Staaten, als diese schrittweise das Wahlrecht einführten und ausweiteten. Nicht minder offen als im

140

ohnehin nachhinkenden Europa wurde die amerikanische Demokratie, so erinnert uns Chomsky, auf der Basis jenes Prinzips gegründet, das James Madison in der verfassungsgebenden Versammlung von 1787 erläuterte, und das besagt, dass die Hauptfunktion der Regierung darin bestehe, die Minderheit der Begüterten vor der Mehrheit zu schützen. Madison warnte England, wo die Bewegung hin zur Demokratie noch nicht einmal eingesetzt hatte, sondern aristokratisch-oligarchisches „government by corruption" herrschte, die Bevölkerung werde eine Agrarreform und den Übergang zu einem eines Tages rein demokratischen System (und andere schreckliche Dinge) durchsetzen, falls man anfange, ihr (zu viel) Mitspracherechte einzuräumen.

Diese Problematik liegt uns auch heute nicht fern. Jede Diskussion um eine Abdeckung der Staatsfinanzen zu Lasten der Besserverdienenden oder um einen progressiven Steuertarif einschließlich Vermögenssteuer ruft sie dem Kundigen wieder vor Augen. Mehr als nur Reste der geschilderten Argumentationsweise sind in unseren heutigen Demokratien vorhanden. Zu ihnen gehört das immer schon der Einführung von Demokratie entgegengestellte Argument, dass Stimmen nicht zu zählen, sondern besser zu wägen wären, wenn Demokratie nicht zu einer Diktatur der Dummen verkommen sollte. Es gibt aber kein vertretbares System des Abwägens. Frühe populäre Lösungen wie jene, wenigstens den Frauen kein Wahlrecht einzuräumen, weil ihr Horizont den des Haushalts nicht überschreite, oder den Hochschulprofessoren von Oxford und Cambridge jeweils zwei Stimmen zu geben, weil sie den um so viel besseren Durchblick als die übrigen Wähler hätten, erscheinen uns heute zu Recht als eine Mischung von Skurrilität und heuchlerischer Interessenpolitik.

Da war das im 19. Jahrhundert in Europa vielfach übliche Zensuswahlrecht schon ehrlicher: Der Staat wurde aufgefasst wie eine Aktiengesellschaft. Wer große Anteile an ihr hatte, nämlich viele Steuern bezahlte, weil sein Besitz groß war, dessen Stimme hatte mehr Gewicht als die der weniger Besitzenden oder gar der Besitzlosen, die oft über gar kein Stimmrecht verfügten.

Vielleicht tun wir gut daran, die Kernidee dieser Sichtweise in einem freilich ganz anderen Zusammenhang wieder aufzugreifen. Die

141

Frage lautet doch: Wer hätte wohl ein größeres Interesse daran, Wirtschaft und Gesellschaft, Recht und Staat so auszugestalten, dass sie sich nachhaltig bewähren? – Jene, die Kinder haben und somit sehr tief anzusetzende Anreize, ihren Fürsorgehorizont weit in die Zukunft auszudehnen, oder jene, mit deren Ableben – aufgrund von Kinderlosigkeit – die Abstammungslinie endet? Es ist die Vermutung nicht leicht von der Hand zu weisen, dass Nachhaltigkeit und Generationengerechtigkeit für die Erstgenannten im Durchschnitt einen größeren persönlichen Stellenwert haben werden als für die Letzteren. Wenn das tatsächlich so ist, dann wäre nach Wegen zu suchen, solches Interesse an Nachhaltigkeit und wirklich aufrechterhaltbarer Entwicklung mit größerem politischem Gewicht auszustatten, als ihm bislang eignet.

Einen Weg weist uns durchaus das Demokratieprinzip. Warum eigentlich sollen Menschen, bevor sie selbst das aktive Wahlrecht erlangt haben, bei Wahlen – der Grundlage von Demokratie – überhaupt kein Gewicht haben? Müssen die Zukunftsinteressen von Kindern und Heranwachsenden wirklich gänzlich ohne jene Hebelwirkung bleiben, die stimmberechtigte Erwachsene sehr wohl besitzen? Und falls beide Fragen unseren demokratischen Ist-Zustand weniger plausibel anmuten lassen, als die Gewohnheit uns das glauben macht, wäre es dann nicht erwägenswert, auch Kindern grundsätzlich das Stimmrecht zu verleihen, das aber bis zum Erreichen des aktiven Wahlalters treuhänderisch ihre Eltern oder Erziehungsberechtigten auszuüben hätten? Da wir doch auch kein Problem darin sehen, Eltern nach bestem persönlichen Wissen und Gewissen über die ersten Schritte ihrer Kinder auf dem Bildungsweg und somit über deren Lebenschancen bestimmen zu lassen, sollte es noch weniger problematisch sein, wenn die vermutlichen gesellschaftlichen Gestaltungsinteressen der Kinder treuhänderisch von ihren Eltern wahrgenommen würden. Die Stimmenpakete, die auf diese Weise zusätzlich auf den politischen Markt kämen, wären zweifellos geeignet, bei den Wahlergebnissen und der Zuteilung parlamentarisch-politischer Macht einen wichtigen Unterschied zu bewirken. Es käme zu einer Unterscheidung zwischen jenen, die mit Positionen nachhaltiger Generationengerechtigkeit überzeugen können und denen, die solche politischen Gestaltungsaufgaben ignorieren. Damit

142

entstünde jener unvermeidliche Druck, die aus guten Gründen favorisierte Richtung einzuschlagen, welcher die Begleiterscheinung aller gut konstruierten Mechanismen gesellschaftlicher Entscheidungsfindung ist. Sicher wären auf dem Weg zur Einführung eines solchen treuhänderisch wahrgenommenen Kinderstimmrechts auch schwierige rechtsdogmatische und rechtstechnische Probleme zu lösen, doch dass überzeugende Lösungen bei angemessener Anstrengung wirklich gefunden werden können, ist ziemlich wahrscheinlich. Glücklicherweise hat die Diskussion über die Möglichkeit, in unsere demokratischen Willensbildungsprozesse den Zwang zur Berücksichtung von Nachhaltigkeitsargumenten einzubauen, mittlerweile das Ghetto zugeschriebener Skurrilität überschritten. Zeitgenossen, die für politisches Institutionendesign aufgeschlossen sind, könnten sich darum ohne Angst vor Lächerlichkeit an diesem Thema offensiv beteiligen.

Wir sind also wieder bei der Ungleichheit der Menschen gelandet, nicht nur bei der Ungleichheit ihrer Interessen, sondern auch hinsichtlich des Zusammenhangs von Besitz und Einfluss, von Wertschöpfung und Ansprüchen. Insgesamt ergibt das das Problem der Gerechtigkeit.

Unsere parlamentarischen Demokratien sind ihrem Wesen nach Wechsel-Oligarchien. Und zwar in dem Sinne, als wir in der Regel wenige Figuren zur Wahl vorgesetzt bekommen und die Gewählten uns völlig unbekannte Gestalten aus dem Hut ziehen, die dann entlang einer Legislaturperiode gegen die Lamenti der Opposition Gesetze erlassen, bis andere zum Zuge kommen. Urteile im Voraus und einen Vertrauensvorschuss lässt ein solches System nicht zu. Man muss dagegen an Formen der „direkter Demokratie" denken. Aber sehen wir uns die gegebene Situation näher an:

Wo Demokratie als „Identität von Regierenden und Regierten" nicht zu verwirklichen ist, also in allen Gesellschaften mit mehr als nur einigen tausenden Bürgern, scheint das oligarchische System auch unvermeidlich zu sein. Schließlich verspricht Demokratie auch nicht mehr als eine Herrschaftsordnung, die so eingerichtet ist, dass die Regierenden nicht allzu weit beziehungsweise nicht allzu lange von dem abweichen können, was die Regierten zu akzeptieren bereit sind.

Das wirkungsvollste Mittel, das die Regierenden unentrinnbar an die Leine der Regierten legt, sind nach allen unseren Kenntnissen freie Wahlen. Wer sein Amt freien Wahlen verdankt und es wiedererlangen will, der kann während seiner Amtszeit nicht beliebig weit oder beliebig lange von dem abweichen, was jene Wähler hinzunehmen bereit sind, auf deren Stimme er angewiesen ist. Beliebige Versprechungen kann man nur vor der ersten Wahl in ein Amt machen. Sie unterscheiden sich denn auch meist sehr von denen, die etablierte Politiker und Parteien machen, werden darum besonders gerne geglaubt und führen ebenso sicher zur Enttäuschung wie ein Affe vom Baum stürzt, der sich den dreidimensionalen Raum falsch vorstellt.

Ergänzend wirken Volksbegehren und Volksabstimmung, der Druck der öffentlichen Meinung und das Auf und Ab demoskopischer Befunde darauf ein, dass unsere demokratischen Wechsel-Oligarchien nicht ignorieren können, für wen sie arbeiten.

Gearbeitet wird freilich nur für die jeweils Lebenden und unter denen auch nur für jene ab einem verschieden festzusetzenden Alter, ab dem man sie als erwachsen oder „wahlmündig" etikettiert. Künftige Generationen und ihre Bedürfnisse entfalten keinerlei Hebelwirkung. Davon war schon die Rede. Gerade demokratische Politik kann darum nur sehr begrenzt weniger eigensüchtig sein als die Mehrheit der jeweiligen Wählerschaft, von denen Politiker unter den Bedingungen einer Demokratie abhängig sind. Im Übrigen funktioniert dieses Gefüge nur, falls es alternative Personal- und Politikangebote gibt, unter denen der Bürger auswählen kann.

Ohne solche Konkurrenz bleiben von den demokratischen Wechsel-Oligarchien nur das Oligarchische und das Kennen der handelnden Personen. Es fehlt aber der Wechsel, und es fehlt somit, weil man seine Machtstellung meist nur ungern aufgibt, auch der Anreiz dafür, sich gründlich auf die Interessen der Regierten einzulassen.

Das ist die zweite Schwachstelle. Wo Parteien allzu sehr die Harmonie untereinander pflegen und gar noch alle gesellschaftlichen Gruppen „konkordanzdemokratisch" einbinden wollen, dort fehlt genau das, was das unvermeidbar Oligarchische von Massendemokratien erträglich macht. Freilich ist es gar nicht so selten der Bürger selbst, der Parteienstreit nicht mag und verlangt, es sollten sich doch

144

alle an einen Tisch setzen und lieber zu gemeinsamen Lösungen kommen, anstatt den Bürger mit von ihm zu entscheidenden, aber unübersichtlichen Alternativen zu behelligen.

In Umrissen zeigt sich hier bereits die dritte Schwachstelle unserer demokratischen Wechsel-Oligarchien: Es ist der Bürger selbst, den die langfristigen Konsequenzen seiner heutigen Vorteile oft nicht scheren und der – allen Lippenbekenntnissen zum Trotz – durch sein Wahlverhalten den Politikern lieber die Garantie des Besessenen als die Vorsorge für das Gefährdete abzwingt.

Einen Überblick zur Theoriegeschichte der Demokratie gibt Reimann (1992); zu ihrer Realgeschichte am exemplarischen Fall Großbritanniens siehe Mayer (1999). Über die Herausbildung verschiedener Wahlrechtssysteme und ihre politischen Folgen informiert Grafman (1986). Zu den Hoffnungen und tatsächlichen Wirkungen plebiszitärer Instrumente siehe Maurer (1997). Zur tatsächlichen Amtsauffassung und Amtsführung der einen Großteil der politischen Klasse ausmachenden Abgeordnetenschaft siehe Patzelt (1995). Insgesamt finden sich alle hier wirkenden Zusammenhänge dargestellt in Patzelt (2003a).

Im Übrigen kommt natürlich auch im Rahmen demokratischer Verfassungsstaaten vielerlei dessen zur Wirkung, was wir schon von der Diskrepanz zwischen menschlicher Ausstattung und der Anonymität in der Massenzivilisation kennen.

Fünf Merkmale sollen im Folgenden aufgezählt werden: Erstens die Verantwortlichkeit. Man erinnert sich, dass der kleine Kaufmann seine zwei Mitarbeiter nicht entlassen kann, weil er um ihre Sorgen weiß, die Stockholder eines Mulis in New York aber entlassen unbesorgt tausend Mitarbeiter in London, weil sie keinen von ihnen kennen. Und wer ein Land regiert, der kann zwar anhand von Statistiken die Lage gut im Blick haben, doch hinter solchen Durchschnitts- oder Eckwerten tritt die Masse der Bevölkerung, ob sie nun für oder gegen die Regierung gewählt hat, anonym zurück.

Freilich sollte man in Staaten mit demokratischem Wahlrecht, zumal mit in eigenen Wahlkreisen gewählten Abgeordneten, keine große Unsicherheiten vermuten. Alle Untersuchungen zeigen, dass Politiker, die den Bürgern effektiv verantwortlich sind, deren Anliegen und Sichtweisen sehr gut und jedenfalls viel besser kennen, als man annehmen würde.

145

Persönliche Vertrautheit wird mitunter gar zum Problem. Nicht dem Nachbarn gegenüber ist ein Politiker in erster Linie verantwortlich, sondern der gesamten Bevölkerung des Gebiets, für das er zuständig ist. Und da können die Interessen der vielen nicht persönlich bekannten Menschen durchaus schwerer wiegen als die Interessen derer, die man persönlich kennt. Doch unsere kreatürliche Ausstattung macht es viel leichter, sich um die persönlichen Bekannten zu sorgen, als um jene, die wir nur vom Hörensagen kennen.

Zweitens die Rang/Risiko-Korrelation. In der anonymen Gesellschaft ist noch fast jeder Minister, wie sehr auch immer er den Bürgern geschadet haben mag, wohlausgestattet und unverklagt von der Szene gegangen. Ebenso werden unsere Beamten- und Angestelltenvertreter, die die absolute Majorität der Bürger in allen Volksvertretungen repräsentieren, es nicht am eigenen Leibe spüren, wenn ihre Politik Tausende von Gewerbetreibenden ruiniert, die sich, am Markt alleingelassen, behaupten müssen. Freilich haben wir auch gesehen, dass es leicht auf den Holzweg führt, wenn man bei gewählten Politikern eine andere als die in den Amtsverlust mündende Haftung für politische Führungsfehler einführt. Da mag es immerhin ein Trost sein, dass nach allen Umfragen die Politiker gar nicht hoch im Ansehen stehen.

Drittens das Schwinden des Verantwortungsgefühls infolge des steigenden Verantwortungsumfangs. Nehmen wir jene absichtsvolle Schädigung des Nachbarn, dann stellen wir fest, dass nur wenige Kriege von Massenbewegungen erklärt wurden, vielmehr fast alle von Regierungen, obwohl diese wissen mussten, dass das Unheil, das sie über die „kleinen Leute" bringen werden, größer sein muss als wessen Gewinn auch immer.

Hinzu kommt, dass mit Zunahme des Verantwortungsumfangs die ebenfalls an Reichweite zunehmenden Folgen des eigenen Handelns und zumal die ungeplanten Nebenfolgen planmäßiger Handlungen immer schwerer abschätzbar, ja, mitunter völlig unerkennbar werden. Erst recht gilt das für alle Folgen, die mit Zeitverzögerung eintreten. Da fehlt dem Gefühl für das, was es eigentlich zu verantworten gilt, schon das Zeitmaß eines Lebens: Man wird ja nicht mehr im Amt sein oder nicht mehr kandidieren, wenn sich zeigt, was angerichtet wurde.

146

Des Weiteren kommt hinzu, dass der Eigennutz in der kleinen Welt des Privaten und der Gemeinnutz für das Staatsganze nicht notwendigermaßen kongruent sind. Krieg schädigt zwar immer die „kleinen Leute", doch der Schaden mag oft geringer ausfallen, wenn man nicht darauf wartet, erst einmal überfallen zu werden. Das von Deutschland im Zweiten Weltkrieg überfallene Europa könnte aus dem Schaden, den der allzu späte Entschluss zum Krieg gegen das nationalsozialistische Regime mit sich brachte, eigentlich klug geworden sein. Wirklichen Anreiz zu solchem Lernen hat freilich nur der, der einen größeren Verantwortungsumfang hat als den, die eigene kleine Lebenswelt zu schützen.

Viertens der Selbstschutz der Institutionen. Wir machten die Erfahrung, dass Institutionen sofort ihren heeren Absichten abschwören, wenn ihre Existenz in Gefahr gerät, weil sie ansonsten eben diesen heeren Aufgaben nicht mehr nachkommen könnten. Dissidenten werden eingekerkert, sogar niedergeschossen, um der Humanität der großen Ziele zu genügen. Das gilt jedenfalls dann, wenn es nicht starke rechts- und verfassungsstaatliche Sicherungen samt machtvoll-unabhängigen Massenmedien gibt. Dieser Umstand ist entscheidend, denn Bürger haben ohnehin nichts von Institutionen, die sich im Krisenfall nicht behaupten wollen und können.

Fünftens die Lenkung unsere Regierenden durch die internationale Wirtschaft, die Kapitalflüsse und die daraus folgenden Zwangsabkommen. Was Karl Marx einst schwerpunktmäßig für den innerstaatlichen Bereich ausführte, gilt natürlich auch für das – nicht erst mit dem Kapitalismus entstandene! – internationale Handlungsgeflecht. Die vom Entwicklungsstand der Produktivkräfte abhängigen Produktions-, Konsumptions- und Distributionsverhältnisse bilden jene Basis, auf der allein sich der gesamte Überbau gesellschaftlicher, rechtlicher, kultureller und politischer Institutionen erhebt. Die Evolutionslehre kennt diesen Zusammenhang als „Schichtenbau der Wirklichkeit".

Die Lösung, die angesichts der fünf aufgezählten Merkmale zu verlangen ist, liegt zum einen im Aufbau von Strukturen für ein überstaatliches Regieren.

Aber es fehlt noch an politischen Steuerungsstrukturen, die – wie seit Jahrhunderten im engeren Rahmen des Staates – mit allgemein

147

verbindlichen Regelungen und Entscheidungen die Entwicklung der ökonomischen Basis in (welt-)gesellschaftlich erwünschte Bahnen lenken könnten, ohne zu Fesseln für die Entwicklung der Produktivkräfte zu werden. Die nämlich würden, wie Marx und die Geschichte gemeinsam lehren, ohnehin nur unter großem Schaden für gerade die „kleinen Leute" gesprengt.

Darum ist zum zweiten eine Verbesserung des internationalen Verbändewesens anzuraten: Dies betrifft seine Strukturen und Praktiken sowie sein Selbstverständnis.

Drittens muss, wie es in manchen Bundesstaaten oder dezentralisierten Einheitsstaaten im nationalen Rahmen längst erreicht ist, ein vernünftiges Verhältnis von Vernetzung und Subsystemautonomie angestrebt werden. Das Subsidiaritätsprinzip bietet, wie wir bereits sahen, dafür die geeigneten Maximen.

Auf diese Weise bestehen überall dort, wo Bürger sich unmittelbar beteiligen können, auch größtmögliche reale Spielräume der politischen Gestaltung. Auf den höheren Systemebenen – auf jener des Nationalstaats und der „internationalen Regime" – braucht es ohnehin Professionalisierung und Vollzeiteinsatz, wenn Partizipationsverlangen von einer massenmedialen Inszenierung zur verlässlich genutzten Selbstverständlichkeit werden sollen.

Regieren gegen den Bürger erscheint zunächst als Paradoxie, sind die Regierungen doch von einer Mehrheit der Bürger gewählt. Dennoch kommt es immer wieder dazu. Die Ursachen liegen nur in Diktaturen zuvörderst darin, dass sich die Regierenden um die Wünsche und Ansichten der Bürger nicht scheren. In Demokratien sind die folgenden Wirkungszusammenhänge viel wichtiger.

Betrachten wir die Differenzierung der Sache unter vier Aspekten von innen:

Erstens, das war schon zu bedenken, sind Politiker im demokratischen System gezwungen, Wahlen zu gewinnen. Darum gibt es nur in solchen Politikfeldern einen unmittelbaren Zwang, sich nach den Wünschen einer Mehrheit der Bürger zu richten, die bei Wahlen eine Rolle spielen. Viele Weichenstellungen werden aber zu Zeiten vorgenommen, in denen weder den meisten Politikern noch den meisten Bürgern die Tatsache, dass Weichen gestellt werden, bewusst ist.

148

Freilich hätte ein ganz anderer Kurs eingeschlagen werden können, hätte die Öffentlichkeit rechtzeitig eine massen- und somit politikwirksame Diskussion zustande gebracht. Und hier spielen nun freilich die Massenmedien eine fatale Rolle: Sie zwingen dem Nachdenken der Bürger über die politischen Gestaltungsaufgaben die einen Themen auf und entwinden dem öffentlichen Diskurs andere, getrieben von massenmedialen Selektionskriterien, doch nicht vom Rang und den Folgen der eigentlich zu erörternden Weichenstellungen selbst. Politiker aber stehen nicht allein unter dem Druck der Wirklichkeit, sondern – in einer Demokratie noch viel mehr als in einer Diktatur – unter dem Druck dessen, was die Massenmedien als wichtig handeln und auf ihre Agenda zwingen.

Zweitens kommt es gar nicht so selten vor, dass sich – etwa belehrt durch neue Erkenntnisse oder für zunächst unmöglich gehaltene Katastrophen – die Mehrheitsmeinung der Bürger ändert. Das kann unter dem Eindruck massenmedialer Berichterstattung schneller geschehen als eine Änderung der einmal auf den Weg gebrachten Politikprojekte möglich ist. Vor allem dann ist solches der Fall, wenn für wichtige Entscheidungen – Nuklearenergie früher, Einsatz der Gentechnik an Natur und Menschen heute – Weichenstellungen vollzogen werden, ohne dass die Bevölkerungsmehrheit ihre Präferenzen auf anderes gründete als auf gute Hoffnungen.

Hoffnungen sterben umso langsamer, je mehr man sich mit Projekten identifiziert, die eben solchen einst entsprangen. Ein klares staatliches Politikprogramm wird aber meist erst dann auf den Weg gebracht, wenn in Politik, hoher Verwaltung und interessierter Wirtschaft sich wirklich viele Hoffnungen auf seine Ergebnisse eingestellt haben. Es ist folglich alles andere als erstaunlich, dass die Träger einer solchen Politik Umschwünge in der öffentlichen Meinung auszusitzen versuchen und mit voller Absicht gegen eine Bürgermehrheit anregieren, im Vertrauen darauf, die Stimmung werde sich eines Tages schon wieder wenden.

Erst recht kommt es zu einer solchen Haltung, wenn die veränderte Haltung der Bürger sich nicht entlang von Parteigrenzen und Parteiprogrammen entwickelt. In einer von Parteien getragenen Demokratie entfaltet nun einmal nur das Schubkraft, was zwischen den Parteien, das heißt in Konkurrenz, ausgetragen werden kann.

149

Mehrheiten, die nur parteiübergreifend bestehen, haben hingegen keine effektiven Hebel, um sich auszuwirken. Sowohl viele neuartige Probleme als auch viele veränderte Positionen zu alten Themen treten nun aber quer zu den Argumentationslinien des parteipolitischen Diskurses auf und haben darum keine Chancen, unmittelbar über das Hebelwerk der Demokratie Entscheidungsdruck auszuüben.

Drittens ist eine Attitüde des „Regierens gegen den Bürger" nicht einfach nur verbohrt. Sie hat einen wichtigen Kern, auf den man mit dem Begriff des „Amtsethos" zu sprechen kommen kann. Auch in einer Demokratie sind Politiker nämlich nicht einfach nur Vollstrecker des empirisch vorfindbaren Volkswillens. Zu ihren Aufgaben gehört es vielmehr, jenem „hypothetisch zu unterstellenden" Volkswillen auf die Spur zu kommen, der sich dann einstellen würde, überblickte die politisch relevante Mehrheit des Volkes die zu regelnden Zusammenhänge ebenso gründlich, wie das bei einem redlichen und zeitaufwendigen Bemühen um Einsicht gelingt.

Zwar können sich Politiker nicht minder bei solchem Bemühen täuschen wie die Bürger. Und oft werden Politiker sich dieser Aufgabe ebenso wenig redlich unterziehen wie viele Bürger. Sie können also schuldhaft oder umgekehrt in unvorwerflicher Weise den hypothetisch zu unterstellenden Volkswillen verkennen. Gleichwohl ist es ihre Pflicht, sich niemals einfach darauf hinauszureden, die Mehrheit wolle eine bestimmte Politik oder lehne sie ab, weswegen in einer Demokratie dieser Meinung der Mehrheit eben zu folgen sei. Vielmehr haben sie zu einem eigenen Urteil zu kommen und genau diesem – und nicht der Bürgermeinung – zu folgen, wenn sie der Ansicht sind, dies fördere das Gemeinwohl besser als die der Bevölkerungsmehrheit wünschenswerte Alternative.

So verfahrende Politiker haben allerdings den Bürgern Rede und Antwort zu stehen, warum sie gegen den Bürgerwillen anregieren, und sie haben sich bei der nächsten Wahl abwählen zu lassen, falls die Bürger dann immer noch ihre Mehrheitsmeinung für durchsetzenswerter halten als die von ihren Politikern bislang durchgehaltene Linie. Am Wahltag endet nämlich die Verantwortlichkeit des Politikers. Niemand anderer als der Bürger ist für seine Wahlentscheidung und alle deren Folgen verantwortlich zu machen. Doch sobald ein

Wahlamt (wieder) angetreten ist, darf der Politiker die nunmehr von ihm übernommene Verantwortung nicht mehr an die Bürger delegieren: Er muss selbst entscheiden und hat dabei jedes Recht, sich solange gegen die Mehrheit der Bürger zu stellen, wie er nicht aus seinem Amt abgewählt wird.

In der freundlichen Formulierung Ernst Fraenkels heißt das: Gewählte Politiker haben die empirisch vorfindbare Volksmeinung zu „veredeln". Doch faktisch kann das gleichbedeutend sein mit einem Regieren gegen den Bürger – betrieben aus besten Absichten und am Wahltag wieder dem Urteil des Bürgers unterstellt.

Wählt der Bürger dann nicht jene ab, die gegen ihn regieren, so kann das daran liegen, dass vom Bürger andere Gesichtspunkte als noch wichtiger angesehen werden und zu Parteiloyalität mit zusammengebissenen Zähnen führen. Mitunter zieht ein solches Verhalten nach sich, dass für bestimmte Politikfelder die Wählermehrheit für ein politisches Lager und die Meinungsmehrheit zu einem politischen Thema ziemlich auseinander fallen. Freilich wird, was die Menschen nachhaltig bewegt, über kurz oder lang zwischen die parteipolitischen Fronten geraten oder im überparteilichen Kompromiss geregelt werden. Doch bis dahin ist es natürlich so, dass auf einem bestimmten Politikfeld gegen die Mehrheit der Bürger Politik gemacht wird.

Das ist für eine Demokratie ein ziemliches, wenn auch gar nicht so schwer erklärbares vorübergehendes Paradox.

Gar nicht paradox ist es, dass stets eine Minderheit unterliegt und gegen sie anregiert wird: Das ist ganz einfach die Folge des Mehrheitsprinzips. Eher nach den Wünschen der unterlegenen Minderheit als nach jenen der zutage getretenen Mehrheit zu regieren, vertrüge sich weder mit dem Demokratieprinzip noch mit dem gesunden Menschenverstand. Kann man freilich mangels Personal- und Sachalternativen jene nicht abwählen, die kontinuierlich gegen die Bürger anregieren, dann ist in der Tat das ganze System schlecht eingerichtet.

Vielleicht – viertens – mangelt es an Möglichkeiten verändernder Bürgerbeteiligung. Dann sind Instrumente wie Volksbegehren und Volksabstimmungen, Bürgergutachten und Bürgerbeiräte einzurichten. Vielleicht mangelt es an einer politischen Kultur, die eine aktive

Bürgerrolle hochschätzt. Dann sind Schulen und Erzieher gefragt. Oder es muss sich ganz einfach nur der Kristallisationspunkt einer neuen Partei oder Massenbewegung finden, der erstarrte Strukturen zum Schwingen und Brechen bringt. Gelingt nichts von alledem, wird entweder das beklagte Problem nicht übergroß sein oder eine Revolution fällig werden.

Aus welchem dieser Gründe auch immer: Es stellt sich immer wieder heraus, dass Politiker in die Lage kommen, den Interessen und Ansichten sogar von Mehrheiten nicht entsprechen zu wollen oder nicht entsprechen zu können.

Nach dieser Untersuchung der inneren Umstände folgt nun eine Zusammenfassung der Sicht von außen. Denn es kann sein, dass Regierungen von internationalen Abkommen regiert werden und es also darauf ankommt, dass die Bürger von ihren Regierungen lautstark verlangen, sich auch für übernationale Vernunft einzusetzen.

Schließen wir einige der bekannten Fälle an:

Die Produktion von Nuklearenergie ist schon in vielen Staaten von der Mehrheit der Bürger unerwünscht. Sogar die Lieferung von Atomstrom möchte man vermeiden, um die Reaktorbetriebe nicht zu fördern. Der Hergang ist bekannt. Zur Zeit der Kernkrafteuphorie gab es einen Konsens darüber. Die Physiker hatten das Energieproblem der Wirtschaft gelöst: Sie können Brennstäbe auf- und abdrehen. Dann stellte sich heraus, dass das Abdrehen komplizierter ist. Unfälle und ihre Folgen wurden bekannt. Atommüll machte Weltreisen, siedelte herum. Man versucht zu vergraben, zu verschachern oder lässt den Müll in der See verschwinden.

Das alles wollten die Bürger nicht. Jetzt aber stehen die Kraftwerke herum, sind kaum abzuschaffen, und die Betreiber mit ihren Regierungen haben enorme Schulden zurückzuzahlen. Selbst wenn in Staaten mit zureichend gebildeten Bürgern der Betrieb eines Atomkraftwerks noch verhindert wurde oder bereits der Austritt aus der Kernkraft verhandelt wird, so dreht sich das Karussell der Geschäftemacher in den „Nachholstaaten" doch wieder weiter.

Genmanipulierte Nahrung hat sich eher still auf dem Markt eingeschlichen. Zum Eklat kam es wegen des Gen-Maises. Heute möchte diesen niemand mehr haben, und dennoch bleibt man besorgt, ihn möglicherweise aus dem Großmarkt heimzutragen. In

152

Frankreich haben ganze Gemeinden in bürgerlichem Ungehorsam die Aussaat verboten, und siebzig Prozent der französischen Bevölkerung sind auf deren Seite. Das Drängen, Gen-Mais einzuführen und auszupflanzen, setzt sich aber über die Konzerne fort, die damit weiterhin ganze Staatengemeinschaften unter Druck bringen. Und niemand kann sagen, was die kontaminierten Pollen, die weltweit herumfliegen, alles anrichten werden.

Was die Manipulation des menschlichen Genoms betrifft, so dürfte auch diese nicht aufzuhalten sein. Wenn es einmal gelingen sollte, die Anlage für eine Erbkrankheit herauszuschneiden, wird man es tun müssen. Ebenso gewiss aber wird das Ethos von heute die Grenzen nicht finden. Offen bleibt die Frage, ob nun auch das „Aggressions-Gen" und dann das „Abweichler-Gen" herausgeschnitten werden sollen. Das schreckliche Bild jener Industrie- und Staatskommissionen wird man vor Augen haben, die über diese Frage entscheiden werden müssen.

Offenbar handelt es sich um die Interessen der „Multinationalen". Es geht um deren Konkurrenz und deren Ringen ums Überleben. Die Länder mögen sich zunächst *bona fide*, den Unbedenklichkeitserklärungen vertrauend, auf die Liberalitätsvereinbarungen eingelassen haben, denen sie sich rechtlich, aber auch aus eigener Konkurrenzsorge nicht leicht werden entwinden können.

Tierfabriken und Tierferntransporte wollen die Bürger auch nicht – wenigstens nicht, wenn sie über derlei reden. Ihr Kaufverhalten (lieber billiges Supermarktfleisch als teures aus Ökobetrieben) spricht oft eine andere Sprache. Mitgefühl und Geldbeutel sind nun einmal zweierlei. Nun sind es die Tierschützer, die verübte Gräuel aufgedeckt und veröffentlicht haben. Und man ist sich zu allem noch immer nicht einig darüber, ob Tiere auch Kreaturen sind oder doch nur Objekte.

Immer wieder aber sind es Bedingungen der Ökonomie und der zwischenstaatlichen Konkurrenz, die Konzessionen für solche Unternehmungen durchgehen lassen.

Um die Globalisierungstreffen der Wirtschaftsminister der Industrienationen entfalten sich seit Jahren und auf welchem Kontinent auch immer die spektakulärsten Proteste; friedlich mit Spruchbändern und skandierten Parolen, aber auch gefolgt von Auftritten eini-

153

ger Rabiater. Es kommt zu Schlägereien, blutigen Köpfen und Toten. Ganz offensichtlich ist die Öffentlichkeit alarmiert, verfügt aber, wie wir schon gesehen haben, noch nicht über die nötigen Institutionen, um aus Protest wirkungsvollen Einfluss und aus gewalttätigen Demonstrationen zivilisierte Lobbyarbeit zu machen. In den begüterteren Nationen sorgt man sich um Abtransporte der Industrie in Billigländer. Dagegen sind Regierungen, Gewerkschaften, Parteien und Verbände machtlos. Und noch mehr hat die Humanität mit der Verschleppung der Globalisierung in die „dritte Welt", durch diese Art neuer Kolonialisierung, nur gelitten.

Freilich ist es nicht jedermanns Sache, vor Polizeikordons herumzutoben. Daher wissen wir nicht, wie groß der Prozentsatz der Sympathisanten für solche Proteste in den jeweiligen Regionen tatsächlich ist. Die allgemeine Stimmung lässt aber erwarten, dass er, und zwar weltweit, hoch ist. Es müssen der wirtschaftliche Druck auf Expansion sowie ihre akkordierten Abkommen sein, die die Industrienationen entgegen stetigem Rabatz und Bedrängung durch Bürgerinitiativen an der Globalisierung festhalten lassen.

Das sind Bedingungen, die nicht nur unsere Politiker gängeln, sie ruinieren auch noch die mit Mühe entwickelte Humanität der parlamentarischen Demokratien. Darauf hat besonders Wolfgang Hingst hingewiesen. Der einzige Ausweg aus diesen globalisierten Konflikten scheint wiederum die überstaatliche Institutionenbildung samt wirkungsvoller Partizipationsstrukturen zu sein, mit subsidiärer Kompetenzverteilung zwischen globaler, nationaler, regionaler und lokaler Ebene sowie größtmöglicher Autonomie der jeweils niedrigeren Steuerungssysteme bei umfangreicher Bürgerbeteiligung an der gesellschaftlichen Basis.

Kann Vernunft durch Autonomie erreicht werden? Und wenn ja, was aber soll das heißen? Sind wir Bürger als Souverän und als „König Kunde" denn nicht autonom, Herr unserer Entscheidungen? Und wenn Wirtschaftsvernunft weltweit auch nicht in Aussicht steht, können wir sie im engeren Kreis erreichen?

Was unseren Status als „König Kunde" betrifft, hat John Galbraith schon früh nachgewiesen, dass Kunden natürlich bearbeitet werden müssen. Selbstverständlich werden sie lange bevor ein Produkt auf den Markt kommt auf das Glück vorbereitet, das ihnen mit

154

dessen Erwerb zuteil werden wird. Schließlich befindet sich unsere ganze „Wegwerfgesellschaft" in den Fängen der Industrie. Schon durch diese Tatsache ist auch unsere Souveränität beschränkt.

Dagegen zeigen unsere „Aussteiger", dass sie zwar nicht dieser Welt, aber doch dem Zwang der Industrie und der Gängelung durch die Weltwirtschaft weitgehend entkommen können. Und dennoch wird das Taschenmesser dem Steinschaber vorgezogen. Auf eingeschneiten Berghöfen ist man darauf eingestellt, Schuhe eigenhändig zu besohlen und Käse und Brot selber zu machen. Abgelegene Weiler erreichen eine weitgehende Autonomie, nur Werkzeug, Petroleum und das Batterie-Radio kommen von außen. Es geht neben Bequemlichkeit im Wesentlichen um das Verhältnis von Eigenproduktion und Verflechtung mit der Umgebung. Härter formuliert: Es geht um das Verhältnis von höherer oder niedrigerer Arbeitsteilung und um jene Opportunitätskosten, die in beiden Fällen unausweichlich zu tragen sind.

Die Verflechtungsgrade einer Gemeinde, einer Region, eines Staates oder Kontinents sind sehr unterschiedlich. Und es kann sein, dass sich die mittleren Größen als am stärksten verflochten erweisen. Man kann einer Gemeinde noch einige Autonomiegrade zutrauen, so, wie auch Europa fast nur über Erdöl und japanische Autos (man sagte mir, zu fünfzehn Prozent) von seiner Umgebung abhängt.

Wenn Vernunft weltweit nicht durchsetzbar scheint, bleibt doch die Möglichkeit, entgegen dem Neokolonialismus der Globalisierung zu zeigen, dass es einem mit ökologischer Vernunft im Sinne von Eigenproduktion und Entflechtung besser geht. Freilich entfaltet sich ökologische Vernunft nicht allein in entflochtenen Strukturen. Doch ist es wohl besser, mit nachahmenswerten Vorzeigemodellen auf einer räumlich begrenzten Ebene zu beginnen, als auf das Pfingstwunder weltweiter ökologischer Einsicht zu warten.

Die Folgen der Entflechtungen kennen wir noch nicht. Allein die westliche Handelsmoral hat jenen Tiefstand erreicht, der einen zwingen soll, quer über die Kontinente Dinge abkaufen zu müssen, die man wirklich nicht haben will. Weitsichtige Ökonomen und Politologen sind aufgerufen, jenseits von Finanz- und Wirtschaftskriegen praktikable Modelle vorzuschlagen.

155

Zur Bildung „internationaler Regime", mit denen der Evolutionsprozess politischer Strukturen über die Ebene der Staaten hinausgetrieben wird, siehe Rittberger (1990) und Krasner (1983). Zu den Problemen und Möglichkeiten eines „übernationalen Parlamentarismus" siehe Kuper (1991), Kuper/Jun (1997). Über die Partizipationsmöglichkeiten international agierender Interessensgruppen informieren Weiss (1996) und Klein (2001).

3.6. Die Institution der Demokratie

Ein Witz von Winston Churchill machte einst die Runde. Er besagt, dass die Demokratie die übelste Regierungsform sei – allerdings mit Ausnahme aller anderen Regierungsformen. Darum sei, wie schon im vorigen Abschnitt, vom Besten aller Übel, von der parlamentarischen Demokratie des Westens, auszugehen. Unterziehen wir sie einer näheren Betrachtung.

Den Problemen der rechten und linken Ideologien, der Oligarchie, den Glaubens- und Wirtschaftsinstitutionen sowie den Folgen der Kapitalflüsse sind wir schon begegnet, auch der Pervertierung der Tötungshemmung, der Problematik von Rang und Risiko und dem Umfang und Gefühl an Verantwortung. Alle diese Formen der Einladung zur Inhumanität zeigten sowohl einen Zusammenhang als auch einen Gegensatz zwischen unserer Sozialisierung in der Kleingruppe und den Bedingungen in der anonymen Massengesellschaft. Davon sind wir ausgegangen. In der Tat ist damit auch das Grundproblem aller Ausgestaltung und Führung politischer Systeme genannt.

Wir fragten uns bereits, wie diesem Mangel zu begegnen sei. Einiges kann Erziehung leisten, Predigt über Menschenliebe oder Kants Kategorischen Imperativ.

Aber das alles hat Grenzen. Wird der Druck zu groß, wird auch der Inhalt jeglicher Predigt überlaufen. Jedoch, das Gesicht gegenüber, das persönliche Kennen, der Handschlag und die Verantwortung gegenüber dem „Du" könnten uns von der Einladung zur Verantwortungslosigkeit, wie sie die Anonymität anbietet, befreien. Ist solch eine politische Kommunikation auf der Basis des „Du" möglich?

Subsidiarität ist auch hier wieder ein wichtiger Begriff, der diesem Gedanken nahe steht. Das Wort leitet sich bekanntlich von *subsi-*

156

dium, „Hilfe", ab, meint gegenseitige Hilfe und bezeichnet eine Gesellschaftsauffassung, die gegen Zentralismus und Kollektivismus gewendet, für die Eigenverantwortlichkeit kleiner Sozialgebilde steht. Ab den 1930er-Jahren wurde der Begriff bekannt, weil er in der katholischen Sozialleher eine Rolle spielte, die 1931 allen Grund hatte, sich mit einer Sozialenzyklika gegen Kommunismus und Faschismus zu wappnen. Anmut, Humanität und Gläubigkeit der christlichen Familien hatte man im Auge und den hierarchischen Aufbau der Kirche vom hilfreichen Landpfarrer bis zum hilfreichen Bischof.

Wieder finden wir uns, mit Erinnerung an Rousseau, vor der Frage, ob es für die Wahrnehmung der Kreatur und für gelebte Humanität der Berufung auf ein metaphysisches Prinzip bedarf. Oder genügt eine Berufung auf die Ausstattung des Menschen, mit dem Vorteil, dass, wo immer es Menschen gib und gleich unter welcher Religion und politischen Doktrin, diese Auffassung anwendbar ist? Die Kreatur muss ihre kleinen Rahmen finden.

Beachtenswert dabei bleibt, dass dem gegenüber die Parolen der Massen, Aufmärsche der Kraftentfaltung, Militärmusik, Fahnengeflatter und Panzerkolonnen nicht minder faszinieren. Das machtvolle „Zusammen" kann sich durchsetzen. Zwar haben Staaten mit einer gewissen Sensitivität für die Funktion der kleinen Gruppierungen, Gemeinden, Regionen und Bundesländer diesen auch ihre politischen Funktionen belassen. Aber in den (gefährlichen) Belastungs- und Ausnahmesituationen haben sich Parolen, Fahnen und Panzerkolonnen gegenüber Familien und Dorfgemeinschaften durchgesetzt.

Dieses Vorgehen hat einesteils einen guten Grund. Andernteils wird die Lösung eines Problems oft selbst zum Problem, und so auch hier.

Nicht umsonst haben die politischen Philosophen sich nie auf eine gemeinsame Vorstellung vom menschlichen „Naturzustand" einigen können. War es bei den einen, etwa bei Rousseau, ein guter Zustand der Friedfertigkeit, zu dem wir zurückkehren sollten, so war der Naturzustand bei anderen, am tiefgründigsten bei Hobbes, das Übel eines „Krieges aller gegen alle".

Wie so oft hat die Verengung des Denkens von richtigen Ausgangsbeobachtungen aus zu entstellenden Einseitigkeiten geführt.

Wir kennen das von Leibniz und Voltaire. Was zwischen Habichten und Tauben gilt, erzeugt auch das Sicherheitsdilemma von Menschen und Staaten: Solange es nur Tauben gibt, muss sich niemand fürchten. Das Auftreten eines einzigen Habichts aber beendet die Zeit des Paradieses. Eine Population, die nur aus Habichten besteht, wird aussterben. Ein bestimmtes Mischungsverhältnis von Habichten und Tauben aber, so unfreundlich das klingt, wird ökologisch stabil sein. Das wird freilich keine einzige Taube trösten, die einem Habicht zum Opfer fällt. Wie also löst man das Sicherheitsdilemma in einer Welt der Tauben, in der die Habichte nicht auf Dauer auszumerzen sind?

Die Problemlösung war gefunden, als politische Autorität entstand. Damit war eine Macht gemeint, die sich oberhalb der konkurrierenden Kleingruppen befand, mächtiger auch als jeder potenzielle Friedensstörer war, die allen ihre Existenzbedingungen und bestenfalls sogar selbstbestimmte Entwicklung sicherte, ihnen allen aber auch verbindliche Regeln als Voraussetzung friedlichen Zusammenlebens auferlegte und diese nachhaltig durchsetzte. Wo letzteres nicht gelang, brachen die Sozialverbände wieder auseinander und landeten im Bürgerkrieg, in der Unterjochung durch andere Oberherren oder schlimmstenfalls in der physischen Auslöschung durch ihresgleichen oder andere. Weil uns sozialorganisatorisch das Überleben in sichernden Hierarchien auch aus dem Tierreich bekannt sind, haben wir allen Grund zur Annahme, dass auch die so oft zu beobachtende Begeisterung für eine Zentralgewalt und für ihre Symbole, für Machtentfaltung in der Masse und deren Rituale eine evolutionsgeschichtlich tief in uns verankerte Grundlage hat. Von ihr lösen wir uns durch Willensentschluss ebenso wenig wie von unseren anderen natürlichen Anlagen.

Indem wir jene Dialektik verstehen lernen zwischen unserer typischen Friedfertigkeit in kleinen Gemeinschaften und der stets wiederkehrenden Erfahrung, dass sich solche Friedfertigkeit verliert, wo nicht die Bildung übergreifender Gemeinschaften gelingt, können wir konstruktiv und entlang unserer kreatürlichen Ausstattung mit jener Dialektik umgehen.

Längst liegt der Schlüssel zur Lösung des Problems übermächtiger, unterdrückerischer und lernunwilliger Zentralgewalt vor unseren Augen: Auch politische Strukturen müssen wie jener Schichtenbau so konstruiert sein wie es die vorgegebene Struktur der Population und deren Bildungsniveau selbst anbieten.

Bei Fragen, die Krieg und Frieden betreffen, wird es den meisten besser erscheinen, auch oberhalb der Staaten eine so genannte Friedenswahranstalt mit dem Monopol der legitimen Zwangsgewalt zu besitzen. Aber überhaupt nicht einleuchten wird, dass nationale Kulturen global vereinheitlicht oder regionale Märkte auf internationaler Ebene zwangsvereinigt werden sollten.

Unter diesen Bedingungen freilich stellt sich die Frage, wie denn die Mitwirkung der Bürger am politischen Geschehen auf den oberen Ebenen des politischen Schichtenbaus zu organisieren sei.

Immerhin wird es auch hier Vorteile bringen, wenn die konstruktiven Eigenschaften der basaleren Schichten zu den oberen Schichten des Baus der Wirklichkeit hindurchreichen.

Folgendes ist in diesem Zusammenhang bereits klar geworden: Auf kommunaler Ebene kann man mit Bürgerversammlungen, Bürgerentscheiden und mit Direktwahl der meisten Amtsträger sehr gut auskommen. Die schweizerische Landsgemeinde funktioniert, und sie würde auch vielerorts außerhalb der Schweiz funktionieren. Aber leicht ist zu sehen, dass sich schon Länder wie Österreich oder Deutschland ausschließlich durch Volksversammlungen oder Volksabstimmungen nur schlecht regieren lassen würden. Für größere Nationen wie China, überstaatliche Strukturen wie die EU oder eine machtvoll gewordene UNO gilt das erst recht. Im Übrigen verliert auch die direkte Bürgerbeteiligung ihre Vorzüge dort, wo regional verankerbares Verantwortungsgefühl und nationaler beziehungsweise übernationaler Verantwortungsumfang auseinander gehen.

Allerdings sind die zwei grundsätzlichen Wege zur Problemlösung längst gefunden. Der eine heißt Föderalismus und meint eine Vielzahl von institutionellen Arrangements, die – geleitet vom Subsidiaritätsprinzip – kleinere und größere Gemeinschaften, Gliedstaaten und Oberstaaten miteinander verbinden.

Die Varianten reichen vom Konsens hinsichtlich gemeinsamer Ziele, Regeln und Verfahren auf beschränkten Politikfeldern zur Konstituierung eines „internationales Regimes" über Bündnisse und Organisationen aller Art bis hin zu Staatenbünden, Bundesstaaten und dezentralisierten Einheitsstaaten.

Natürlich stellen sich bei so kompliziertem Strukturgefüge die vertracktesten Ausgestaltungsaufgaben. Fehlkonstruktionen, die sich nicht bewähren und nach unterschiedlicher Bestandsdauer um ihre Existenz kommen, sind genauso üblich wie in der Evolution der Arten. Und Fehlkonstruktionen gibt es in der Wirklichkeit mehr als nötig, da Menschen die Schaffung politischer Systeme notgedrungen vermittels Kompromissbildung und selten als Lernen aus der Geschichte betreiben.

Noch schlimmer ist es auf internationaler Ebene. Während wir im Bereich der Staaten, also auf der Ebene des innerstaatlichen Föderalismus und der zwischenstaatlichen Organisationen inzwischen recht gut wissen, was sich mit welcher Wahrscheinlichkeit wie gut bewähren wird, sind wir im Bereich der überstaatlichen Strukturen noch ganz in der Phase von Versuch und Irrtum.

Genau solche überstaatlichen Strukturen brauchen wir aber, wenn wir mitgestalten wollen. Dass Mitgestaltung bislang eine Aufgabe unbewältigte ist, fühlen heute sehr viele, ganz gleich, ob Wissenschaftler, Diplomaten oder hilflos-zornige Globalisierungsgegner.

Die Wege scheiden sich dort, wo die einen diese Aufgabe über weitere Versuche und natürlich auch Irrtümer bewältigen wollen, aus denen dann zu lernen wäre, die anderen aber Irrtümer so sehr scheuen, dass sie gerne die Herausforderung selbst zum Verschwinden brächten, auf die schließlich „politische Globalisierung" die notwendige Antwort wäre, nämlich die Globalisierung von Wirtschaft und Gesellschaft.

Es braucht wenig prophetisches Talent, um zum Urteil zu gelangen, dass sich die Globalisierung von Wirtschaft und Gesellschaft nicht rückgängig machen lässt, ohne die (Zer-)Störung genau der Grundlagen jener Wirtschaftsmacht und Gesellschaftsdynamik, die den regionalen und nationalen Rahmen seit Jahrzehnten überschreiten. Unsere natürliche Umwelt ist von jeher global. Das beginnen wir allerdings erst jetzt – angesichts des Ozonlochs und El Nino, der Erderwärmung und des Rückgang ökologischer Senken – zu begreifen und zu akzeptieren.

Der andere Weg heißt *Repräsentation*. Repräsentation als eine Form der Arbeitsteilung: Andere verrichten unter attraktiven Bedin-

160

gungen Arbeiten und Dienstleistungen für einen selbst. Man kontrolliert deren Arbeit, und man verlängert den Auftrag nur, wenn man wenigstens halbwegs zufrieden ist und keine bessere Alternative sieht. Wirkungsvolle politische Repräsentation kommt zustande, wenn gleichzeitig drei Dinge gegeben sind.

Erstens muss es Anreize dafür geben, dass die Repräsentanten – gleich ob Bürgermeister, Abgeordnete oder Minister – im Interesse der Repräsentierten handeln.

In diesem Zusammenhang sind stabile Parteien ziemlich vorteilhaft, weil diese in viel weiteren Zeithorizonten planen müssen als einzelne Politiker. Der Minister, der eine Fehlentscheidung getroffen hat, ist längst vergessen, während man von seiner Partei sehr wohl noch weiß, wie sie damals regierte, und das kann man bei der nächsten Wahlentscheidung wieder berücksichtigen.

Zweitens muss sichergestellt werden, dass Repräsentanten und Repräsentierte ganz unabhängig voneinander handeln können. Auf der einen Seite leuchtet unmittelbar ein, dass es für den Auftraggeber ohnehin keinen Grund gibt, sich von seinem Auftragnehmer das eigene Urteil und die eigene Handlungsbefugnis nehmen zu lassen. Das erfahrungsgemäß beste Mittel der Repräsentierten, sich unabhängige und wirkungsvolle Handlungskraft zu bewahren, besteht nun aber in Meinungs-, Versammlungs- und Vereinigungsfreiheit, also in kritischen Medien, im Demonstrationsrecht und in der jederzeit nutzbaren Möglichkeit, konkurrierende politische Organisationen zu bilden, die jenen das Leben schwer machen können, denen man bei den letzten Wahlen den Zuschlag gab.

Verfeinerungen und Ausweitungen dieser Möglichkeiten bestehen darin, Amtsträger während ihrer Amtszeit abwählen zu können oder mit Volksbegehren und Volksabstimmungen dem Tun der Repräsentanten neue Wendungen zu geben.

Auf der anderen Seite leuchtet nicht minder ein, dass es weder Sinn machte, Repräsentanten zu bestellen, noch dass es irgendeinen der üblichen Vorteile von Arbeitsteilung erbrächte, wenn die Repräsentanten jederzeit und unmittelbar den Wünschen der Repräsentierten folgen müssten. Ihre wesentliche Leistung soll ja gerade darin bestehen, den anstehenden Problemen und deren Vernetzungen gründlicher nachzugehen, als die Masse der ihrem Beruf nachgehenden Wähler das tun kann. Wirkungsvolle Mittel dafür sind nicht allzu kurze Amtszeiten sowie die Bindung staatlicher Amtsträger allein an Recht und Gesetz, nicht aber an die Zustimmung der öffentlichen Meinung. Man kann sogar sagen: Der Kern der politischen Repräsentation besteht darin, das Potenzial für Konflikte zwischen den Repräsentierten und den Repräsentanten, zwischen dem Volk und seinen Vertretern, genau zu verstehen.

Drittens ist ein Zustand des Straßenkriegs zwischen Bürgern und Regierung natürlich weder anzustreben noch ein Zustand von Repräsentation.

Repräsentation besteht nur solange, wie es auf der Grundlage eines maximalen und institutionell gesicherten Konfliktpotenzials den Repräsentanten gelingt, dieses Konfliktpotenzial im Großen und Ganzen befriedet zu halten. Häufige Konflikte dürfen nicht allzu heftig, heftige Konflikte nicht allzu häufig sein. Erfahrungsgemäß führt zu diesem Zustand zweierlei.

Einesteils ist das praktizierte Responsivität der Repräsentanten, also deren reales Eingehen auf die selbstbekundeten Interessen der Repräsentierten. Andernteils braucht es praktizierte politische Führung, also gekonnte und nachhaltige Versuche der Repräsentanten, in offenen Diskussionen den Bürgern zu erklären, was sie als Politiker tun oder nicht tun, und aus welchen Gründen sie welche Handlungen vornehmen oder unterlassen. Entweder überzeugt das – und sei es durch Gewöhnung – die Repräsentierten, oder aber die Repräsentierten befördern ihre Repräsentanten bei der nächsten Wahl aus ihren Ämtern. Genau das ist in gut eingerichteten Systemen die Quittung für ein Scheitern bei dem Versuch, wirklich die Wähler zu repräsentieren.

Leistungsfähigere politische Strukturen als die beschriebene Verbindung von Repräsentation mit *Demokratie* sind jedenfalls bislang nicht gefunden worden.

Es ist auch nicht zu sehen, welche grundsätzlich besseren Baupläne es für sowohl leistungsfähige als auch von den Bürgern mitgestaltete politische Systeme geben könnte. Im Schichtenbau der politischen Steuerungsstrukturen kommt dann freilich alles darauf an, Demokratie und Repräsentation mit dem Prinzip des Föderalismus zu verbinden.

162

Diesem Ansatz steht allerdings nicht nur so manche Konstruktionsschwierigkeit föderativer Repräsentation entgegen: Wie repräsentiert man beispielsweise ein Volk, das sich als solches gar nicht versteht (etwa das „europäische Volk"), oder eine politische Gemeinschaft, wenn faktisch doch nur konkurrierende Regierungen als Wortführer der von ihnen Repräsentierten auftreten (wie die europäischen Regierungen im Europäischen Ministerrat oder alle Regierungen der Erde in der UNO)?

Es steht vielmehr der Verbindung von Demokratie, Repräsentation und Föderalismus nicht minder eine Vorstellung von Demokratie entgegen, die den – uns aufgrund unserer kreatürlichen Ausstattung so sehr einleuchtenden – Kleingruppenhorizont unmittelbar auf größere Gemeinschaften erweitern will, beim Übergang zu welchen freilich ganz unbemerkt für unsere Sinne Quantität in Qualität umschlägt.

Die Rede ist von der „direkten" oder „unmittelbaren Demokratie". Das Vertrackte bei dieser Vorstellung ist vor allem, dass sie ganz unterschiedliche Dinge auf einen plausiblen gemeinsamen Begriff zu bringen erlaubt. Es wird zusammengebracht, was sich nicht gut zusammenfügt. Tatsächlich sind es vier ganz verschiedene Ansätze, die gemeint sein können, wenn man von „direkter Demokratie" spricht.

(1) Das eine ist die Vorstellung einer „identitären Demokratie". Sie geht von einer Identität der Regierenden und Regierten aus. Das ist eine in jeder Kleingruppe gegebene Möglichkeit. Darum leuchtet sie uns, die wir von Natur aus für das Leben in Kleingruppen adaptiert sind, unmittelbar ein. Doch außerhalb des Lebenskreises der Kleingruppe bedarf es neuer Überlegungen, um diese Form erfolgreich zu machen.

Zum zweiten klingt „direkte Demokratie" deutlich nach „plebiszitärer Demokratie" oder „Referendumsdemokratie", also nach einer auf Volksabstimmungen beruhenden Demokratie.

Der Leitgedanke ist einfach: Wenn sich das Volk aufgrund seiner Zahl schon nicht mehr versammeln kann, um selbst und gemeinsam über die es angehenden Dinge zu entscheiden, so sollen ihm möglichst viele zu entscheidende Dinge doch vorgelegt werden. Zudem soll es die Möglichkeit haben, auch selbst Volksabstimmungen nach eigener Wahl herbeiführen zu können.

163

Diese Überlegungen setzen immerhin schon voraus, dass es eben keine Identität von Regierenden und Regierten mehr gibt, sondern genau darum geht, die Regierenden so eng wie möglich an die Wünsche der Regierten zu binden. „Direkt" wirken hier die eingebauten Regelkreise; zumindest hofft man das. Doch in Wirklichkeit sind die indirekten Wirkungen von Volksabstimmungen viel wichtiger. Manche politische Maßnahme unterbleibt nämlich, wenn man davon auszugehen hat, dass die Bürger sie durch Volksabstimmung sogleich wieder kassieren würden. Umgekehrt wird manche Entscheidung aus keinem anderen Grund getroffen, als dem, dass die Regierten sie ohnehin erzwingen würden und es nun einmal klüger ist, als Politiker gleich freiwillig zu tun, was man ohnehin tun muss.

Die Pointe ist also, dass „direkte" Demokratie ihre wichtigsten Wirkungen über ihre *indirekten* Folgen zeitigt.

(2) Blickt man aber auf diese Folgen, wird weiters klar, dass es zwei ganz verschieden wirkende Formen einer derartigen „direkten" Demokratie gibt. Die eine findet sich, wo Bürger eine der drei folgenden Möglichkeiten haben: Sie können sich jederzeit mit Volksinitiativen, Volksbegehren und Volksentscheiden in den Gesetzgebungsprozess einmischen; sie können ein „kassatives Referendum" durchführen, also durch Volksentscheid ein Gesetz wieder abschaffen; oder Verfassungsänderungen und inhaltlich genau definierte Gesetze beziehungsweise Verträge müssen dem Volk zur abschließenden Abstimmung vorgelegt werden.

In allen diesen Fällen geht die zentrale Wirkungsrichtung des Einflusses von unten nach oben. Die Repräsentanten werden gezwungen, die Interessenbekundungen der Repräsentierten zu akzeptieren. Sie können aber die Verantwortung dafür, ein bestimmtes Gesetz zunächst einmal zu erlassen oder einen bestimmten Vertrag erst einmal abgeschlossen zu haben, niemals auf die Bürgerschaft abwälzen. Der Vorzug politischer Arbeitsteilung bleibt also erhalten. Das Volk hat bei der Wahl das erste und bei der Volksabstimmung das letzte Wort. Dazwischen aber müssen die Repräsentanten schon selbst erklären, was sie wollen.

Die zweite Form einer derartigen „direkten Demokratie" sieht zwar ähnlich aus, wirkt aber ganz anders. Sie liegt vor, wenn eine Regierung oder Parlamentsmehrheit das Recht, doch nicht die Pflicht

164

hat, fast jede Entscheidung dem Volk zur Abstimmung vorzulegen. Das ist nämlich nichts anderes als eine an die politische Klasse gerichtete Einladung dazu, sich vor der eigenen Verantwortung zu drücken und hinter der Bevölkerungsmehrheit zu verstecken. Alle Vorzüge politischer Arbeitsteilung verschwinden in dieser Form. Und begreift man das, so wird völlig klar, dass mit der Forderung nach „direkter Demokratie" noch überhaupt nichts Eindeutiges gesagt ist. Nicht minder wird aber deutlich, dass sich beide eben erörterten Ausprägungen von „direkter Demokratie" ganz leicht mit dem Repräsentationsprinzip verbinden lassen – wobei die erste Variante ganz repräsentationskonform die unabhängige Handlungskompetenz der Bürger verstärkt und ihnen einen machtvollen Hebel zur Geltendmachung eigener Interessen in die Hand gibt.

(3) Drittens versteht man unter „direkter Demokratie" oft die Direktwahl möglichst vieler Amtsträger. Abgeordnete wählt man ohnehin direkt, oft auch Bürgermeister und Landräte. Ebenso kann man Staats- und Regierungschefs, ja sogar – wie in manchen Staaten der USA – die Richter vom Volk direkt wählen lassen.

Das hat viele Vorzüge. Es ist klar, dass sich ein solches Vorgehen auch mit dem Repräsentationsprinzip verträgt. Vor allem entstehen unterschiedliche Typen von Regierungssystemen, gekennzeichnet durch Variationen im Verhältnis von Regierung und Parlament: Geht die Regierung aus dem Parlament hervor („parlamentarisches Regierungssystem"), oder untersteht die Regierung allein einem volksgewählten Staats- und Regierungschef („präsidentielles Regierungssystem")? Wichtig ist bei diesen Spielarten einer dahingehend verstandenen „direkten Demokratie" eigentlich nur, dass man nicht einander blockierende Regelkreise schafft, also etwa die Regierung sowohl vom volksgewählten Präsidenten als auch vom volksgewählten Parlament abhängig macht. Was sollte wohl die Regierung tun, wenn der Präsident das eine, die Parlamentsmehrheit aber genau das Gegenteil verlangt?

(4) Viertens verstehen nicht wenige unter „direkter Demokratie" ein Rätesystem. Dessen Leitgedanke besteht darin, dass eine Kleingruppe – vielleicht fünfzig Personen – einen Vertreter in einen Rat von vielleicht fünfzig Personen wählt, in dem somit fünfzig Kleingruppen und insgesamt 2.500 Personen vertreten wären.

Jeder Rat „erster Ebene", einzusetzen etwa für Gemeinden, wählt dann einen Vertreter in einen Rat auf nächsthöherer, „zweiter Ebene". In ihm wären somit fünfzig Räte, damit fünfzig mal fünfzig Kleingruppen und dergestalt 125.000 Personen vertreten, was in etwa einem Landkreis oder Bezirk entsprechen mag. Bei einem auf gleiche Weise aus fünfzig Fünfziger-Räten der „zweiten Ebene" entstandenen Rat „dritter Ebene" wären dann 6,55 Millionen Personen vertreten (etwa ein Bundesland in Deutschland oder ein Staat wie Österreich), bei einem Rat auf „vierter Ebene" schon 312,5 Millionen Menschen, was einem großen Staat oder einem kleinen Erdteil entspräche. Der aus ihm bestimmte Fünfziger-Rat „fünfter Ebene" verträte 15,63 Milliarden Menschen und damit mehr, als derzeit leben. Er könnte sozusagen die ganze Erde regieren.

Jeder dieser Räte wäre eine Kleingruppe, die ihrerseits von einer überschaubaren Anzahl von Kleingruppen – nämlich fünfzig – unmittelbar abhängt. Wegen der geometrischen Progression der Vertretenen wächst jedoch deren Zahl nicht ebenso überschaubar an: Während auf der ersten Schicht ein Delegierter praktisch nur fünfzig Menschen vertritt, vertritt nur vier Stufen höher ein einziger Delegierter schon 312,5 Millionen Menschen. Und man beginnt sich zu fragen, wie dieser Delegierte sein Regierungsamt konkret bewerkstelligen soll.

Praktisch lautet die Frage: Auf welche Weise könnten die niedrigeren Räte und gar erst die Bürger auf der untersten Ebene dieser insgesamt sechs Schichten umfassenden politischen Struktur zwischen Kleingruppe und Weltgesellschaft auf die Entscheidungen der oberen Räte Einfluss nehmen?

Eine Antwort wäre: genau nach dem oben beschriebenen Repräsentationsprinzip, also mit wechselseitiger rechtlicher Unabhängigkeit zwischen Repräsentanten und Repräsentierten, die durch das Prinzip der Wiederwählbarkeit ausbalanciert wird. Allerdings ist schwer zu sehen, wie denn wohl ein einzelner Repräsentant die gesamte Spannweite der Interessen und politischen Wünsche jener jeweils Fünfzig abdecken könnte, für die er doch steht, oder gar jener Hunderttausende und Millionen, deren – mittelbarer – Delegierter er auf den höheren Ratsebenen wäre.

166

Spätestens ab der zweiten Ebene mag man sich wünschen, dass wenigstens im Querschnitt aller Delegierten, wenn schon nicht in jedem einzelnen, die politische Meinungsverteilung der von diesem Rat zu vertretenden Personen widergespiegelt sei. Dann aber wäre zu fragen, wie sich das gewährleisten ließe, wenn doch jeder niedrigere Rat nur eine einzige Person auf die nächsthöhere Ebene entsenden kann und zugleich in seiner Entscheidung völlig frei sein soll. Am plausibelsten wäre es noch, es auf jeder Ebene mit konkurrierenden Parteien zu versuchen. Es hat aber wenig Sinn, dass in jeder Fünfzigerschaft eine einzige Partei auch alle Unterlegenen vertreten soll. Und sollten die Parteien auf den höheren Ebenen nicht dieselben sein wie auf den unteren, weil es doch wenig sinnvoll ist, auf den ersten zwei Ebenen die Parteien A und B zu wählen, während es ab der dritten Ebene nur noch die Parteien C und D gibt, sodass es für Millionen von Menschen wirklich nur zwei oder drei Parteien zu wählen gäbe?

Es zeigt sich schon, das wird schwierig. Eine gute Antwort gibt es wohl nicht.

Die ist für Befürworter eines Rätesystems auch gar nicht erforderlich, weil sie ohnehin keine Repräsentation im oben beschriebenen Sinn anstreben. Vielmehr sollen die unterschiedlichen politischen Steuerungsebenen wie folgt verbunden sein:

Jeder Delegierte einer Fünfziger-Gruppe oder eines ihn entsendenden Rates ist an die Beschlüsse der ihn entsendenden Gruppe gebunden („imperatives Mandat"), sei es die Kleingruppe von fünfzig Bürgern oder jener Rat, der ihn delegiert hat. Werden Beschlüsse fällig, die im Widerspruch zu seinem Mandat liegen oder für die kein Mandat erteilt wurde, so hat er sich bei der ihn entsendenden Gruppe dafür ein Mandat zu holen. Versäumt er eine dieser Pflichten, so kann er jederzeit als Vertreter seines Gremiums im nächsthöheren Rat abgesetzt werden.

Man wird leicht verstehen, wie wenig wahrscheinlich es ist, dass sich in einem bereits zwei Stufen höheren Rat innerhalb einer kurzen Frist Mehrheiten finden lassen, und wie wenig Anreize es für die Delegierten gibt, in ihrem Ratsgremium Kompromisse auszuhandeln.

In der Regel werden sich solche Kompromisse nach der Willensbekundung von immerhin fünfzig voneinander unabhängigen nied-

167

rigeren Räten nicht aufrechterhalten lassen. Zumal auch gar nicht sicher ist, dass die Delegierten dort für die anstehende Entscheidung schon ein Mandat der sie entsendenden fünfzig Räte erhalten haben. Und schon gar nicht muss gewährleistet sein, dass es überhaupt von unten nach oben zur Erteilung klarer Mandate kommt, weil es dafür doch jeweils eine – stets erst zu schaffende – Mehrheit braucht.

Denkt man sich die Praxis einer solchen „direkten Demokratie" dann gar über alle sechs oder wenigstens vier Stufen hinweg (Kleingruppen, Räte auf Gemeinde-, Bezirks-, Landes-, Erdteil- und globaler Ebene), so gehört wenig Fantasie zur Vorhersage, dass Entscheidungsblockaden wahrscheinlicher sein werden als ein auf zu lösende Probleme alsbald reagierendes Entscheidungsverhalten. Und nur ein wenig mehr Fantasie braucht man, um sich die sinnvollen Aushilfsstrategien vorzustellen: Dosierte Information und Manipulation der niedrigeren Räte durch geschickte Politikernetzwerke auf höheren Ebenen und informelle Absprachen vor den jeweiligen Ratssitzungen. Diese hätten zwar denselben Effekt wie Verhandlungen zwischen den Parteien in demokratischen Repräsentativsystemen, doch hier fehlte den Bürgern jede Möglichkeit, über jeweils eine Systemebene hinaus auf solche Gruppen systematisch Einfluss zu nehmen: Es gibt ja nur Wahlen von Einzelpersonen, nicht aber von politischen Gruppierungen oder von Parteien.

Soll dieses System der Willensbildung funktionieren, so sind nachgerade zwingend verborgene oder wenigstens nicht über Wahlkämpfe und Wahlen kontrollierbare informelle Steuerungsstrukturen erforderlich.

Und welche Rolle hätten die Räte? Einesteils könnte man sich vorstellen, dass diese – wie heutige Parlamente – die auf der jeweiligen Ebene bestehenden Regierungen zu kontrollieren hätten. Doch diese müssten dann gesondert gewählt werden, was – bei der Wahl des Präsidenten eines großen Staates natürlich viel mehr als beim Bürgermeister einer Stadt – dem Gedanken widerspräche, gewählt solle nur im Rahmen einer Kleingruppe werden.

Dies akzeptiert, stellt sich die Frage nach der Kontrollmacht einer Fünfziger-Gruppe gegenüber einer Regierung. Für eine Stadt mag ein fünfzigköpfiger Stadtrat ausreichend groß sein. Doch wie sollen fünfzig Personen die ganze Bandbreite der Politik eines großen Landes und seiner meist rund zwanzig Ministerien beobachten und kontrollieren? Da überdies diese Fünfzig stets von der Abberufung bedroht sind und aufgrund ihres imperativen Mandats auf Regierungsmaßnahmen nur sehr zeitverzögert reagieren können.

Sollen, wie es der Tradition der Räteidee entspricht, dann nicht die Räte gleich selbst die Regierungsgeschäfte leiten, also Gesetzgebung, Gesetzesvollzug und Kontrolle in einer Hand behalten?

Natürlich änderte auch das nichts am imperativen Mandat und der davon bewirkten Schwerfälligkeit von Entscheidungsprozessen und nichts an der Möglichkeit, dass jedes Ratsmitglied von nicht mehr als 26 Personen, nämlich jenes Fünfziger-Rates, der das Ratsmitglied delegierte, abgelöst werden könnte. Leicht lässt sich da ausmalen, wie viel Führungskraft solche Delegierte den ihnen unterstellten Behörden gegenüber aufbringen müssten – vom Verschwinden aller politischen Gewaltenteilung ganz zu schweigen.

Das Rätemodell bietet offenbar bloß eine Scheinlösung für das Problem, politische Strukturen auch über die Kleingruppe – und die dort mögliche „identitäre Demokratie" – hinaus aufzubauen.

Im Grunde drückt sich in ihm unserer kreatürliche Schwäche aus, den Umschlag von Quantität in Qualität im Bereich der großen Zahlen zu verkennen – überdies hier auf den ersten Blick ja wirklich nur Fünfziger-Rat auf Fünfziger -Rat gesetzt wird. Wenn also Elemente der „direkten" Demokratie genutzt werden sollen, so beschränkt sich das Sinnvolle auf die Direktwahl von Amtsträgern und die Nutzung von Volksabstimmungen. Alles davon lässt sich mit demokratischer Repräsentation und mit Föderalismus verbinden, nicht alles aber in sinnvoller Weise.

Die Kunst der Unterscheidung und das Lernen aus historischer Erfahrung sind bei der Nutzung „direkter Demokratie" ganz besonders gefragt.

Darum werden wir es wohl mit der Fortentwicklung von Föderalismus, Repräsentation und Demokratie als schon seit langem vertraute politische Strukturen versuchen.

Auf der obersten Schicht benötigen wir angesichts der globalisierten Wirtschaft und Gesellschaft dringend politische (Mit-)Steuerungsstrukturen, die ihrerseits für Interessenbekundungen der global politisch Aktiven zugänglich sind. Hier braucht es föderative Strukturen zumindest auf dem Niveau so genannter internationaler Regime. Diese müssen alsbald auch als Institutionen sichtbar sowie durch Interessenbekundungen und Einflussversuche erreichbar werden.

Das alles verlangt, dass in den entsprechenden internationalen Organisationen der Repräsentation der Staaten zunächst eine Repräsentation der einschlägigen Interessengruppen und sodann auch der politischen Lager an die Seite gestellt wird. Das bislang immer weiter sich verbessernde Institutionensystem der Europäischen Union gibt hierfür ein Beispiel.

Auf unterster Ebene, wo die Probleme der Globalisierung und des Wachstums an die Grenzen des ökologisch Stabilen konkret werden, muss die Bürgerbeteiligung weiter ausgebaut werden: durch plebiszitäre Elemente, wo es sie noch nicht gibt; und durch die Nutzung von Beteiligungsformen wie Bürgerforen und Bürgergutachten; alles aufruhend auf einer politisch gebildeten und ihre Belange selbstbewusst in die eigenen Hände nehmenden Zivilgesellschaft. Dann stimmt die Basis des politischen Schichtenbaus.

Die nächsthöhere Stufe – betreffend das Zusammenwirken zwischen Repräsentierten und Repräsentanten – stimmt übrigens auch in den meisten Staaten, in denen es freie Wahlen von Wahlkreisabgeordneten und eine intensive Wahlkreisbetreuung durch die Abgeordneten gibt. Durch welche institutionellen Mechanismen man derlei herbeiführen kann, ist gut bekannt. Besserung ließe sich im Problemfall also zielgerichtet schaffen. Und dass zwischen den politisch Aktiven, in Parteien und Parlamentsfraktionen, viele wohlintegrierte Kleingruppenverhältnisse bestehen und höchst wirkungsvoll miteinander vernetzt sind, ist ebenso eine Tatsache.

An bewährten politisch-strukturellen Mitteln zur Lösung unserer Probleme fehlt es im Grunde nicht. Eher fehlt es an besseren Bauplänen, die die einzelnen Schichten zu wirkungsvollen föderativen Systemen verbänden, oder wenigstens an Umsicht bei der Ausgestaltung der innerstaatlichen und föderalen Zusammenhänge zwischen den einzelnen Schichten. Subsidiarität ist nämlich nur ein Prinzip, doch kein Rezept. Rezepte gibt es aber für die Evolution ohnehin nicht, nur Zusammenhänge, die im Nachhinein immer einfacher zu erkennen sind als unter den Umständen, da sie sich entfalten.

170

Vom Wert des Staates für die Sicherung des inneren Friedens handelt immer noch am klarsten Thomas Hobbes in seinem „Leviathan" (erstmals 1651 in englischer und 1670 in lateinischer Sprache erschienen). Vom Umgang mit dem Sicherheitsdilemma zwischen Staaten sprechen vorzüglich Baylis/Rengger (1992). Über die systemkonstruktiven Möglichkeiten des Föderalismus informiert Elazar (1987), zu jenen des Repräsentationsprinzips siehe Patzelt (2003) und Göhler (1997). In die so wichtigen Wechselwirkungen von öffentlicher Meinung und politischem Handeln führen Donsbach (1993) und Sarcinelli/Schatz (2002) ein. Einen Überblick zur Vielzahl der Formen von Bürgerbeteiligung und zu ihren Eigentümlichkeiten geben Breit/Breit (2000) und Meyer (2002). Zur Vision der Rätedemokratie siehe Arnold (1978).

Es bleiben viele offene Fragen. Einige davon kennen wir schon aus unseren Überlegungen zur Demokratie schlechthin. Denn geht es nicht auch um den Schutz des Besitzes der wenigen Reichen, um die Gefahr einer Diktatur der Dummen, um den Schutz der Minderheiten und zudem um existenzbedrohende Entscheidungen? Man kann auch nicht mit 51 Prozent der Wählerstimmen über die restlichen 49 Prozent Sanktionen erlassen. All das haben wir schon bedacht. Und schließlich bleibt die Frage bestehen: Lässt sich das Problem der Allmende, das sich aufgrund der kurzsichtig-selbstsüchtigen Übernützung gemeinsam besessener Güter ergeben hat, denn überhaupt durch Demokratie lösen?

Was wir, zumal von einer „direkt" eingerichteten Demokratie, nicht wissen, ist, ob sie dem platten Populismus die Tore öffnet, einem egalitären oder schlechthin einem anarchischen System; oder aber, ob sie menschliche Vernunft im ganzen System einziehen lässt. Denn was wären in einem solchen System unpopuläre Maßnahmen? Ist zu erwarten, dass mit der Höhe der Ränge auch die Übersicht, die Verantwortlichkeit und das Bedürfnis nach Expertise steigen werden? Beginnen dort die unpopulären Maßnahmen im Zusammenhang mit den von den einfachen Bürgern produzierten Wünschen? Kann mit Hilfe der Weitsicht in den oberen Rängen die Kurzsichtigkeit der unteren kompensiert werden?

Wir sind zurückgekehrt zum Thema der menschlichen Vernunft. Vielleicht kennt man die Einsicht Johann Nestroys, Wiener Volksschauspieler der letzten Kaiserzeit: „Der Mensch wär' ja net' schlecht, aber die Leut' sind a Bagage [Gesindel]." Man erinnert

171

sich des Bandes „Der Aufstand der Massen", an Le Bon und Ortega y Gasset und an die Diskussion um das „Wehe, wenn sie losgelassen".

Aber sind die Massen Ortega y Gassets und „die Leut'" Nestroys nicht wiederum anonym? Und wer könnte verhindern, dass sich anonyme Massen immer wieder bilden? Wenn es jedoch richtig ist, wie ich zu belegen suchte, dass das Gute eher aus dem Menschen abzuleiten ist als aus seinen Institutionen oder seinen Massen, dass seine Humanität durch das „Du", die Du-Evidenz, das Gegenüber, gefördert und durch Anonymität unterhöhlt wird, dann sollte die Humanität in einem System verantwortlicher Kleingruppen wieder einziehen.

Es sollte alles getan werden, um die „kleinen Lebenskreise" stark zu halten oder wieder zu stärken, um hinzu die „ferne Welt" der „anonymen Politik" durch sowohl politische Bildung als auch wirkungsvolle Vermittlungsinstitutionen zwischen Lebenswelt und Politikbetrieb mit den Kleingruppen zu vernetzen. Nicht, dass es Politik weit außerhalb der je eigenen verantwortlichen Kleingruppe gibt, ist ein Problem. Probleme entstehen genau dann, wenn irgendwo zwischen Lebenswelt und Gesamtsystem die Kette persönlicher Verantwortung getrennt wird.

Und so zeigt es sich, dass es gerade gute Institutionen sind, die das Gute, vom Einzelnen und seiner Kleingruppe ausgehend, auch in Großsystemen zur Geltung bringen können. Es ist wohl so: Die Evolution der Institutionen setzt unsere körperliche und geistige Evolution dort fort, wo zu unserer Umwelt größere Sozialsysteme gehören als jene der Kleingruppe, mit der schon unsere Primatenvorfahren zurechtzukommen gelernt hatten.

Zum Thema siehe Galbraith (1974 und 1976), Patzelt (2003a), Rittenberger (1990), Senghaas (1972), Ziegler (1994), Matin/Schuman (1996) sowie Gustave Le Bon, „L'homme et les sociétés" (1881, deutsch: „Psychologische Gesetze der Evolution des Volkes", 1987), José Ortega y Gasset, 1883-1955, „Der Aufstand der Massen" (1951).

172

3.7. Die Institution der Staaten

Schon seit der Zeit, als uns in der Schule der politische Globus gelehrt wurde, sind wir an die Existenz eines starren, scheinbar naturgegebenen Musters von Staaten gewöhnt und fragen uns selten nach dessen Berechtigung. Bald erfuhr man etwas über die Dynamik dieses Musters: Zum einen ging es um die Völkerwanderungen, aber auch Reiche, wie das des Dschingis-Khan, zeigten sich in verwirrender Wandlung.

Sobald man versteht, dass Machtgewinn während des Verlaufs eines Großteils der Weltgeschichte durch Landraub vor sich ging, versteht man auch den Sinn abgegrenzter Flächen. Die Geschichte und der Historische Atlas zeigten, dass diese Flächen, das ägyptische Reich, das Perserreich, Rom und das Römische Reich Deutscher Nation, so lange wuchsen, bis sie an ihrer Größe zerfielen. Noch heute, wo Machtgewinn weniger durch Landraub als durch Kapitalraub vor sich geht, haben sich die politischen Globen erhalten. Sie teilen die Erdenfläche annähernd nach Sprachen und Ethnien, seltener nach „morphologischen Rassen" oder Verwaltungsgebieten ein.

Staaten, heute überwiegend Nationalstaaten, stützen sich auf Staatsrechte und Hegemonie, einmal auf Rechte aus interner Gesetzgebung, ein andermal aber auf die von gegebenen Machtverhältnissen abgeleiteten Führungsansprüche des einen Staates gegenüber anderen, also auf ein Machtgefälle. Dieses Machtgefälle macht den Staat im Grunde aus. Als menschlicher Organisationstyp entstand er nämlich zur Lösung des Problems, zwei Dinge gleichzeitig zu schaffen: Sicherheit im Inneren einer (heterogenen) Gesellschaft und Schutz nach außen vor anderen (konkurrierenden) Gesellschaften. Und das Mittel der Problemlösung bestand eben darin, einer einzigen Institution – der Regierung – das Monopol auf die legitime Anwendung von Zwangsgewalt einzuräumen.

Einmal durchgesetzt und aufgrund seiner segensreichen Wirkungen gesellschaftlich akzeptiert, ließen sich die harten Kanten dieser Problemlösung abschleifen: Bei unbestrittener staatlicher Monopolisierung des Rechts auf Ausübung von Zwangsgewalt ließ sich die Staatsmacht in einander kontrollierende und ausbalancierende Institutionen aufteilen („Gewaltenteilung"); als Spielregel politischen

Handelns ließ sich vereinbaren, dass staatliches Handeln stets einer Rechtsgrundlage (Verfassung oder Gesetz) bedürfe, die ihrerseits nicht willkürlich zu schaffen sei („Rechtsstaatlichkeit"); überdies konnte man die Befugnis, politische Ämter auszuüben, an den Erfolg bei Wahlen oder an die Berufung durch gewählte Amtsinhaber knüpfen („Demokratie"). All diese Maßnahmen und Abläufe domestizieren zwar die Macht im Staat, beseitigen aber nicht jenes Machtgefälle zwischen staatlichen Institutionen und Bürgerschaft, von dessen Existenz die Funktionstüchtigkeit des Staates schlechterdings abhängt. Die Quellen der Vormachten des Staates können sehr vielfältig sein: Sie reichend vom Monopol militärischer Machtmittel über die Monopolisierung der wirtschaftlichen Reichtümer eines Landes bis hin zum Bündnis der politisch-administrativen Elite mit den wirtschaftlich Mächtigen einer Gesellschaft, abgerundet durch Zensur oder Dominanz in allen politisch wichtigen Massenmedien.

Üblicherweise wird die Zulässigkeit eines solchen Machtgefälles auch staats- und völkerrechtlich verbrieft: Wer faktisch in einem Land die politische Macht ausübt, gilt in der Regel als dessen Regent. Gegen diesen und seine Regierung von außen vorzugehen, gilt heute selbst dann als eine Verletzung internationalen Rechts, wenn es sich bei der Regierung um eine üble Clique sich selbst bereichernder Despoten handelt.

Ihren Sinn erhält diese jedes Gerechtigkeitsempfinden leicht verletzende Übung des Völkerrechts insofern, als es auch zwischen Staaten die Aufgabe der Friedenssicherung zu bewältigen gilt. Innerstaatlich ist das mit der Errichtung des Staates, also durch eine Regierung als – mehr oder minder domestizierter – Inhaberin des Monopols der legitimen Zwangsgewalt geleistet.

Zwischenstaatlich bestünde die parallele Lösung darin, eine Weltregierung einzurichten: gegründet auf internationalen Vereinbarungen oder auf der faktischen Übermacht eines einzelnen, hegemonialen Staates. Ersteres ist weder erreicht noch in Aussicht, Letzteres wurde aus geschichtlicher Erfahrung dadurch vergiftet, dass mächtige Staaten in erster Linie auf die Befriedigung ihrer selbstdefinierten Interessen, nicht aber auf die Durchsetzung von Frieden allein des Friedens willen ausgehen. Im Gegenteil zeigte sich in der Geschichte das Macht- und Hegemonialstreben von Staaten als seinerseits wichtigste

174

Quelle von Krisen und Kriegen. Zur rechtlichen Lösung dieses Problems hat man bislang nichts Besseres gefunden, als eben jeden Krieg zwischen Staaten zu verbieten, der nicht ein Verteidigungskrieg infolge eines klaren Angriffs eines anderen Staates ist.

Bezahlt wird für diese Lösung mit der dann notwendige Hinnahme von Willkürherrschaft und Tyrannei in Staaten, deren Regierungen zwar das eigene Volk ausbeuten, aus außenpolitischer Klugheit mit solchem Tun aber nicht andere Völker behelligen. Zwar kommt es neuerdings im Einzelfall – wie vor wenigen Jahren auf dem Balkan – zu „humanitären Interventionen" oder man begrüßt, wie unlängst, den durch militärische Intervention von außen herbeigeführten Sturz Saddam Husseins und das Ende von Tyrannei.

Doch das schlechte Gefühl, mit einem solchen Vorgehen jede Kriegführung im Dienste des behaupteten Guten zu erlauben, überlagert meist die Erleichterung über den Erfolg. Besser stünden die Dinge, gäbe es – vergleichbar der Polizei – einen Hegemonialstaat, der universell akzeptierten Werten verpflichtet ist und seine Waffen- und Wirtschaftsmacht zwar nicht selbstlos, doch sehr wohl auch im Interesse anderer Staaten einsetzt. Derlei zu vertreten, behaupten von sich die weltweit dominanten USA; ihre Kritiker hingegen bestreiten das. Solange über den Charakter der – einstweiligen – globalen Vormachtstellung der USA weltweit kein Konsens besteht, wird sich das internationale Problem der Friedenssicherung wohl auch nicht nachhaltig mit Hilfe einer Hegemonie der USA lösen lassen.

Erst recht bleibt dann aber das Problem ungelöst, wie sich internationaler Friede sichern lässt angesichts des Scheiterns von Staaten bei ihrer Zentralaufgabe, im Inneren das Monopol legitimer Zwangsgewalt und auf Besitz militärischer Machtmittel durchzusetzen. Ein solches – sei es vorerst noch drohendes – Scheitern von Staaten erleben wir aber seit Jahren: vor allem in Afrika und im mittleren Osten, doch auch im nördlichen Südamerika. Wo aber weder (versagende) Staaten noch (intervenierende) Hegemonialmächte Ordnung in solche „Schmuddelecken" der Politik bringen können, dort entwickeln sich staatsfreie Strukturen nach den Prinzipien des Faustrechts, die – im Zeitalter von Internet und globalem Luftverkehr – leicht Ableger in funktionierenden Staaten schaffen können und eine terroristisch nutzbare Infrastruktur aufbauen.

Mit dem Terrorismus aber kehrt das Faustrecht auch in ehedem wohlgeordnete Staaten zurück – wie ein Virus in einen Organismus, der ohne die auf ihn adaptierten Abwehrkräfte auskommen muss.

Ein schwerwiegendes, noch weitestgehend ungelöstes Problem besteht also darin, dass sich außerhalb des Raums funktionierender Staaten die Früchte der politischen Ordnungsbildung noch nicht genießen lassen, während – neben den Früchten – bereits das Unkraut globaler Wirtschafts- und Gesellschaftsstrukturen wuchert.

Die UNO leistet die institutionelle Einbeziehung von Bürgerinteressen, die sich unabhängig von Regierungen artikulieren, mit Sicherheit nicht. In der EU gibt es zwar Ansätze dieser Art, doch deren weitere Entfaltung setzt ein viel engeres Zusammengehörigkeitsgefühl voraus.

Also bleibt die Ordnung oberhalb der Staaten – wie auch jene in vielen schlecht funktionierenden Staaten mit noch nicht durch Gewaltenteilung, Rechtsstaatlichkeit oder gar Demokratie domestizierten Regierungen – auf absehbare Zeit befangen im allzu engen Nexus von Macht und Recht. Damit wird die internationale Ordnung zum Ärgernis für alle, die die Maßstäbe ihres politischen Urteils an funktionierenden demokratischen Verfassungsstaaten entwickelt haben.

Die Empörung wächst umso mehr, als die Folgen des ungelösten globalen politischen Ordnungsproblems ja offenkundig sind und sich verschärfen.

Unterwandert, und zwar im wörtlichen Sinne, werden die gegebenen Gefälle von Sicherheit, Vermögen und Lebensstandard durch Flüchtlinge, die versuchen, über die nächstgelegenen Grenzen zu gelangen, sowie durch ganze Flüchtlingsströme, die von Schleppern, Sklavenschiffen nicht unähnlich, über Kontinente geschafft werden.

Dieser Mechanismus treibt uns Menschen mit unseren gleichen menschlichen Ausstattungen und gleichen menschlichen Ansprüchen in Szenen krassester Ungleichheit hinein. Für die Flüchtlinge führt es vielfach nur von einem Elend in ein anderes oder in Jahrzehnte der Heimatlosigkeit und zu erduldende Geringschätzung. Für die Gaststaaten besteht das Dilemma, selbst bei gegebenen humanitären Absichten einer grenzenlosen Aufnahme nicht entsprechen zu können, denn der Strom kann nicht enden, solange jene Gefälle nicht zureichend ausgeglichen sind.

176

Ein Ausgleich kann aber auch mit aller selbst gut gemeinten Entwicklungshilfe nicht gelingen – und wir befinden uns wieder bei den schon bekannten Themen der Differenzierung und Pluralität. Kulturelle Vielfalt einzuengen, wäre aufgrund leicht einsichtiger evolutionstheoretischer Überlegungen fatal, vom rein menschlich gesehen bedauernswerten Verlust an kulturellem Erbe ganz zu schweigen. Pluralität zu sichern verlangt gewaltige Anstrengungen und die Überwindung stark befestigter Frontlinien.

Erstens müssen die schlecht funktionierenden Staaten der „Dritten Welt" zur nachhaltigen Funktionstüchtigkeit weiterentwickelt werden, was neben der Lösung von Wirtschafts- und Gesellschaftsproblemen aller Erfahrung nach den Aufbau ihrerseits pluralistische, dem Subsidiaritätsprinzip verpflichtete und auf breite Bevölkerungspartizipation aufgebaute politische Systeme erfordert. Dem steht derzeit jedoch der sich ausbreitende Glaube im Wege, freiheitliche Regierungsweise sei ein Proprium der westlicher Kultur, das anderen Gesellschaften nahe zu bringen nur anmaßend wäre.

Zweitens braucht es den Aufbau jener Strukturen supranationalen Regierens auf globaler Ebene, von dem mehrfach schon die Rede war.

Drittens führt kein Weg an der Tatsache vorbei, dass die einzigen wirklich funktionierenden Strukturen globalen Problemlösens, die es derzeit gibt, die Netzwerke der trans- und multinationalen Unternehmen sind. Sie sind mächtiger als die meisten Staaten der „dritten Welt", in denen sie agieren, und sie können regionsgenau zu deren infrastruktureller wie ausbildungsmäßiger Weiterentwicklung beitragen. Die Realität der Wirtschaftsbedingungen führt an dieser Tatsache jedoch vorbei.

Nichts böte sich darum mehr an, als trans- und multinationale Unternehmen zu Partnern der notwendigen Humanisierung des globalen Kapitalismus zu machen: durch Appell an ihren Eigennutz (langfristige Rendite nur bei politischer Stabilität) sowie durch Kultivierung jener bemerkenswerten Ansätze von Unternehmensleitbildern und Unternehmensethik, die es in weltweit agierenden Großunternehmen schon vielfach gibt. Dank einer bezeichnenden Neuauflage jener innerstaatlich schon vielfach überwundenen Freund/Feind-Dialektik sieht jedoch gerade der an solchen globalen

Neuordnungsproblemen interessierte Teil der politischen und akademischen Öffentlichkeit in global agierenden Unternehmen eher den altbösen Gegner als den durchaus mit Erfolg zu umwerbende Partner. Man bedenke, was da noch an begreiflichem Misstrauen herrscht, und was es in dieser Hinsicht noch zu lernen gibt.

Zur so wichtigen Diskussion über die globale Übermacht der USA und ihrer weltpolitische Rolle siehe Nye (2003) und Ikenberry (2002). Die Folgelasten „scheiternder Staaten" behandelt die Stiftung Entwicklung und Frieden (2003). Zum den Weltfrieden auf absehbare Zeit bedrohenden Potenzial des internationalen Terrorismus siehe Bauer (2002) und Czempiel (2002). Über die globale Gerechtigkeitslücke zwischen Nord- und Südstaaten informiert Braun (1994), über die hieraus sich ergebenden globalen Stabilitätsrisiken Opitz (1995).

Anders verhält sich die Ungleichheit zwischen Patriot und Terrorist, sie kann nämlich sogar in ein und derselben Person bestehen. Patriotismus kennt man als Liebe zum Vaterland, zu dessen kulturellen und rechtlichen Werten. Die Vaterlandsliebe kann mit Blick auf nationale Symbole, Hymnen und Fahnen komisch werden, gründet aber auf emotionell sehr wohl begründbaren Traditionen. Rousseaus Volkswille („volonté générale") mag einem einfallen, und die Überzeichnungen des Nationalgefühls, sei es bei Robespierre oder Fichte, oder überhaupt der Nationalismus, dann aber auch Helden unserer Geschichte wie Jeanne d'Arc, Wilhelm Tell oder George Washington.

Unter „Terrorismus" versteht man dagegen Schreckensherrschaft, eine gewalttätige Form des politischen Machtkampfs. Auf internationaler Ebene spricht man vom Luftterrorismus. Man kennt darüber hinaus den Staatsterrorismus mit Ächtung, Säuberung, Zwangsvertreibung und Liquidierung, aber auch die Partisanen- und Guerillakämpfer.

Das ist schon scheußlich genug. Zudem ist es tatsächlich fast immer ein und dieselbe Person bei gleicher Einstellung und Handlung, die einmal als Patriot, ein andermal als Terrorist bezeichnet wird. Dieses Phänomen tritt, wie man weiß, dort auf, wo ein Ethnos auf dem Territorium eines anderen, in der Regel eines Staates, um den Erhalt seiner Identität ringt. Es begann mit den Tirolern im italieni-

178

schen Südtirol und findet sich sogar im gegenwärtigen Europa bei den Basken in Spanien, bei den Katholiken im protestantischen Irland, den Kurden in den Randgebieten der Türkei, Russlands und des Irak, den Albanern im serbischen Kosovo und den Palästinensern als Mitbewohner und Nachbarn Israels. Natürlich verkompliziert sich die Lösung bei gemischter Bevölkerung.

Es ist wohl ein Gipfel an Inhumanität infolge konstruierter Ungleichheit der Menschen erreicht: gleichzeitig als patriotischer Held gefeiert und als Terrorist bis zum Tod verfolgt zu werden. Dessen ungeachtet durchzieht dieses groteske Szenarium heute noch unsere eigene Kultur. Und es ist, da wir doch Ethnien anerkennen, nicht zu begreifen, warum Basken, Kurden, Albanern und Palästinensern die Abgrenzung ihres Ethnos verwehrt wird. Legitimiert wird das Vorgehen gegen deren sämtliche Unabhängigkeitsbestrebungen mit Staatsräson und Gründen der politischen Vernunft. Aber es sind eben besonders scheußliche Gründe und Unvernunft, wie sie noch immer in unserer Zivilisation weitergeschleppt werden.

Es sind die Regeln der Selbsterhaltung der Staaten, wie überholt auch immer, die diese Gräuel zulassen und sogar herausfordern. Auch das kennen wir schon. Man muss den Staatenlenkern lehren Pluralität und Ethnien grundsätzlich zu achten, wenn sie erwarten, ihr eigenes Ethnos begründen zu können.

Über das Völkerrecht ist, weil so wichtig, schon seit Augustinus und Thomas von Aquin, in der Neuzeit seit de Soto und Grotius nachgedacht worden. Ein eigenes Fach der Jurisprudenz ist entstanden mit Subdisziplinen, die vom Gesandtschaftsrecht über das Seerecht bis zum Kriegsrecht führen. Das Völkerrecht basiert in seinen oberen Schichten auf Verträgen und Gewohnheiten, in seinen tieferen Schichten auf rationalen Überlegungen über die bestmögliche Verwirklichung wechselseitiger Vorteile unter den Bedingungen von Konkurrenz und Konflikt. Darum lässt es sich immer wieder gut in die Rechtsätze der Staaten einbauen und wird in einem erstaunlich großen Umfang eingehalten, obwohl weder eine zentrale Exekutive hinter ihm steht, noch irgendwelche Justizvollzugsdienste zu seiner Anwendung zwingen.

Erst mit dem Völkerbund nach dem Ersten und den Vereinten Nationen nach dem Zweiten Weltkrieg, mit dem noch jungen Internationalen Strafgerichtshof sowie mit einer Vielzahl internationaler Regierungsorganisationen sind Institutionen entstanden, die steuernd wirken sollen. Die Vorteile öffentlich sichtbarer Anwendung und gegebenenfalls auch gewaltsamer Durchsetzung völkerrechtlicher Bestimmungen sind für Institutionen längst erkannt worden.

Aber sogleich tauchen die Ungleichheiten der, wie man vorgeben möchte, gleichen Staaten auf. Nun sind Staaten eben verschieden, sowohl hinsichtlich ihrer Größe als auch hinsichtlich ihrer technischen oder aber kulturellen Entwicklung. Im Vetorecht weniger Hegemonialstaaten in der UNO sind diese Kriterien, nach Maßgabe der Mächtigkeit, sogar festgeschrieben. Schon damit wird nach ihrer Ausstattung gleichen und selbst vor Gott und dem Richter als gleich gedachten Populationen ungleiches Recht verbrieft.

Globalisierung und Technik haben zudem dazu geführt, dass nicht mehr auf den Nachbarn geschossen wird, sondern weltweit gebombt werden kann, wo selbst ferne nationale Interessen betroffen erscheinen. Zwar gilt es als unfein, wenn das ein Staat alleine tut; man sucht und findet sich einen Partner. Aber selbst das Kriegsrecht und die Vereinbarungen des „Roten Kreuz" werden umgangen, wenn man Gegner zu Terroristen erklärt. Wir haben es auf diesem Gebiet noch besonders wenig weit gebracht.

Einen Ausweg aus der Ungleichheit vermeintlich gleicher Staaten bietet die klassische Politik der Herbeiführung und Sicherung von Machtgleichgewichten. Mehrere kleine Staaten können – von gemeinsamen Interessen getragen – sich gegen Vor- und Hegemonialmächte zusammenschließen; sie können einen nennenswerten Teil ihrer Volkseinkommen in militärische Machtmittel investieren, wenn sie sich – wie derzeit die Europäer von den USA – machtpolitisch marginalisiert empfinden; und sie können durch Wirtschaftskriege, Förderung terroristischer Anschläge oder kunstgerechten Einsatz von Waffengewalt die Vorherrschaft der Mächtigen brechen. Dies alles liegt nun einmal in der Logik der Gleichgewichtspolitik:

Wie in Teilen der Natur stellt sich in der Politik ein Gleichgewicht nie von selbst ein. Dort entscheiden Konkurrenz und Limits der Ressourcen, hier bedarf es stets aktiven Tuns und Nachtarierens. Wer vor solchen zwar nicht zwingenden, doch niemals auszuschließenden

180

Folgen der Gleichgewichtspolitik zurückschreckt, wird geneigt sein, auf die normative Ebene der Hegemonialsysteme zu setzen, und seine Möglichkeiten daran setzen, dass die Hegemonialmacht guten Werten verpflichtet bleibt und nicht allein des Krieges willen zu den Waffen greift. Bessere Perspektiven lassen sich allenfalls vorgaukeln, doch nicht mit wirklich begründeter Hoffnung in Aussicht stellen. Die heutige Administration der USA ist diesbezüglich das größte Hindernis. Das Faustrecht ist noch immer um uns.

Sicher muss man auch sehen, dass das Völkerrecht auf eine Welt von Staaten adaptiert ist, in denen Regierungen im Inneren unangefochtene Autorität haben. Sie können die innerstaatliche Anwendung von Regeln garantieren und darum untereinander verbindliche Regelungen treffen.

Die immer größere Zahl von Staaten mit nur nominellen, nicht aber effektiven Regierungen sowie die Ausbreitung von nichtstaatlichem Terrorismus als absichtsvoll eingesetztem Mittel im Konflikt zwischen Gesellschaften und Kulturen hat jene „Welt der Staaten" unterhöhlt, auf die das Völkerrecht ausgerichtet ist. Wie auch immer man also die Sache wendet: Wir haben es im Bereich der Völkerrechtsordnung noch nicht wünschenswert weit gebracht. Und nicht nur neu entstandene Probleme, allen voran die Entstehung einer Weltwirtschaft ohne politischem Ordnungsrahmen, haben uns hinter dem Notwendigen zurückbleiben lassen. Es sind schon auch staatliche Fahrlässigkeit, gesellschaftlicher Mutwille und politischer Romantizismus, die – aus der Tradition der antikolonialistischen Befreiungsbewegungen stammend – tragende Grundsätze des bisherigen Völkerrechts um ihre Verlässlichkeit gebracht haben.

Das gegenwärtige Thema läuft auf das der Menschenrechte zu, womit sich der Kreis der Betrachtungen schließen wird. Es geht um die angeborenen, unveräußerlichen Rechte, die dem einzelnen, unhabhängig von seiner Staatsangehörigkeit und der herrschenden Staatsgewalt, kraft der Würde seines „Mensch-Seins" zustehen. Als Bezeichnung für diesen Anspruch verwendet man den Begriff des „Naturrechts".

Diese Bezeichnung ist besonders im Kontext unserer Darstellung irreführend. Denn gemeint ist damit oft „von Gott gegebenes Recht", gewissermaßen „aus der Natur Gottes" auf den Menschen übergegangenes Recht. Auf säkularer Ebene wurde, bei Wegfall eines Glaubens an Gott als Schöpfer des Menschen und seiner Rechte, das Naturrecht entweder per Setzung dem Menschen zugeschrieben oder einer fundamental ansetzenden Argumentation zirkulär abgewonnen.

Ersteres tat etwa Rousseau in seinem „Contract social", Letzteres John Locke: Nachdem die Staatsgewalt die vereinigte Gewalt aller Glieder einer Gesellschaft ist und der Einzelne sich seiner Gleichheit und Freiheit nicht entledigen kann, kann er sie auch nicht dem Staat überlassen.

Im metaphysikfeindlichen Positivismus der Moderne, der eher der rauen Realität ins Auge sieht, wird sowohl eine metaphysische, gottbezogene Ableitbarkeit des Naturrechts bestritten als auch rationalistischen Setzungen oder Zirkelschlüssen misstraut. Dann freilich löst sich die Rede vom *Natur*-Recht weitgehend auf. Die Vorstellung unveräußerlicher Menschenrechte erweist sich als *menschliche Konstruktion*, die man hervorbringen und in Geltung halten, doch auch aufgeben und selbstgeschuldeter Erosion überlassen kann. Wohl kann sich solche Konstruktion verschiedene Angelpunkte wählen: Tabuisierung der Vorstellung, Menschen dürfe man wie jeden Teil der Natur behandeln; Durchsetzung der Regel als exklusiv politisch korrekt, Menschen seien stets so zu behandeln, *als ob* sie „von Natur aus" bestimmte Rechte hätten; oder auch evolutionstheoretische Argumentationen dergestalt, die Verwendung bestimmter Regeln wechselseitigen Umgangs unter Menschen zeitige im Durchschnitt erfreulichere Folgen, als wenn man sich an jene Regeln nicht hielte.

In der Regel befriedigen solche Konstruktionen allerdings mehr den Verstand als das Gefühl, das seinerseits einen Großteil unserer Handlungen leitet oder begleitet. Philosopheme und religiöse Vorstellungen entsprechen unseren Gefühlsprägungen viel nachhaltiger. Darum ist es kein Wunder, dass es nach den dramatischen Zusammenbrüchen unserer Zivilisation aufgrund – zumal staatlich betriebener – Großverbrechen immer wieder Renaissancen naturrechtlichen Denkens gibt, stets gefolgt vom Verblassen metaphysischer Naturrechtsvorstellungen zu Normalzeiten.

Solch mangelhafter Bindung des politischen und gesellschaftlichen Handelns an akzeptierte Menschenrechte, wie sie schon innerhalb von Staaten gegeben sind, schließen sich auf internationaler Ebene die Schwächen des Völkerrechts an.

Die Völkerrechtsgemeinschaft kann sich dann gegen den menschenrechtsverachtenden Gestaltungswillen der Staaten ebenso wenig durchsetzen. Etwa, weil man den Status des Menschseins ganz nach Ermessen so definiert, dass er politischem Gestaltungswillen, gesellschaftlicher Bequemlichkeit oder wirtschaftlichem Profit nicht in die Quere kommt.

Ein derartiges Vorgehen ist schrecklich. Und es gibt kein Patentrezept, solchem Unheil Einhalt zu gebieten. Auch in dieser Hinsicht schließt sich also der Kreis unseres Themas, wobei die Grundlage der Erörterung – nämlich evolutionstheoretische Einsichten – in diesem Zusammenhang zumindest eines nahe legen: den Versuch, Menschenrechte aus der Evolution, aus der Menschwerdung und unserer so entstandener Ausstattung abzuleiten, der wir uns nicht entledigen können. Dann freilich gewinnt der Begriff des „Naturrechts" eine neue Bedeutung: Als Evolutionsprodukt ist auch Recht ein Teil jener Natur, in der alle unsere Kultur und – im Wortsinn des 18. Jahrhunderts – „Menschheit" wurzelt, die rechtlich gehegt und geschützt zu werden verdient.

Rückblickend bleibt festzuhalten: Wir haben unsere ganze Kultur in Institutionen zergliedert; abgegrenzte, hierarchische Gebilde, die zwar den Aufbau ermöglichten, bedeutende, auch heere Aufgaben ausführen, aber in Notfällen diesen sofort abschwören und uns und sogar den Staat erpressen, um ihre Erhaltung zu sichern. So fragt man noch einmal: Wenn es das Gute gibt, wo ist es am ehesten zu finden?

Beschrieben wurde eine Handelswelt, die sich über die Institution des Geldes und des Kapitals die Freiheit zur Plünderung schafft, eine Wissenschaft, die widersprüchliche Welterklärungen hinnimmt und einen Verfall der Bildungsstätten zu Ausbildungsstätten zulässt – mit dem Horrorszenarium einer reparierbaren Welt.

Es gibt Institutionen der Politik, die mit dem Schutz der Reichen beginnen, den Pervertierungen unserer Ausstattung freie Bahn geben und eine Art Neokolonialismus billigen. Wir haben Demokratien, die Subsidiarität zwar anstreben, breitestmögliche Bürgerbeteiligung aber nicht durchzusetzen vermögen. Und wir haben die Institution der Staaten, oberhalb derer es die nötigen globalen Ordnungsstrukturen noch nicht oder allenfalls in ersten Ansätzen gibt.

Was sind die Folgen? Es regiert ein Hegemonialstaat, wie die USA, von fragwürdiger oder umstrittener Benevolenz. Das bisherige Völkerrecht hinkt in der Durchsetzung hinterher und die Menschenrechte können nicht in wünschenswerter Weise durchgesetzt werden.

Hinter allen Problemen stecken der Zwang zum Geschäft, die Tarnung in der Anonymität und die Missachtung von Autonomien. In allen Fällen müssen ein Abbau der Anonymität und eine Renaissance der Autonomien zu Hilfe kommen. Und nochmals ist zu betonen: Wenn man das Völkerrecht und, noch deutlicher, die Menschenrechte aus dem göttliche Naturrecht meint nicht zwingend begründen zu können, aus den Evolutionsgesetzen sind sie zwingend zu befolgen.

Zur Geschichte der Theorien siehe bei Augustinus 354-430, Domingo de Soto 1495-1560, Hugo Grotius 1583-1655, John Locke 1632-1704, Vico 1668-1744 und Jean Jacques Rousseau 1712-1778; des weiteren Chomsky (2000); zur Einführungen in die Politologie die einschlägigen Kapitel bei Patzelt (2003a).

184

C. DAS GEGEBENE, DENKBARE UND MACHBARE

Was also bleibt zu folgern? Ich begann meine Abhandlungen mit der Ankündigung, dass es nicht nur um Lamenti gehen solle. Ich meinte, dass unserer Vernunft als einer der uns angeborenen Ausstattungen in vielen wichtigen Fällen unseres Zusammenlebens mehr zu trauen sei als jener Staatsräson. Aber unsere auf die Kleingruppen ausgerichtete Vernunft muss sich heute an der Steuerung komplexer Sozialsysteme versuchen, für die sie die Natur nicht gemacht hat. So empfiehlt sich also eine Änderung nicht nur des Denkens, sondern auch des Verhandelns.

Freilich beinhaltet dieser Rat die Notwendigkeit zu unterscheiden, wann wir unserer kreatürlichen Vernunft folgen sollen und wann Einsicht in deren Verständnisgrenzen uns zur Vorsicht beim politischen Planen und Handeln mahnen muss.

Und das heißt wohl, dass wir auf der einen Seite politisch die Rolle des Einzelnen und der kleinen Strukturen in den sie unmittelbar betreffenden Angelegenheiten fördern müssen, auf der anderen Seite aber in politisch gebildeter Abklärung darauf hinzuwirken haben, dass sich der gute Wille unseres auf kleine Sozialstrukturen ausgelegten gesunden Menschenverstands an der Steuerung komplexer politischer Systeme nicht überhebt.

Das ist meine erste Realutopie.

Was mir also vor Augen schwebt, ist ein intellektueller Wandel, der sich aus der nun besser verstandenen Ausstattung des Menschen ergibt, gestützt durch eine Biologie, die heute zu einer integrativen, führenden Wissenschaft geworden ist. Also mag untersucht werden, wer mit wem worüber zu verhandeln hätte.

1. Staaten und Kreaturen

So lange wir noch keine „Staatskreaturen" geworden sind, sind die Partner der Verhandlungen auf der einen Seite wir Bürger, auf der anderen der Staat, seine Institutionen und die übernationalen Strukturen, in die der Bürger eingeflochten ist.

Nun darf keine Revolution gepredigt werden, vielmehr das Gegenteil: eine Bekehrung zur Vernunft. Es ist zuzugeben, dass sich das schon Montesquieu, Voltaire, Rousseau, die Enzyklopädisten und Condorcet gewünscht haben. Keiner dachte an Blutgerichte und Königsmord. Empörte Massen, die ihre Kriegstreiber fanden, haben solche Gräuel freilich reaktiviert.

Neben der Frage also, wie wir Bürger Erfolg haben können, wird eine zweite entscheidend, nämlich, ob heute Aussichten gegeben sind, die Chaos, Inhumanität, Völkermord und neue Plünderung nicht mehr zulassen werden. Ich denke, oder wünschte doch, dass das der Fall ist.

Das ist meine zweite Realutopie.

Man wird aber zugeben, dass das in Frage stehende Verhalten an die Bildungsfrage geknüpft ist. Ein Anheben des Bildungsniveaus wird sich dementsprechend nochmals als die zentrale Forderung erweisen. Und daher sind alle zum Zwecke der Humanität aufgefordert, dahin gehend zu wirken: Kultusminister, Rektoren, Lehrer, Eltern, ein jeder von uns.

Prüfen wir also zusammenfassend, welche Strukturen in solchen Verhandlungen einander gegenüberstehen können.

1.1. Strukturierung der Massen

In der Strukturierung der Massen hat sich – wie in jedem Schichtenbau der komplexen Wirklichkeit – über weite Strecken die Hierarchie durchgesetzt. Egalitäre Gesellschaften haben das Stadium der Träume nicht verlassen. Unsere Ausstattung mit Bedürfnissen nach Besitz, Rang und Einordnung, Individualität und Sicherheit hat die Bildung des hierarchischen Musters angeführt.

186

Die realisierten Muster selbst sind uns dagegen lediglich passiert. Sie haben nur den Anspruch von Zufallsprodukten mit dem Charakter der nicht wiederholbaren Historizität: damit gemeint sind die Formen der Kontinente, das Herumdriften der Sprachen und die Räubereien bis hin zu jenen Kurven der Börsen und der Kapitalflüsse unserer Tage. Dies geschieht allerdings so, dass nicht unser Stammland Afrika, sondern Europa und heute nicht Südamerika, sondern Nordamerika meinen, die Welt zu regieren.

Staaten sind Verhandlungspartner, weil sie gewöhnlich greifbaren Regeln folgen und man ihre Verfassungen und Gesetzen nachlesen kann. Zwar sind sie zunächst aus den Ethnien der sich trennenden Grüppchen von Naturvölkern entstanden, manche aber sind infolge von Begehrlichkeit und Konkurrenzbedingungen zu den Machtgefügen anspruchsvoller Industriestaaten geworden.

Die Größe und das Selbstvertrauen, die sie sich zulegen, erschweren die Verhandlung. Ebenso sind ihre übernationalen Verflechtungen sowie die Selbstherrlichkeit mancher ihrer Institutionen hinderlich. So weit aber ihre Souveränität reicht, die Humanität, Freiheit und Ansichten ihrer Bürger wahrzunehmen, sind sie unmittelbare Partner. Und demokratische Verfassungsstaaten sind ja ohnehin als Verhandlungssysteme gedacht: Solche wollen sie sein im Zusammenwirken von Regierenden und Regierten, und solche sind sie in den mittlerweile gar nicht mehr so wenigen pluralistischen, parlamentarischen Demokratien durchaus. Diesbezüglich wird man also ohnehin Gesprächspartner finden.

Die zugänglichsten Partner müssten jedenfalls unsere Institutionen sein, die inneren Gliederungen unserer Staaten. Für diese Gliederung sollten sie schließlich auch da sein. Interessengruppen, darunter die Gewerkschaften, machen die Interessen der Bürger bewusst, aggregieren sie zu verhandelbaren Forderungspaketen, artikulieren sie, machen sie konfliktfähig und ringen mit anderen Interessengruppen, mit Parteien und staatlichen Institutionen, um ihre Wünsche und jene der Bürger zu befriedigen.

Parlamente – praktisch getragen von Parteien und gestützt auf Interessengruppen – leisten Ähnliches und formen gesellschaftliche Willensbekundungen in staatliche Entscheidungen um, modifiziert je nachdem, ob die Regierung vom Parlament unmittelbar abhängig ist oder nicht. Alle diese politischen Organisationen und Institutionen, die wir in demokratischen Verfassungsstaaten inzwischen verlässlich am Funktionieren zu halten verstehen, sind die zentralen Ansprech- und Kooperationspartner einer jeden auf Reformen in unserem Sinn setzenden Bewegung.

Anders adressiert, versickert auch der bestbegründete Verbesserungsvorschlag im Sand institutioneller Unzuständigkeit. Allerdings muss man die Aufmerksamkeit und Achtsamkeit all dieser Institutionen erst einmal gewinnen. Genau darum sind die Massenmedien als Schleusenwärter zur politischen Befassungsdruck erzeugenden Öffentlichkeit ganz wichtige Verhandlungspartner.

Aber anfangen muss dieser ganze Prozess mit der Aktivität von Einzelnen und von den die gesellschaftliche Selbstverständigungsdebatte aktivierenden Gruppen. Auf deren Erfahrungsebene kommt es ja auch immer wieder zur Nagelprobe, wie und ob jene Rezepte wirklich funktionieren, die aus der Warte von Unternehmensführern und Staatslenkern sich mitunter so grandios ausnehmen – wie die Dogmen von *shareholder value* und (fallweise) *splendid isolation* oder Interventionismus. Wir haben uns schon wiederholt gefragt, ob der Ungehorsam der vielen kleinen Geistlichen die Inquisition hätte vermeiden können, der Ungehorsam der kleinen Kaufleute den Wucher mit Kapital, der Ungehorsam der Bankbeamten den Schwindel der Großen und der Ungehorsam der kleinen Parteigänger den Unfug der Staatsräson.

Natürlich hat, wo auch immer, die Kirche im Dorf zu bleiben. Denn letztlich geht es in allen Fällen um jene Humanität, die mit Füßen getreten wird, sobald sich Macht und Ansprüche in steilen Gefällen entwickeln.

Noch wichtiger zur Verhandlung wären Hegemonien, wie wir sie als verkappte, eingestandene oder vertraglich akzeptierte überstaatliche Einflussnahme kennen, die die Souveränität der Staaten entweder einengen oder überhöhen und letztlich unsere demokratischen Institutionen unterminieren. Dies deshalb, weil sie nun – neben manch Gutem, das sich über sie sagen lässt – weltweit und anonym die Plünderung der Natur, das Fließen des Kapitals Richtung Macht, die weitere Öffnung der Schere zwischen Arm und Reich und die Übertretung von Völker- und Menschenrechten anleiten.

All diesem Übel zu begegnen ist nur indirekt Sache von uns „kleinen Leuten". Es geht darum, dass wir die Vertreter unserer Staaten dringlich zu motivieren haben, sich auch übernational für menschliche Vernunft einzusetzen.

1.2. Individuelle Ausstattungen und Reaktionen

Unsere individuellen Ausstattungen und Reaktionen zeigen gegenüber jenen Massenstrukturen ein anderes Muster. In manchen Bezügen zeigen wir Bürger uns auffallend stabil, in anderen finden wir uns leicht Beschädigungen ausgesetzt, manche fordern Gegenwehr heraus, andere nicht.

Es ist nun einmal so, dass wir uns im persönlichen Nahbereich, im Feld der Kleingruppe, viel eher auf unsere Verhaltensanlagen verlassen können. Umso schlechter ertragen wir es, wenn Entscheidungen, die aus der Warte des übergeordneten Systems notwendig oder angeblich sinnvoll sind, im persönlichen Nahbereich unseren Instinkten zuwider laufende Folgen zeitigen. Denn wird etwa, wer aus guten Gründen und mit voller Überzeugung ein strenges Prüfungswesen durchsetzt, weniger als ein anderer darunter leiden, wenn das eigene Kind an ihm scheitert?

Solche Spannungen, gar Widersprüche zwischen den Orientierungspolen unseres Handelns müssen wir wohl aushalten: hier der persönliche Nahbereich, dort das uns anvertraute Gesamtsystem mit für uns anonymen Menschen als Betroffenen. Spannungen und Widersprüche sind der Preis unseres Erfolgs, der darin besteht, Sozialsysteme von größerer Reichweite als jener der Kleingruppe aufzubauen, auf die unsere naturwüchsigen Einsichten und Empathien adaptiert sind. Und da wir uns mitunter wirklich entscheiden müssen, ob wir eher der Rationalität des zu steuernden Gesamtsystems oder lieber den Interessen seiner von unserem Tun betroffenen Teile folgen sollen, wird uns ein Einblick in die Natur dieser Widersprüche nicht schaden.

Kaum beschädigt wird selbst bei Überformung unseres Lebens durch soziale Großstrukturen das Kreatürliche. Die Mutterliebe hat so gut wie kein Staat auszutreiben vermocht, und das mag auch für die ableitbaren Formen der Liebe zur Kreatur, für Partnerliebe und echte Freundschaft gelten. Auch die Gefühle für Freiheit und Individualität, für Partner und Besitz sind uns kaum abzugewöhnen, ebenso wenig die Bedürfnisse nach Zugehörigkeit und Geborgenheit, nach Verstehen und verstanden zu werden.

Selbst das Gefühl für die Vernunft der Lebenshaltung, von dem ich ausgegangen bin, taucht immer wieder unbeschädigt auf, sobald uns die so genannte Vernunft der Wirtschaft, des Staats oder Kapitals, im Grunde deren Zugzwänge, befremdlich werden. Mögen sich diese Gefühle und Bedürfnisse erhalten.

Hingegen kann unsere Humanität angesichts der Masse beschädigt werden und zwar durch die entstandene Anonymität. Man erinnere sich an die Pervertierung der Rang/Risiko-Korrelation und des Zusammenhangs zwischen Umfang und Gefühl für Verantwortung, an den Verlust des Gleichheitsgefühls, der Du-Evidenz und der Tötungshemmung.

Auch die lebenserhaltenden Funktionen der Allmende und der Subsidiarität können uns aus den Augen kommen. Selbst unser Anliegen, an der Wertschöpfung teilzunehmen, hat sich von einem Recht auf Arbeit zu Gesuchsformen gewandelt, an der Wertschöpfung überhaupt teilnehmen zu dürfen. Ich denke, dass alledem mit einer „Ausbildung zur Bildung" beizukommen ist, mit Lernschritten für Bürger, für Institutionen und für den Staat.

Eine Grenze findet sich dort, wo wir den Sinn und Nutzen solcher institutionellen Mechanismen – etwa des Marktmechanismus – nicht verstehen oder nicht verstehen wollen und entweder bestehende institutionelle Mechanismen beseitigen oder an den Nutzen von Mechanismen nicht glauben und sie deshalb gar nicht erst einrichten. Also wird doch „Abklärung durch Bildung" der Schlüssel zum Erfolg sein.

Sichtbare Beschädigungen lösen Opposition aus. Dies gilt auch für aus der Ferne sichtbar gemachte Beschädigung, wie Umweltschäden, erwartbare Gefährdungen der Gesundheit und das Elend anderer. Es kann sich, fernab von unserer Lebenswelt, um die Dezimierung der Wale in arktischen Gewässern, um das Pinguinsterben in der Antarktis oder um die Verwüstung von Tropenwäldern handeln. Es muss uns nur gezeigt werden und uns bewegen, um ganze

190

Gruppen von NGOs, von „Nicht-Regierungs-Organisationen", auf den Plan zu rufen. Gegen die drohende Zerstörung unserer greifbaren Auwälder sind beispielsweise Volksbewegungen aufgetreten und haben (in Österreich) Erfolg gehabt.

Ähnlich besteht, sobald die Gesundheitsgefährdung durch Atomkraftwerke besser verstanden ist, ein fühlbarer Druck gegen die Atomlobby. Die möglichen Schäden durch genmanipulierte Lebensmittel, Luftverpestung, Abwässer und Meeresverschmutzung rufen uns Bürger auf den Plan. Aber auch das Elend in fernen Hungerländern, selbst das der Plantagenarbeiter, ruft unsere Du-Evidenz und weitere NGOs wach.

Tatsächlich gewinnt die „Fair Trade-Organisation" an Boden. Und entgegen dem Preisdruck der internationalen Frucht-Konzerne sind immer mehr Bürger bereit, für die Ware mehr zu zahlen, wenn gesichert ist, dass die Plantagenarbeiter dafür einen menschlichen Lohn erhalten. Dies alles geschieht mit oder gegen die Großmärkte. Das ist berührend. Selbst Massentierhaltung und Schlachtviehferntransporte sind uns zuwider. Auch in diesem Mitgefühl wirkt noch etwas Grundmenschliches. Der Grund dafür ist offensichtlich: Das Fernbild wird zum Nahbild, auf das unsere kreatürliche Ausstattung unmittelbar anspricht.

Genau hierin liegt die Mobilisierungskraft zumal der visualisierenden Massenmedien begründet – und ihr manipulatorisches Potenzial obendrein. Erhellung und Schwindel stehen dicht nebeneinander. Die Lüge mit dem Bild ist heute wohl schon ein folgenreicheres Problem, als die Lüge mit dem Wort. Der Letzteren kann sich unser Verstand entgegenstellen, bei der Ersteren ist er machtlos gegenüber dem auf viel tieferer kreatürlicher Schicht angesiedelten Bildverstehen. Auch diesbezüglich ist unsere Aufsicht aufgerufen.

Kaum eine Bewegung steht gegen das Unsichtbare (zumindest keine, die geschlossen argumentieren könnte), so, als ob sich das Ozonloch ebenso wie unser kommerzieller Lebenssinn von selbst gemacht hätte. Die nicht direkt sichtbaren wirklichen Ursachen der Beschädigung unserer Welt habe ich bereits aufgezählt. Und dennoch steht hinter allen diesen Ursachen noch Fundamentaleres, das uns einfach passiert ist. Es ist das eine Art absurder, neuer Lebenssinn, der sich materiell durch den Machtgewinn der Menschheit, über Kommerz-, Management- und Börsenwelt, eingeschlichen hat und den Globus zu überziehen beginnt.

Ähnlich steht es mit der Wachstumsideologie. Täglich mehrfach berichten uns die Medien über Erfolge und Insolvenzen vermittels Grafiken und fachlicher Kommentare von Fernsehsprechern bis zum Bundeskanzler – über das Schlimme von nur einem Prozent und die Hoffnung auf drei Prozent Wirtschaftswachstum. Mit einer Selbstverständlichkeit kursieren irre Begriffe wie „0-Wachstum" und „negatives Wachstum". Dabei muss jedes System, dass sich nur durch Wachstum erhalten kann, naturgesetzlich allein an seinem Wachstum zugrunde gehen.

Die Opposition, die weltweit resistent, aber auch tätlich auftritt, sobald sich etwa Wirtschaftsminister versammeln, beschimpft zunächst schuldlose Polizisten und hat nur Marionetten im Visier. Die achtbaren Herren und Damen, die, abgeschirmt, bestenfalls ausgebuht werden, sind nominierte Vertreter ihrer Ressorts, von ihren Demokratien und somit wieder von uns Bürgern gewählt und uns Bürgern verantwortlich.

Ein Teufelskreis? Ich befürchte das noch immer nicht. Denn es zeigte sich, dass mit demokratischen Staaten auch verhandelt werden kann. Das heißt nochmals: Im Grunde bräuchten wir nur oberhalb der Ebene unserer Staaten, die wir schon verlässlich zu demokratisieren verstehen, die gleichen politischen Ordnungsstrukturen durchzusetzen.

Zu fürchten sind hingegen Hegemonialmächte, die sich an keine Vereinbarungen gebunden fühlen, weder an das Völkerrecht noch an das Kriegsrecht. Und wenn diese Mächte ihre Maschinerien in Gang gesetzt haben, ist mit Bombern und Raketen schlecht zu verhandeln.

Noam Chomsky, einer der versiertesten Kritiker der Politik der USA, zeigt uns Hoffnungen hinsichtlich einer zweiten Großmacht: die Großmacht „der öffentlichen Meinung". Wir sind zwar nur ein kleiner Teil dieser Macht, aber dort ist anzusetzen.

Die aktuellsten Daten der NGOs findet man in den „neuen Medien" oder in Broschüren, die die folgenden Organisationen gerne zur Verfügung stellen. Man beginne mit „Greenpeace", „Atomgegnern" und „Global 2000", setze fort mit „Menschen für Menschen", „Fair Trade", „Vier Pfoten", „Organisation gegen Tierquälerei", „Anti Gen-Manipulation" und lasse sich auf deren Internet-Seiten weiterführen.

1.3. Kritische Einsichten

Vieles an kritischen Einsichten, wie ich sie ausgeführt habe, ist bekannt. Was sich an politischen Vorstellungen in der Verhandlung zwischen Bürger und Regierenden durchgesetzt hat, lässt gewissermaßen die Geschichte unserer Zivilisation nachzeichnen. Was sich an wertvollen Einsichten nicht durchgesetzt hat, ist dagegen bedrückend, und man muss sich fragen, warum.

Vieles davon ist noch nicht verstanden, wie sich etwa die Wirkungen des Milieus, das heißt politische Struktur und Lebensumstände, mit den als konstant zu betrachtenden kreatürlichen Anlagen verbinden.

Man kann vom Kulturwandel lernen. Und ich erlaube mir darum einen knappen Seitenblick auf solch einen Fall von Kulturwandel zu richten: Was hat die Gotik überwunden oder, noch deutlicher, die Renaissance beendet? Wir finden synergetische Effekte, Emergenzen, aus der Zufallsbegegnung mehrerer voneinander zunächst unabhängiger Zeitströmungen.

Michelangelo hat die Renaissancekunst beendet, weil die Prunksucht der Päpste den Bildhauer zwang zu malen; die Nachfolger, die das nicht mehr konnten, ließen nur mehr den Manierismus zurück. Zeitgleich verdrängte die schwarz gekleidete spanische Verwaltung die bunte Trachtenwelt Italiens. Der Buchdruck, spät in Italien eingezogen, löste die zahlreichen Kopisten ab und setze damit die wenigen, aber bekannten Drucker der Inquisition aus. Die Handelsmacht Venedigs kam durch innermediterrane Querelen in Turbulenzen, im ostmediterranen Raum verloren sie die Kontrolle, Sarazenen regierten die See, der Orienthandel wurde abgedrängt. Reichtum kam nun vielmehr mit den Spaniern, Portugiesen und Holländern aus dem Pazifik und aus Südamerika an die Nord- und Westküsten Europas. Das mediterrane Meer wurde vom Zentral- zum Binnenmeer.

In unserem Kontexte geht es freilich um den Wandel der Zivilisation. Er ist etwas anders zu verstehen. Aber an der Wirkung der Synergetik kann man sich orientieren. Man wird das Zusammentreffen der westlichen NGOs mit der Handelsmoral des Islam aufklären müssen, des Weiteren die Ausweitung der Monroe-Doktrin in den

USA, den Neokolonialismus und die neue Kritik an der Kirche und auch die Synergetik.

Gewirkt hat, was viele Bürger bewegte. Fast sieht es so aus, als könnte Bürgermacht der Staatsmacht einfach gegenübergestellt werden. Nur wenige Umstürzler sind gleich solitären Figuren festzumachen, Paulus und Luther und Marx werden einem einfallen. Aber keiner von ihnen stand allein, und vieles war vorbereitet. Im nahen Osten scharte sich geplagtes Volk um die Heilslehren der Propheten, im römischen Kaiserreich wurden die Übergriffe der Kirche und der Ablasshandel absurd, in Russland empörte sich das Proletariat.

Hinter allen großen Errungenschaften waren Volk und Bürger versammelt. Man denke an Gewaltenteilung, Republik, Sklavenverbot, Demokratie, Gewerkschaften und paritätische Kommissionen. Die Bürger müssen aufgerufen und informiert werden.

Was bewirkt die spitze Feder? Merkwürdig ist, dass Karikaturen, Kabaretts, selbst Bühnenstücke, die Regierende zu absoluten Zerrbildern von Vernunft und Humanität machen, nichts bewirken. Man stimmt zu, lacht Tränen und vergisst. Bedeutende Künstler auf diesen Gebieten sind aufgrund der Einsicht in die Wirkungslosigkeit ihrer Bemühen früh zusammengebrochen. Wird das absurde Leben eines so genannten Machers durch einen guten Witz, einen guten Prediger oder eine philosophische Stunde bloßgestellt, so wird kurz gelacht, geweint oder gegrübelt, um sich anschließend mit Selbstverständlichkeit in das Absurde des eigenen Lebens zurück zu finden.

Wenn es um lange Wirkungen geht, wird man an Cicero, Voltaire und Rousseau denken, in Österreich an Karl Kraus' „Fackel". Diese Menschen haben neue Epochen eingeleitet. Aber sie sind leicht zählbar.

Die hell- und weitsichtigen Intellektuellen, die, von Machiavelli, Bacon, Grotius, Vico, Montesquieu und Condorcet ausgehend, die Szene in der Moderne bestimmen, unter ihnen Leopold Kohr, E. F. Schumacher, John Galbraith, Hans-Peter Martin und H. Schumann, Benjamin Barber und Noam Chomsky, werden zwar in Universitätskursen erwähnt, aber eher als Kuriosität. Denn jeder weiß, wie Betriebswirtschaft und Nationalökonomie zu unterrichten sind: Sie alle sind marktorientiert, marktsubventioniert. Kein Lehrfach ist entstanden, das die oppositionelle Weisheit der Jahrhunderte zusammen vertreten würde. Diese Feststellung ist gewiss bedrückend. Weshalb ist aus allen jenen Helden keine Bewegung hervorgegangen? Bedarf es – nicht angenehm zu sagen – der Volksbewegungen, um bürgerliche Vernunft einer unvernünftigen Staatsräson entgegensetzen zu können? Es bedarf der Beharrlichkeit. Und wenn ein Leben, wie jenes der genannten Helden, dazu nicht ausreicht, bedarf es der Weiterverbreitung ihrer Visionen. Es bedarf der Beharrlichkeit, der zweiten Großmacht: eben der „Großmacht der öffentlichen Meinung".

Rückblickend auf das Kapitel zeigt sich, dass die Strukturierung der Volksmassen durch unsere Ausstattung zwar angeleitet ist, aber in einem Zufallsmuster von Institutionen, Staatsgrenzen und hegemonialen Machtverteilungen endet, die wiederum die Verhandlungspartner für uns Bürger sind.

Dabei erweisen wir uns im Kreatürlichen gegenüber den Fehlentwicklungen in den Massenstrukturen als stabil, in Sozialisierungsfragen unterminierbar, das heißt: gut ausgerüstet für eine Opposition gegen alle sichtbaren Schäden, nicht aber gegen deren versteckte Hintergründe. Wir bemühen uns also um Schadensbegrenzung an den Oberflächen und lassen zugleich die Antriebe der stetig drängenden Beschädiger wirken.

So finden wir ein Szenario vor, in dem menschliche Vernunft gegen die Zugzwänge der operierenden Machtgefüge steht. Diese menschliche Vernunft ist es, die den entsprechenden Verlauf, wenn nicht unserer Kulturgeschichte, so doch der Geschichte unserer zivilisatorischen Errungenschaften nachschreibt. Und es fragt sich, wodurch und worin Vernunft auch in Zukunft Erfolg haben wird.

Zum eventuellen Nachschlagen gedacht: knappe Biografien zu Machiavelli von Barincou (1958), zu Montessquieu von Stubbe-da Luz (1998), ferner zu Bacon von Huber-Legnani (1984), zu Grotius von Link (1985), von Vico (1981, Neuauflage), zu Condorcet von Badinter/Badinter (1988). Die Szene in der Moderne bestimmen vor allem Kohr (1978), Schumacher (1977), Galbraith (1976), Martin/Schumann (1996), Barger (2001), Kurz (1999), Chomsky (2000) und Fleischer (2001).

2. Das Machbare und die Humanität

Schließlich sei über einen Ausklang des Themas reflektiert. Dies geschieht in Form des Versuchs, zu ordnen, was nun zu machen sei. Freilich soll zwischen Wahrheit und Machbarkeit unterschieden werden. Halten wir uns zunächst an Wahrheiten und betrachten die Position der Machbarkeit daran anschließend.

Mancher Wandel tritt in Form von Umbrüchen auf, die greifbar sind. Anderes dagegen erfolgt schleichend.

Den schleichenden Veränderungen ist wohl am schlechtesten beizukommen. Sie haben meist die Bedürfnisse von Staaten, Wirtschaft und Bürger vereint hinter sich und fügen sich so langsam ein, dass niemand eine Wahrnehmung für die Änderung hat. Das Wesentlichste aber ist, dass das Übel, das sie nach sich ziehen, von niemandem vorherzusehen ist und dann kaum mehr abwendbar erscheint.

Vielfach sind schleichende Veränderungen auch in einem Maße zu scheinbaren Selbstverständlichkeiten geworden, dass wir sie als Übel kaum erkennen. Gehören die Großmärkte zu den Übeltätern? Jedenfalls haben sie die Nahversorgung zerstört und die kleinen Kaufleute, sie haben die Kunden zur anonymen Masse gemacht und alle ins Auto getrieben. Gehört die Industrialisierung der Landwirtschaft dazu? Sie ist dabei, den Bauernstand zu zerstören, verdirbt jedes Gefühl für ökologische Ausgewogenheit und für die Ästhetik der Landschaft. Und der Öltransport? Zunächst gab es vereinzelte harmlose Tanker, allmählich Geschwader von Ozeanriesen, die ihre Tankrückstände in die See entleeren und immer wieder einmal zerschellen, ohne dass das de facto zu verhindern wäre.

Als Lehrstück mag die Motorisierung gelten. Dem Erfinder Daimler kann man weder die Massenkarambolagen und Endlosstaus auf den Autobahnen vorwerfen noch das Verkehrschaos in den Großstätten. Es setzte ein schleichender Prozess unvorhersehbar gewaltigen Ausgangs ein. Zunächst war Daimlers unbehülfiger Knatterkasten nur ein Prestigeobjekt, mit dem man Bauern und Hühner besser scheuchen konnte. Dann wollte bald jeder eine solches Ding haben, riesige Industrien konnten von seiner Herstellung nicht mehr ablassen und die Staaten nicht mehr von deren staatserhaltenden Arbeitsplätzen und den kassierbaren Steuern. Schließlich führten mehr

196

Autos zu mehr Straßen und mehr Straßen zu mehr Autos. Ganze Landschaften werden zerschnitten und verbetoniert. Und alle erfundenen Hindernisse, wachsende Abgaben, Halte-, Park- und Fahrverbote, Tempolimits und „Bumps", helfen nicht mehr, das Wachsen des Ozonlochs, das Ansteigen der Unfälle, Lärm, Verpestung und Verödung von Städten aufzuhalten.

Solcherart Wandel ist uns einfach passiert: in blinder Kooperation von Bürger, Staat und Wirtschaft.

So undramatisch sich der Wandel selbst vollzieht, so dramatisch werden seine Wirkungen sein. Von Jahrzehnt zu Jahrzehnt gewöhnt man sich an seine absurden Folgen. Es wäre zu wünschen, dass man daraus lernen würde, wie dramatischen Wandlungen auf undramatische Weise und schleichend begegnet werden könnte.

2.1. Wandlungen durch Gewalt

Gewaltsame Wandlungen haben sich noch immer als inhuman erwiesen. In einer Kultur der „direkten Demokratien" sollten sie nicht mehr in Betracht kommen.

Der Wandel durch diktatorische Macht hat die Geschichte unserer Zivilisation von jeher und mit Paukenschlägen begleitet. Landraub beginnt anzuklingen. Landesgrenzen haben ihre Bedeutung gewandelt. Und die Geschichte lehrt uns, dass Großreiche wie das Perserreich, das römische Imperium und das Heilige Römische Reich Deutscher Nation ohnedies zerfallen. Das kennen wir schon.

Ohne Paukenschläge, schleichend oder nicht, gehören solcherart Wandlungen in die Kategorie Völkermord. Wir kennen die Dezimierung der Indianer Nordamerikas, die Unterdrückung der Kurden, der Palästinenser und die Ermordung afrikanischer Ethnien. Aussicht auf Zustimmung findet solches Vorgehen weltweit nicht mehr. Hier ist unsere Wachsamkeit bereits aufgerufen. Nur das Völkerrecht hat sich nicht durchgesetzt.

Wandel durch kriegerische Indoktrination schwebt immer noch über uns. Im Wesentlichen deshalb, weil es Regierungen zulassen, dass in ihren Armeen das Töten gelehrt wird. Töten als ein aus den Steuern der Bürger finanzierter Unterrichtsgegenstand. Und nicht minder werden Angst und Verteufelung von Regierungen geschürt, sogar vorgelogen und durch die Medien auf unsere Kosten und die Kosten der Wirtschaft (in Form von Werbeeinnahmen) verbreitet. Wir wissen, dass Pazifismus auch eine Einladung zur Plünderung bedeutet, aber es soll bedacht werden, in welcher Lage sich unserer Zivilisation da noch immer befindet! Dabei stellte es sich jüngst heraus, dass in keiner Nation Europas eine Bürgermehrheit für die Mitwirkung an der Besetzung des Irak zu finden gewesen wäre; einige Regierungen haben eine Beteiligung von sich aus entschieden.

Das Menschliche kann noch immer pervertiert werden. Zwar sind die Abschiede einrückender Soldaten tränenreich, und beim Sterben rufen sie nach der Mutter, aber diese Reaktionen sind schon fast alles, was und geblieben ist. Es war schon zu überlegen, wer töten darf. Gott darf das offenbar. Nun genügen Mehrheitsbeschlüsse? Nicht ganz. Es bedarf des Hurra-Geschreis hinter der Fahne, damit die einen Patrioten die anderen Patrioten töten dürfen.

Nur wenig an Scham hat sich durchgesetzt. Es wurden zwar die Kriegsministerien weltweit in Verteidigungsministerien umbenannt, aber ihre Arsenale sind angefüllt mit immer noch grausameren Angriffswaffen. Und wohin mit den Atomabfällen? Auch Kooperationen haben sich entwickelt: Konzerne großer Nationen machen viel Geld mit immer noch besseren Tretmienen. In kleinen Nationen sammeln die Bürgen Geld, um Spitäler für einbeinige Kinder zu bauen.

Was für eine scheußliche Politik haben wir zugelassen! Einige Nationen haben Scham genug, zu entscheiden, dass wenigstens kriegführenden Ländern keine Waffen geliefert werden. Das fördert die Waffengeschäfte der anderen.

Man stelle sich vor, einen Rückzug von Angriffs- auf Verteidigungswaffen durchsetzen zu wollen, wo es nicht einmal gelingt, dass alle Länder auf Tretminenproduktion verzichten. Hier kann einzig die „Großmacht der öffentlichen Meinung" aufgerufen werden.

Auch den Wandel durch Bürgerrevolten möchte man der Vergangenheit überlassen. Bürgerrevolten haben, wenn auch von Intellektuellen zur Verhandlung gedacht, alle zu blutigen Auseinandersetzungen geführt. Dabei muss man zugeben, dass einige, wie zunächst in Frankreich und Nordamerika, aus autoritärer Unterdrückung heraus die Segnungen der Republik und Demokratie mit sich brachten.

198

Heute stehen parlamentarische Demokratien in besserem Ruf. Wir Bürger, heißt es, seien der Souverän. Also nützen wir die Chance zur Durchsetzung unblutiger Veränderungen. Modelle dazu liefert beispielsweise Österreich; unblutige Demonstrationen gegen das Kernkraftwerk Zwentendorf hatten Erfolg und ebenso die legendäre Besetzung der Hainburger Au. Das sollte Schule machen.

Die Position des Terrors ist von anderer Art. Wir haben uns ja schon gefragt, wer zwischen Patrioten und Terroristen unterscheidet. Jetzt können wir nachfragen, was sie unterscheidet, zumal damit stets ein und dieselbe Person gemeint ist. Der Terror zählt zu den schwer zu behandelnden Gewaltanwendungen. Er tritt in zwei Formen auf: territorial und international.

In den Fällen des territorialen Terrorismus geht es um Konflikte zwischen aneinander grenzenden Ethnien. Sind diese räumlich verflochten, geht es um Entflechtung, sind sie räumlich trennbar, geht es keineswegs mehr um die Vernunft der Bürger, sondern nur mehr um die „Vernunft der Staaten". Man muss sich klar machen, dass es immer nur wirtschaftliche Interessen sind, die im Hintergrund die Schwierigkeiten bereiten. Es geht um Wasser, um Öl, strategische Positionen und um die Konkurrenz internationaler Konzerne, die, weitgehend anonym oder doch verkappt, Mord und Völkermord einleiten.

Wiederum geht es darum, dass übernationale Organisationen mit Vernunft und Humanität darauf drängen, Ethnien ihren Raum zu geben.

Der internationale Terrorismus spiegelt die Übergriffe der Wirtschaftsinteressen. Wir hören heute viel vom Bombenterrorismus und haben vom Wirtschaftsterrorismus ein immer noch zu verschwommenes Bild. In einer Art Grauzone befindlich, werden uns Unterminierungen, Waffenlieferungen, paramilitärische Einheiten der Staaten und der Konzerne sowie Wirtschaftsunterdrückungen naturgemäß verschleiert. Es mag schon sein, dass der Rabatz, der vor den Globalisierungsgegnern während der Wirtschaftstreffen stattfindet, nichts nützt. Aber diese Leute machen wenigstens darauf aufmerksam, dass wir eine globalisierte Welt (und zwar weltweit!) nicht wollen. Es ist also tiefer anzusetzen, wenn wir uns gegen ein Globalisierungsdiktat der Wirtschaft wehren wollen.

Regierende und Wirtschaft bedürfen des Drucks der öffentlichen Meinung um übernationale Gremien durchzusetzen, solche zur Vernunft zu bringen oder, wenn das alles nicht gelingt, wenigstens Vernunft durch Autonomie anzustreben.

2.2. Hoffnung durch Teilrevolten

Hoffnung bieten Teilrevolten. Sie können sich unblutig vom bürgerlichen Ungehorsam ausgehend bis hin zu Streik, lautem Protest, Volksbegehren und neuen Parteigründungen verdichten und müssten sich, werden sie von der regierenden Fraktion nicht beachtet, im Ergebnis der nachfolgenden Wahlen niederschlagen. Die Aufgabe besteht darin, zwischen Populismus und Weitsicht vermitteln zu lernen. Das ist tatsächlich keine leichte Angelegenheit.

Mein Vorschlag, Wege zur „direkter Demokratie" zu suchen, würde dieses Lehrstück in Gang bringen. Wir müssen den Systemzusammenhang zwischen kreatürlicher Intention und Staatsräson kennen lernen, weil wir von beiden noch nicht eindeutig wissen, was das eigentlich ist.

Teilrevolten gegen Institutionen im Staat sind uns bekannt und waren oft von Erfolg begleitet. Erfahrungsgemäß betrifft eine solche Teilrevolten meist die Interessen von Gruppen: der Fluglotsen, der Bahnbediensteten, der Metallarbeiter oder der Angestellten überhaupt. Im Wesentlichen geht es darum, die geeigneten Verhandlungspartner zu finden. Für den letzteren Fall ist jene hervorragende Lösung anzubieten, die schon zu erwähnen war: die „paritätische Kommission" zwischen Arbeitgebern und Arbeitnehmern in Österreich. Sie bringt die strittigen Positionen an den Verhandlungstisch. Der Welt bisher geringste Streikrate ist zudem die Folge.

Freilich ist die Demokratie auch darin anfällig, etwa mit Blick auf das Minoritätenproblem. Aber nicht die Ansprüche kleiner Gruppen sind es, die unterdrückt werden können, es hängt von deren Wirkung ab. Streiks der Müllabfuhr werden schon nach Tagen unerträglich und bald behoben. Dagegen sind von Aquarellisten Streiks nie versucht worden. Niemand, das wissen sie, würde sich um ihre Anliegen kümmern.

200

Dazu kommen das Antreiben der Begehrlichkeit, das Rang-Imponieren und das Drängen auf Gewinnmaximierung. Kinderarbeit versagen wir uns bereits mancherorts. Aber was sonst noch an genialen Lösungen bleibt, sind Verkauf von Staatsbesitz, Verlängerung der Arbeitszeit, Streichen von Feiertage, Sonntagsarbeit, spätere Pension oder – wenn das alles nicht fruchtet – überhaupt die Verlagerung der Produktion in Schmutz- und Billigländer. Sogar die Gesundpreisung des Bauernlebens verkehrt sich. Man muss in industrialisierten Heuschobern bereits Staubmasken tragen. Mir scheint, das hat mit einem Heben der Lebensqualität wenig zu tun.

Der Neoliberalismus zieht solche Folgen nach sich. Wie denken wir uns also den Zusammenhang von Lebensqualität und Bildung? Wir sind, zugegebenermaßen, für ein solches Denken schlecht gerüstet. Kenntnis- und Lernbedarf sind erforderlich.

Teilrevolten gegen den Staat und staatlich geschützte Institutionen stehen im Zentrum unserer Möglichkeiten. Wir sind ihnen daher schon begegnet. Erfolg können sie haben, wenn der Staat selbst, ohne Auslandverflechtung, entscheidet.

Die erwähnte „Hainburg-Affäre" an der österreichischen Donau ist ein gutes Beispiel. Große Auwälder sollten einem Flusskraftwerk geopfert werden. Sogleich lagerten dort viertausend Studenten, banden sich an die zu fällenden Bäume, wurden von Gendarmen weggetragen und liefen wieder hin. Achttausend Gendarmen wären nötig gewesen. Eine Pattstellung. Die Medien berichteten spektakulär. Und als sich daraufhin vierzigtausend Bürger um den Stephansdom versammelten, verordnete der Staat eine Nachdenkpause. Heute dehnt sich auf dem geplanten Baugelände längst ein prächtiger Nationalpark aus. Das soll Schule machen!

Ähnlich hatten Großkundgebungen um ein schon fertiges Kernkraftwerk empfehlenswerte Methode. Die Regierung ließ sich auf eine Volksbefragung ein. Über die Hälfte der Bürger entschied gegen seine Inbetriebnahme. Es steht noch heute still und hat wahrscheinlich der Ausstiegsdebatte in Bezug auf Kernenergie weiter geholfen.

Freilich ist das in Staaten nicht so einfach, die sich in übernationale Verträge verstrickten, sich bereits vom Atomstrom abhängig machten oder, nachholend, die Narretei der Turbo-Industrialisierung nachzuahmen trachten. Wieder steht zur Frage, welcher Großmacht wir auf Dauer trauen können: der blanken Macht oder der „Großmacht der öffentlichen Meinung"?

Teilrevolten eines Staates, wollen sie Erfolg haben, sind eine Frage staatlicher Autonomie.

Mein erstes Beispiel sind die Transitlawinen durch Österreich. Mit Exportsubventionen werden die Kartoffeln Hollands zum Waschen nach Italien geschleppt, um dann in Deutschland verkauft zu werden. Das Transitland Österreich mit nur wenigen Alpenpässen wird von den Frächtern niedergewalzt. Der Staat verhandelte und hat es nicht geschafft, den Unterschied gegenüber Finnland oder Portugal klar zu machen. Verzweifelte Bürger belagerten die Transitrouten. Das ist alles. Ein Beispiel anderer Art ist die Drogenproduktion. Bolivien hat gegen sie bereits eine Armee im Dschungeleinsatz. Aber nachdem der Absatz in den USA alle anderen Gewinnmöglichkeiten bei weitem übertrifft, wird auch eine Armee, selbst mit Unterstützung aus den USA, nicht gewinnen.

Im Allgemeinen ist die staatliche Autonomie schwach, die Erfolge sind daher gering. Und wenn es sich wieder um eine Bildungsfrage handeln sollte, so ist sie doch von einigem Interesse. Es geht um die Bildung der Menschen in den Chefetagen der Industrien und Ministerien. Wir sprechen nicht von Bösewichten, sondern von versierten Leuten. Von manchen kenne ich ihren Gram über Entscheidungen, die sie treffen mussten. Es geht um eine Bildung der Weitsicht, die so weit reichen sollte, dass sie auch den Zugzwängen der Gewinnmaximierung und der Kapitalflüsse widerstehen kann, in denen wir uns alle befinden.

Teilrevolten von Staaten kündigen sich nicht als hoffnungsvoll an. Dennoch mag hier mehr Aussicht auf die Durchsetzung von Vernunft gegeben sein. Die Machbarkeit hängt, wie wir schon gesehen haben, von geringerer Handelsverflechtung ab.

Von den fünfzehn Staaten der Europäischen Union haben sich fünf von Kernkraftwerken abhängig gemacht, fünf weitere sind zum Ausstieg breit, die restlichen fünf haben Kernenergie vermieden. Sollte da nicht ein Spielraum für europäische Vernunft gegeben sein? Zumal Europa relativ wenig von seiner Umgebung abhängig ist.

Die Revolten anlässlich aller Globalisierungstreffen waren schon unser Thema. Gerade die junge Generation ist es, die sich gegen die

202

Diktatur der Kapitalflüsse zu wehren sucht. Internationale Vernunft zu predigen, hat aber kaum Chance auf Erfolg. Vielleicht ist mit unserem Gedanken „Vernunft durch Autonomie" eher etwas zu erreichen. Vielleicht könnte ein zusammengefügtes Europa, bevorzugt durch seine relativ höhere Bildung, die Chance haben, Vorreiter in Sachen menschlicher Vernunft zu werden, da die Verflechtung mit seinen Nachbarkontinenten gering ist.

Meine Vorschläge zu einem „Gesellschaftsvertrag der Abklärung" sind von den neuen Einsichten in die Ausstattung des Menschen ausgegangen. Es ist offensichtlich, dass es im sozialen Bereich Fehlentwicklungen in der Massenzivilisation gibt. Wie weit sie bis ins Durcheinader unserer Tage schlüssig bleiben können, ist eine Frage, die sich dem Kritiker selber stellt. Es ist leichter, den Mund voll zu nehmen, als profund und unwiderlegbar zu sein. Viel an einschlägiger Forschung hat anzuschließen.

2.3. Von Bildung war die Rede

Von Bildung war fortgesetzt die Rede. Alle Lösungen, gerade im letzten Abschnitt, sollten in der Bildung zu finden sein. Fassen wir zusammen:

Womit hat man es also zu tun? Mit dem Wandel der Bildungs- zu Ausbildungsstätten, mit Kultusverwaltungen, die Ausbildung der Bildung vorziehen, mit Wirtschaftskonkurrenz, mit Zugzwängen, mit Behinderungen durch Formen der Logik und Sprache; alles zusammen ist eine Angelegenheit der Bildung. Welche Einsichten können also dieser Aufzählung entnommen werden?

Der „Brockhaus", in seiner liebenswürdigen Art, versteht unter Bildung einen „Vorgang geistiger ‚Formung', die ‚innere Gestalt', zu der ein Mensch gelangt, wenn er seine ‚Kräfte' in Auseinandersetzung mit den Gehalten der Kultur entfaltet". Das sehe ich auch so. Es geht um die Abwägung aller Gehalte und Wandlungen einer Kultur; allerdings mit einem Zusatz: Die Definition lässt offen, ob es sich um eine Aufgabe oder bloß um eine intellektuelle Spielerei handelt. Ich sehe in der Bildung eine Aufgabe, wenn nicht sogar eine

Verpflichtung. Denn wer nicht nur in einer Kultur, sondern auch von ihr lebt, hat zu ihr eine Haltung einzunehmen.

Und man erinnere sich, dass das Englische zwischen „Bildung" und „Ausbildung" nicht unterscheidet, nun aber die Welt zu überziehen beginnt.

Zugegeben, der Begriff ist in dieser Bedeutung nicht sehr alt, wiewohl schon im Altertum erwogen. In seinem heutigen Sinn ist „Bildung" erst von Johann Heinrich Pestalozzi und Wilhelm von Humboldt verwendet worden, hat in der Pädagogik des deutschen Sprachraums, aber auch bald über die Sprachen des Kontinents kulturbildend gewirkt. Und so oft ich den Begriff den ganzen Text hindurch im Munde führte, er ist eine Empfehlung, gedacht im Sinne einer Hilfeleistung Europas. Zwei verlässliche Korrektive besitzt eine Zivilisation: Kenntnis der menschlichen Ausstattung und Bildung ihrer Bevölkerung.

Auf allen Ebenen unserer Kultur wünschte man deren Wirkung. Man erinnere sich der eingeforderten Hauptpunkte, die einen Kreislauf bilden: die Herkunft der menschlichen Vernunft und deren Adaptierungsmängel erkennen; Erwachsenenbildner, Lehrplankommissionen und Hochschulbehörden für deren Unterrichtung gewinnen; vom Elementarunterricht bis zu den Universitäten interdisziplinäre Sicht fördern; Zusammenhänge von Komplexität, Emergenz, Historizität, Allmende und Nachhaltigkeit klarmachen – bis sich in einer gebildeteren Generation der Kreislauf wieder fortsetzen kann.

Parallel dazu geht es um Abklärung. Hier muss ein Kreislauf von Widerständen entstehen. Dieser soll zu menschlichem Maß zurückführen. Es geht um einen Abbau unserer Überschätzung aus der Aufklärung – der Anmaßung und Selbstzuteilung beliebiger Freiheiten –, um der Spirale der wachsenden materiellen Ansprüche, dem Umwelt-, Sozial- und Globalisierungsproblem zu begegnen, bis sich der Kreislauf von Widerständen in einer versierteren Generation besser belegt und formuliert fortsetzen kann.

Die Einsicht in diese Kreisläufe macht die Sache nicht einfacher. Wir befinden uns wieder am Ansatz des ganzen Themas: beim Selbermachen. Fassen wir die Szenen zusammen:

Wie kann ein solcher Aufruf zur Bildung Erfolg haben? Die Ursachen der neuen Bedrängungen liegen, trotz der Benennungen wie

„Gewinnmaximierung" oder „Neoliberalismus", versteckt. Sie sind kaum an einer Personengruppe festzumachen, und Bescheidung hat den Menschen immer noch weniger ermutigt als greifbarer Erfolg. Vielfach sind die erhofften Erfolge in der eigenen Generation noch gar nicht erwartbar. Sie mögen sich erst unseren Enkeln zeigen oder noch später. Es geht um Wachsamkeit. Viel an Einsicht, Übersicht und Weitsicht ist zu fordern – eben Bildung –, um Aussicht auf Erfolg zu haben.

Wahrheit und Machbarkeit muss man unterscheiden. Man wird anerkennen, dass Wahres nicht deshalb falsch sein muss, weil sich die Einsicht noch nicht durchsetzt hat. Ebenso wenig wird Falsches durch Wiederholung nicht wahr. Paradigmen, wie auch immer sie angeboten werden, kann man erst vertrauen, wenn sie sich als übereinstimmend mit dieser Welt erweisen. Es geht also weniger um die Vorlage von Rezepten, vielmehr um die Aufforderung zum Nachdenken.

Ich bin nach solchen Predigten oft gefragt worden, ob ich meine, damit Erfolg zu haben. Das, sagte ich, könne ich nicht wissen. Aber eines hätte ich gerne: dass auch meine Enkel noch wüssten, dass ich mich bemüht habe. Und wenn sich sehr viele bemühen, ist das gut so.

Rückblickend erinnert man sich, dass große Veränderungen, zwar nicht unserer Kultur, wohl aber unserer Zivilisation oft mit Gewalt vollzogen worden sind. So schloss die Frage an, wie mit der Verbreitung von überdachter Demokratie und Hegemonie dieses Junktim von Gewalt und Erpressung vermieden werden kann.

Sollte ich recht gesehen haben, müsste eine solche Gesellschaft Diktatur, Krieg, Revolte und Terror mit gewaltloser, aber geschlossener Opposition widerstehen können. Ich denke, dass die Genesis hier nicht stehen bleiben darf. Es gilt, nach der Sklaverei auch das Faustrecht abzuschaffen.

Unsere Gesellschaft hat auf dem Gebiet der unblutigen „Teilrevolten" schon vielfach praktische Erfahrung gewonnen und Erfolg gehabt. Es war darum weiter zu fragen, mit wem wir Bürger es in all den erwartbaren Auseinandersetzungen zu tun haben. Der mögliche Erfolg hängt dabei von zwei Faktoren ab: einmal ist es das Maß unserer mentalen

Ausrüstung, ein andermal die Entscheidungsfreiheit des Partners unserer Verhandlungen.

Unsere Verhandlungsgrundlage ist neben der Vernunft die menschliche Anlage zur Bildung. Gemeint ist eine Bildung, die bis zur Herzensbildung reicht und alle Intelligenzalter und Intelligenzniveaus bis in die Chefetagen erreicht und beständig genug ist, den überkommenen Zugzwängen zu widerstehen. Es geht eben um die Vorbereitung einer „Großmacht der Öffentlichen Meinung".

Mag sein, dass man das für die letzte meiner Utopien hält. Wer aber an dieser Stelle aufgibt, fördert den Rückfall ins Faustrecht.

Evolutionäre Konzepte gibt es neuerdings in der Pädagogik. Namentlich von Scheuenpflug (1999, 2000, 2001), Treml (1996, 2000), Neumann/Schöppe/Treml (1999), im Einzelnen auch von Mohr (1999), Riedl (1999), Vollmer (1999) und Wuketits (1999), des Weiteren Symposienbände zu einer „Evolutionären Pädagogik" (in Vorbereitung). Das Thema ist vorerst auf den Deutschen Sprachraum begrenzt. Zur Bildungsfrage allgemein siehe Riedl (2004).

206

Resümee

Im Ganzen liegt eine Anregung vor, die Genesis fortzusetzen. Es geht darum, den Gesellschaftsvertrag, wie man ihn in der Aufklärung dachte, durch einen der Abklärung zu übersteigen.

Ich erinnere nochmals an die ungeheuren Mühen und Leiden, die uns die Genesis verordnete, um von Raubaffen zu Frühmenschen zu werden. Wir gelangten von rabiaten Trupps zur Organisation von Diktaturen mit Sklavenhaltung, zu Feudalsystemen mit Leibeigenen und zum Diktat von Glaubenslehren, zu Republiken und National-staaten mit Kolonien und über alle Formen von Demokratien zur parlamentarischen Demokratie, zu den Versuchen überstaatlicher Ordnungen und zu wachsenden Verbänden für Natur- und Men-schenschutz. Immerhin!

Und nun sollten wir kurz vor fast erreichter Menschlichkeit auf-geben? Sollten wir uns aufgrund der Konkurrenz der Nationalsaaten dem neuen Faustrecht der Hegemonialmächte, des Kapitals und des Neokolonialismus unterwerfen?

All dem setze ich entgegen: Das Völkerrecht und die Menschen-rechte sind allein aus den Gesetzen unserer menschlichen Ausstat-tung von uns Menschen verlässlich zu begründen – ihre Durchset-zung ist zu verlangen.

Literatur

ALBRECHT, J. (Hrsg.), 2002: Instruments for climate policy. Limited versus unlimited flexibility; Cheltenham: Edward Elgar Pub.

ALEMANN, U. v. / HEINZE, R. G. / WEHRHÖFER, U. (Hrsg.), 1999: Bürgergesellschaft und Gemeinwohl. Analyse, Diskussion, Praxis; Opladen: Leske + Budrich.

AMIN, S., 1975: Die ungleiche Entwicklung. Essay über die Gesellschaftsformen des peripheren Kapitalismus; Hamburg: Hoffmann & Campe.

ARNOLD, V., 1978: Rätetheorien in der Novemberrevolution. Eine systematische ideengeschichtliche Darstellung und Analyse der unterschiedlichen Rätekonzeptionen; Hannover: SOAK-Verlag.

BADINTER, E. / BADINTER, R,. 1988: Condorcet; Paris: Fayard.

BALLESTREM, K. (Hrsg.), 1993: Naturrecht und Politik; Berlin: Duncker und Humblot.

BARINCOUR, E., 1958: Machiavelli; Hamburg: Rowohlt TB.

BARBER, B., 2001: Coca Cola und der Heilige Krieg. Der grundlegende Konflikt unserer Zeit; Bern, München, Wien: Scherz.

BAUER, M., 2002: Terrorismus. Bedrohungsszenarien und Abwehrstrategien; München: Hanns-Seidel-Stiftung.

BAYLIS, J. / RENGGER, N. J. (Hrsg.), 1992: Dilemmas of World Politics; Oxford: Clarendon Press.

BEECHER-STOWE, H., 1930: Onkel Toms Hütte. Negerleben in den Sklavenstaaten von Amerika; Stuttgart-Leipzig: Deutsche Verlags-Anstalt.

BENOIST, A. de, 1999: Aufstand der Kulturen. Europäisches Manifest für das 21. Jahrhundert; Berlin: Jungeit-Verlag.

BLICKLE, P. (Hrsg.), 2002: Subsidiarität als rechtliches und politisches Ordnungsprinzip in Kirche, Staat und Gesellschaft. Genese, Geltungsgrundlagen und Perspektiven an der Schwelle des dritten Jahrtausends; Berlin: Duncker und Humblot.

BRAUN, G., 1994: Nord-Süd-Konflikt und Dritte Welt; Paderborn: Schöningh.

BREIT, G. / BREIT, A. (Hrsg.), 2000: Bürgergesellschaft, Zivilgesellschaft, Dritter Sektor; Schwalbach / Ts.: Wochenschau-Verlag.

BRINK, B. v. d. / REIJEN, W. v. (Hrsg.), 1992: Bürgergesellschaft, Recht und Demokratie; Frankfurt a. M.: Suhrkamp.

BRUNNENGRÄBER, A. (Hrsg.), 2001: NGOs als Legitimationsressource. Zivilgesellschaftliche Partizipationsformen im Globalisierungsprozess; Opladen: Leske + Budrich.

BULTMANN, A., (Hrsg.), 1979: Auf der Abschussliste. Wie kritische Wissenschaftler mundtot gemacht werden; München: Droemer.

BULTMANN, A. / SCHIMTHALS, F. (Hrsg.), 1994: Käufliche Wissenschaft. Experten im Dienst von Industrie und Politik; München: Droemer.

CHOMSKY, N., 1970: Sprache und Geist; Hamburg, Berlin: Parey.

CHOMSKY, N., 2000: Die politische Ökonomie der Menschenrechte; Grafenau: Trotzdem-Verlag.

CHOMSKY, N., 2001: Wirtschaft und Gewalt. Vom Kolonialismus zur neuen Weltordnung; Lüneburg: zu Klampen.

CONDORCET, M. de, 1976: Entwurf einer historischen Darstellung der Fortschritte des menschlichen Geistes; Frankfurt a. M.: Suhrkamp TB.

CZEMPIEL, E.-O., 2002: Weltpolitik im Umbruch. Die Pax Americana, der Terrorismus und die Zukunft der internationalen Beziehungen; München: Beck.

DARWIN, Ch., 1962: Reise eines Naturforschers um die Welt. Übersetzt von J. V. Carus; Stuttgart: Steingruben.

DESGRAVES, L., 1992: Montesquieu; Frankfurt: Sozietäts-Verlag.

DIAMOND, J., 2000: Arm und reich. Die Schicksale menschlicher Gesellschaften; Frankfurt a. M.: Fischer.

DICKENS, Ch., 1964: Oliver Twist; Wiesbaden: Vollmer.

DIMAGGIO, P. / POWELL, W. (Hrsg.), 1991: The New Institutionalism in Organizational Analysis; Chicago: University of Chicago Press.

DOEKER-MACH, G. / PLÜMPER, T., 1994: Völkerrecht und internationale Beziehungen; München: Oldenbourg.

DÖNHOF, Gräfin M., 1997: Zivilisiert den Kapitalismus. Grenzen der Freiheit; Stuttgart: Deutsche Verlags-Anstalt.

DONSBACH, W., 1993: Beziehungsspiele. Medien und Politik in der öffentlichen Diskussion; Gütersloh: Verlag Bertelsmann-Stiftung.

DOUGLAS, M., 1981: Ritual, Tabu und Körpersymbolik; Frankfurt a. M.: Suhrkamp.

DURIE, E., 1982: Love, Death and Money in the Pays D'Oc; London: Hardback Scolar Press.

DURKHEIM, E., 1984: Die elementaren Formen des religiösen Lebens; Frankfurt a. M.: Suhrkamp.

ELAZAR, D., 1987: Exploring Federalism; Tuscaloosa: The University of Alabama Press.

ELSENHANS, H. / SCHUBERT, R. (Hrsg.), 1999: Neue Wachstums- und Außenhandelstheorie. Implikationen für die Entwicklungstheorie und -politik; Berlin: Duncker und Humblot.

ERHARD, L. (Hrsg.), 1972: Soziale Marktwirtschaft, Ordnung der Zukunft: Manifest 72; Frankfurt a. M.: Ullstein.

ERLER, B., 1985: Tödliche Hilfe. Bericht von meiner letzten Dienstreise in Sachen Entwicklungshilfe; Freiburg i. Br.: Dreisam.

EUCKEN, W., 1990: Grundsätze der Wirtschaftspolitik; Tübingen: Mohr.

EVANS-PRICHARD, E., 1981: Theorien über primitive Religionen; Frankfurt a. M.: Suhrkamp.

FLEISCHER, M., 2001: Kulturtheorie. Systemtheoretische und evolutionäre Grundlagen; Oberhausen: Athena.

FRAENKEL, E., 1964: Der Pluralismus als Strukturelement der freiheitlich-rechtsstaatlichen Demokratie. Festvortrag; München: Beck.

FRAENKEL, E., 1979: Deutschland und die westlichen Demokratien; Stuttgart: Kohlhammer.

FRIEDEN, J. / LAKE, D., 2000: International Political Economy; London: Routledge.

FRIEDRICH, C. J., 1953: Der Verfassungsstaat der Neuzeit; Berlin, Göttingen, Heidelberg: Springer.

GALBRAITH, J., 1974: Die moderne Industriegesellschaft; München, Zürich: Dromer-Knaur.

GALBRAITH, J., 1976: Wirtschaft für Staat und Gesellschaft; München, Zürich: Dromer-Knaur.

GALTUNG, J., 1978: Strukturelle Gewalt; Reinbek: Rowohlt.

GEHLEN, A., 1940: Der Mensch. Seine Natur und seine Stellung in der Welt; Berlin: Junker und Dünnhaupt.

GERAEDTS, F., 1991: Plebiszitäre Elemente in der repräsentativen Demokratie?; Düsseldorf: Landtag Nordrhein-Westfalen.

GIDDENS, A., 1999: Jenseits von Links und Rechts. Die Zukunft radikaler Demokratie; Frankfurt a. M.: Suhrkamp.

GILPIN, R., 1987: The Political Economy of International Relations; Princeton: Princeton University Press.

GÖHLER, G. (Hrsg.), 1994: Die Eigenart der Institutionen; Baden-Baden: Nomos.

GOODIN, R., 1988: Reasons for Welfare. The Political Theory of the Welfare State; Princeton: Princeton University Press.

GRAFMAN, B. (Hrsg.), 1986: Electoral Laws and their political Consequences; New York: Agathon Press.

GROTIUS, H. 1601: De iure belli ac pacis libri tres. Apud Ioannem Blaeu; Amsterdam.

HAKEN, H., 1978: Synergetics. An Introduction. Nonequilibrium phase transition in physics, chemistry and biology; Berlin: Springer.

HASSENSTEIN, B., 1973: Verhaltensbiologie des Kindes; München: Piper.

HAYEK, F. A. v., 1991: Die Verfassung der Freiheit; Tübingen: Mohr.

HERKENRATH, M., 2003: Transnationale Konzerne im Weltsystem; Wiesbaden: Westdeutscher Verlag.

HESCHL, A., 1998: Das intelligente Genom. Über die Entstehung des menschlichen Geistes durch Mutation und Selektion; Heidelberg: Springer.

HEYDEMANN, G. / KLEIN; E. (Hrsg.), 2003: Staatsräson in Deutschland; Berlin: Duncker und Humblot.

HIGGOTT, R. (Hrsg.), 2000: Non-state Actors and Authority in the Global System; London: Routledge.

HINGST, W., 2003: Paradies oder Weltuntergang. Wir haben die Wahl; Zürich: Zeitfragen.

HOBBES, T., 1996: Leviathan; Hamburg: Meiner.

HOBSON, J. A., 1968: Der Imperialismus; Köln: Kiepenheuer & Witsch.

HOFFMAN, B., 2002: Terrorismus – der unerklärte Krieg. Neue Gefahren politischer Gewalt; Frankfurt a. M.: Fischer-Taschenbuch-Verlag.

210

HOLMSTEN, G., 1971: Voltaire; Reinbeck: Rowohlt.

HOLMSTEN, G., 1972: Jean-Jacques Rousseau; Reinbeck: Rowohlt.

HUBER-LEGNANI, M., 1984: Roger Bacon. Lehrer der Anschaulichkeit; Freiburg.

HUME, D., 1967: Eine Untersuchung über den menschlichen Verstand; Stuttgart: Reclam.

HUME, D., 1970: Enquiries Concerning the Human Understanding and concerning the Principles of Morals; Oxford: Clarendon Press.

IKENBERRY, J. (Hrsg.), 2002: America unrivaled. The future of the balance of power; Ithaca: Cornell University Press.

IRRGANG, B., 2001: Lehrbuch der Evolutionären Erkenntnistheorie. Thesen, Konzeptionen und Kritik; München, Basel: Reinhardt.

KANT, I., 1787: Kritik der reinen Vernunft; Leipzig: Philipp Reclam jun.

KANT, I., 1788: Kritik der praktischen Vernunft; Leipzig: Reclam.

KANT, I,. 1790: Kritik der Urteilskraft; Stuttgart: Philipp Reclam jun.

KERR, S. (Hrsg.), 2000: Global emissions trading. Key issues for industrialized countries; Cheltenham: Edward Elgar Pub.

KISHON, E., 1992: Picasso war kein Scharlatan. Randbemerkungen zur modernen Kunst; Frankfurt a. M., Berlin: Ullstein.

KLEIN, A. (Hrsg.), 2001: Globalisierung, Partizipation, Protest; Opladen: Leske + Budrich.

KOCH-BAUMGARTEN, S., 1999: Gewerkschaftsinternationalismus und die Herausforderung der Globalisierung; Frankfurt a. M.: Campus.

KOSOBUD, R. / SCHREDER, D. L. / BIGGS, H. M. (Hrsg.), 2000: Emissions Trading. Environmental policy's new approach; New York et al.: Wiley.

KOENIG, O., 1970: Kultur und Verhaltensforschung. Einführung in die Kulturethologie; München: Deutscher Taschenbuch Verlag.

KOHR, L., 1978: The Breakdown of Nations; New York: Dutton.

KRASNER, S. D. (Hrsg.), 1983: International Regimes; Ithaca: Cornell University Press.

KULTERMANN, U., 1966: Geschichte der Kunstgeschichte; Wien und Düsseldorf: Econ Verlag.

KUPER, E., 1991: Transnationale Versammlungen und nationales Parlament. Einige Überlegungen zu Funktion und Leistung des Parlamentarismus in den internationalen Beziehungen; in: Zeitschrift für Parlamentsfragen 22 (1991), S. 620-638.

KUPER, E. / JUN, U. (Hrsg.), 1997: Nationales Interesse und integrative Politik in transnationalen parlamentarischen Versammlungen; Opladen: Leske + Budrich.

KURZ, R., 1999: Schwarzbuch des Kapitalismus. Ein Abgesang auf die Marktwirtschaft; Frankfurt a. M: Eichhorn.

LE BON, G., 1987: L'homme et les sociétés; Éditions Jean Michel Place: Paris.

LENNEBERG, E., 1972: Die biologischen Grundlagen der Sprache; Frankfurt a. M.: Suhrkamp.

LENIN, W. I., 1988: Der Imperialismus als höchstes Stadium des Kapitalismus; Berlin: Dietz.

211

LÉVI-STRAUSS, C., 1968: Das wilde Denken; Frankfurt a. M.: Suhrkamp.

LINK, C., 1983: Hugo Grotius als Staatsdenker; Tübingen: Mohr.

LORENZ, K., 1941: Kants Lehre vom Apriorischen im Lichte gegenwärtiger Biologie. Blätter für Deutsche Philosophie 15, S. 94-125.

LORENZ, K., 1963: Das sogenannte Böse. Naturgeschichte der Aggression; München, Zürich: Piper.

LORENZ, K., 1965: Über tierisches und menschliches Verhalten; München, Zürich: Piper.

LORENZ, K., 1973: Die Rückseite des Spiegels. Versuch einer Naturgeschichte menschlichen Erkennens. München, Zürich: Piper.

LORENZ, K., 1974: Die acht Todsünden der zivilisierten Menschheit; München, Zürich: Piper.

LORENZ, K., 1983: Der Abbau des Menschlichen; München, Zürich: Piper.

LORENZ, K., 1992: Die Naturwissenschaft vom Menschen. Eine Einführung in die vergleichende Verhaltensforschung. Das „Russische Manuskript". Aus dem Nachlaß herausgegeben von Agnes von CRANACH; München, Zürich: Piper.

MALINOWSKI, B., 1979: Argonauten des westlichen Pazifik; Frankfurt a. M.: Syndikat.

MANDER, J. / KLEIN, N. (Hrsg.), 2002: Schwarzbuch Globalisierung. Eine fatale Entwicklung mit vielen Verlieren und wenigen Gewinnern; München: Riemann.

MARTIN, H.-P / SCHUMANN, H., 1996: Die Globalisierungsfalle. Der Angriff auf Demokratie und Wohlstand; Reinbek: Rowohlt.

MARTINI, C. / ECO, U., 1998: Woran glaubt, wer nicht glaubt?; Wien: Zsolnay.

MAUPERTUIS, P. de, 1745: Venus physique. Contenant deux dissertations, l'un sur l'origine des hommes et des animaux, l'autre sur l'origine des nois; Jean Martin, La Haye.

MAURER, H., 1997: Plebiszitäre Elemente in der repräsentativen Demokratie; Heidelberg: Müller.

MAYER, A., 1999: The Growth of Democracy in Britain; London: Hodder & Stoughton.

MAYR, E., 1969: Principles of systematic zoology; New York: McGraw-Hill.

MEDAWAR, P. / MEDAWAR, J., 1986: Von Aristoteles bis Zufall. Ein philosophisches Wörterbuch der Biologie; München: Piper.

MESSNER, J., 1984: Das Naturrecht. Handbuch der Gesellschaftsethik, Staatsethik und Wirtschaftsethik; Berlin: Duncker und Humblot.

MEYER, T. (Hrsg.), 2002: Die Bürgergesellschaft; Bonn: Dietz.

MODE, H., 1983: Fabeltiere und Dämonen; Leipzig: Edition Leipzig.

MOHR, H., 1981: Biologische Erkenntnis. Ihre Entstehung und Bedeutung; Stuttgart: Teubner.

MOHR, H., 1999: Triebkräfte des Verhaltens. In: D. NEUMANN / A. SCHÖPPE / A. TREML (Hrsg.) 1999: Die Natur der Moral. Evolutionäre Ethik und Erziehung; Stuttgart, Leipzig: Hirzel, S. 65-78.

MONBIOT, G. (Hrsg.), 2003: Europe Inc. Regional & Global Restructuring and the Rise of Corporate Power; London: Pluto Press.

MORGENTHAU, H. J., 1963: Macht und Frieden. Grundlegung einer Theorie der internationalen Politik; Gütersloh: Bertelsmann.

MÜLLER-ARMACK, A., 1981: Genealogie der sozialen Marktwirtschaft; Bern: Haupt.

MÜNKLER, H., 2003: Die neuen Kriege; Reinbek: Rowohlt.

NEUMANN, D. / SCHÖPPE, A. / TREML, A. (Hrsg.), 1999: Die Natur der Moral. Evolutionäre Ethik und Erziehung; Stuttgart, Leipzig: Hirzel.

NYE, J., 2003: Das Paradox der amerikanischen Macht. Warum die einzige Supermacht der Welt Verbündete braucht; Hamburg: Europäische Verlagsanstalt.

OESER, E., 1988: Das Abenteuer der kollektiven Vernunft. Evolution und Involution der Wissenschaft; Hamburg, Berlin: Parey.

OPITZ, P. (Hrsg.), 1995: Weltprobleme; Bonn: Bundeszentrale für Politische Bildung.

ORTEGA Y GASSET, J, 1951: Der Aufstand der Massen; Stuttgart: Deutsche Verlags-Anstalt.

PAECH, N. / STUBY, G., 1994: Machtpolitik und Völkerrecht in den internationalen Beziehungen; Baden-Baden: Nomos.

PATZELT, W. J. 1995: Abgeordnete und ihr Beruf; Berlin: Akademie-Verlag.

PATZELT, W. J., 2003: Parlamente und ihre Funktionen; Wiesbaden: Westdeutscher Verlag.

PATZELT, W. J., 2003a: Einführung in die Politikwissenschaft; Passau: Wissenschafts-Verlag Rothe.

REIMANN, H. L., 1992: Demokratie II; in: O. Brunner / W. Conze / R. Koselleck: Geschichtliche Grundbegriffe. Historisches Lexikon zur politisch-sozialen Sprache in Deutschland, Bd. 1; Stuttgart: Klett-Cotta, S. 821-899.

REMANE, A., 1971: Grundlagen des natürlichen Systems, der vergleichenden Anatomie und Phylogenetik; Königstein a. Taunus: Koeltz.

RICH, P. B. (Hrsg.), 1999: Warlords in international relations; Basingstoke: Macmillan.

RIEDL, R., 1975: Die Ordnung des Lebendigen. Systembedingungen der Evolution; Hamburg, Berlin: Paul Parey.

RIEDL, R., 1976: Die Strategie der Genesis. Naturgeschichte der realen Welt; München, Zürich: Piper.

RIEDL, R., 1980: Biologie der Erkenntnis. Die stammesgeschichtlichen Grundlagen der Vernunft; Hamburg, Berlin: Parey.

RIEDL, R., 1985: Die Spaltung des Weltbildes. Biologische Grundlagen des Erklärens und Verstehens; Hamburg, Berlin: Parey.

RIEDL, R., 1987: Begriff und Welt. Biologische Grundlagen des Erkennens und Begreifens; Hamburg, Berlin: Parey.

RIEDL, R., 1988: Bildende Kunst, Ökologiebewegung und menschliche Universalien; in: M. Buthe: Kunst und Ökologie, Kunstforum International, Bd. 93, S. 87-93.

RIEDL, R., 1988: Der Wiederaufbau des Menschlichen; München, Zürich: Piper.

RIEDL, R., 1992: Wahrheit und Wahrscheinlichkeit. Biologische Grundlagen des Für-Wahr-Nehmens; Hamburg, Berlin: Parey.

RIEDL, R., 1993: Über Kulturparasitismus. Zu einer überfälligen Diskrepanz; in: morgen, Kulturzeitschrift aus Niederösterreich, Nr. 89, S. 18-21.

RIEDL, R., 1999: Sind wir auf unsere Zivilisation vorbereitet?; in: D. NEUMANN / A. SCHÖPPE / A. TREML (Hrsg.), 1999: Die Natur der Moral. Evolutionäre Ethik und Erziehung; Stuttgart, Leipzig: Hirzel, S. 31-50.

RIEDL, R., 2000: Strukturen der Komplexität. Eine Monographie des Erkennens und Erklärens; Heidelberg u. a.: Springer.

RIEDL, R., 2001: Wandel in der bildenden Kunst; in: M. Liedke (Hrsg.): Kulturwandel; Graz: Austria Medien, S. 224-237.

RIEDL, R., 2002: Zufall, Chaos, Sinn. Nachdenken über Gott und die Welt; Stuttgart: Kreuz.

RIEDL, R., 2004: Die unheilige Allianz. Bildungsverlust zwischen Forschung und Wirtschaft; Wien: Facultas.

RIEDL, S. / SCHWEDER, B., 1997: Der kleine Unterschied. Warum Frauen und Männer verschieden denken und Fühlen; Wien: Deuticke.

RISSE-KAPPEN, T. (Hrsg.), 1995: Bringing transnational relations back; in: Nonstate actors, domestic structures, and international institutions; Cambridge: Cambridge University Press

RITTBERGER, V. (Hrsg.), 1990: Theorien der internationalen Beziehungen; Opladen: Westdeutscher Verlag.

RÖPKE, W., 1979: Jenseits von Angebot und Nachfrage; Bern: Haupt.

RUGGIE, J., 1993: Territoriality and Beyond; in: International Organization, 47 (1), S. 261–285.

SARCINELLI, U. / SCHATZ, H. (Hrsg.), 2002: Mediendemokratie im Medienland; Opladen: Leske + Budrich.

SCHARPF, F., 2000: Interaktionsformen. Akteurszentrierter Institutionalismus in der Politikforschung. Opladen: Leske + Budrich.

SCHEUENPFLUG, A., 1999: Evolutionäres Denken als Angebot für die Erziehungswisswissenschaften; in: Zeitschrift für Erziehungswissenschaft, Heft I, 2. Jg., S. 59-72.

SCHEUENPFLUG, A., 2000: Evolutionäre Didaktik. Unterricht aus evolutions- und systemtheoretischer Perspektive; Weilheim: Belz.

SCHEUENPFLUG, A., 2001: Biologische Grundlagen des Lernens; Berlin: Cornelsen.

SCHIEDER, W., 1984: Sozialismus; in: O. Brunner / W. Conze / R. Koselleck (Hrsg.): Geschichtliche Grundbegriffe. Historisches Lexikon zur politisch-sozialen Sprache in Deutschland, Bd. 5; Stuttgart: Klett-Cotta, S. 923-996.

SCHLÖGL, M., (Hrsg.) 1999: Woran glaubt, wer glaubt?; Wien: Zsolnay.

SCHMIDT, H., 1991: Philosophisches Wörterbuch. Neu bearbeitet von Georgi Schischkoff; Stuttgart: Kröner.

SCHUMACHER, E., 1977: Small is Beautiful. Rückkehr zum menschlichen Maß; Reinbeck: Rowohlt.

SENGHAAS, D. (Hrsg.), 1980: Imperialismus und strukturelle Gewalt. Analysen über abhängige Reproduktion; Frankfurt a. M.: Suhrkamp.

SMITH, J.-M., 1989: Evolutionary Genetics; Oxford, New York, Tokyo: Oxford Univ. Press.

SNOW, C. P., 1986: The two cultures. And a second look; Cambridge: Cambridge University Press.

SPENCER, H., 1850: First Principles of a System of Synthetic Philosophy; New York: Appleton.

SPICKER, P., 2000: The welfare state. A general theory; London: Sage.

SPIEGEL-Dossier: Gewerkschaften. Lobby des Stillstands; einzusehen unter http://www.spiegel.de/archiv/dossiers/

STIFTUNG ENTWICKLUNG UND FRIEDEN, 2003: Globale Trends 2004/2005. Fakten Analysen Prognosen; Frankfurt a. M.: Fischer.

STUBBE-DA LUTZ, H., 1998: Montesquieu (1689-1755); Reinbeck: Rowohlt.

TATTERSALL, I., 1997: Puzzle Menschwerdung. Auf den Spuren der menschlichen Evolution; Heidelberg, Berlin: Spektrum.

TREML, A., 1996: „Biologismus". Ein neuer Positivismusstreit in der deutschen Erziehungswissenschaft; in: Erziehungswiss., Heft 14, 7. Jg., S. 85-96.

TREML, A., 2000: Allgemeine Pädagogik. Grundlagen, Handlungsfelder und Perspektiven der Erziehung; Stuttgart: Kohlhammer.

VICO, G., 1981: Die neue Wissenschaft von der gemeinschaftlichen Natur der Nationen; Frankfurt a. M.: Vittorio Klostermann.

VIERHAUS, R., 1982: Konservatismus; in: O. Brunner / W. Conze / R. Koselleck (Hrsg.): Geschichtliche Grundbegriffe. Historisches Lexikon zur politisch-sozialen Sprache in Deutschland, Bd. 3; Stuttgart: Klett-Cotta, S. 531-565.

VOLLMER, G., 1979: Evolutionäre Erkenntnistheorie; Stuttgart: Hirzl.

de WAAL, F., 1991: Wilde Diplomaten. Versöhnung und Entspannungspolitik bei Affen und Menschen; München, Wien: Hanser.

de WAAL, F., 1997: Der gute Affe. Ursprung von Recht und Unrecht bei Menschen und anderen Tierarten; München, Wien: Hanser.

WALTZ, K., 2001: Man, the state and war; New York: Columbia University Press.

WEISS, T. G. (Hrsg.), 1996: NGOs, the UN, and Global Governance; Boulder: Rienner.

WENDT, A., 1992: Anarchy is what states make of it; in: International Organization 46 (2), S. 391-425.

WINTER, R., 1989: Ami Go Home. Plädoyer für den Abschied von einem gewalttätigen Land; Hamburg: Rasch u. Röhrig.

WOLF, E. 1991: Die Völker ohne Geschichte. Europa und die andere Welt seit 1400; Frankfurt a. M., New York: Campus.

WUKETITS, F.-M., 1981: Biologie und Kausalität. Biologische Ansätze zu Kausalität, Determination und Freiheit; Hamburg, Berlin: Parey.

WUKETITS, F.-M., 1983: Biologische Erkenntnis. Grundlagen und Probleme; Stuttgart: Fischer.

WUKETITS, F.-M., 1999: Sind wir zur Unmoral verurteilt?; in: D. NEUMANN /

A. SCHÖPPE / A. TREML (Hrsg.), 1999: Die Natur der Moral. Evolutionäre Ethik und Erziehung; Stuttgart, Leipzig: Hirzel, S. 51-64.

ZIEGLER, K.-H., 1994: Völkerrechtsgeschichte; München: Beck.

ZÜRN, M., 1998: Regieren jenseits des Nationalstaates. Globalisierung und Denationalisierung als Chance; Frankfurt a. M.: Suhrkamp.